中国陶瓷器真伪识别

识别 真伪 陶瓷器 中国

蔡毅 著

辽宁人民出版社

图书在版编目（CIP）数据

中国陶瓷器真伪识别：新版 / 蔡毅著. —3版. —沈阳：
辽宁人民出版社，2016.8
ISBN 978-7-205-08678-7

Ⅰ.①中… Ⅱ.①蔡… Ⅲ.①古代陶瓷—鉴别—中国
Ⅳ.①K876.34

中国版本图书馆 CIP 数据核字（2016）第 182361 号

出版发行：辽宁人民出版社
　　　　　地址：沈阳市和平区十一纬路 25 号　邮编：110003
　　　　　电话：024-23284321（邮　购）　024-23284324（发行部）
　　　　　传真：024-23284191（发行部）　024-23284304（办公室）
　　　　　http://www.lnpph.com.cn
印　　刷：朝阳铁路印务有限公司
幅面尺寸：168mm×236mm
印　　张：12
字　　数：181 千字
出版时间：2016 年 8 月第 3 版
印刷时间：2016 年 8 月第 3 次印刷
责任编辑：那荣利　常　策
装帧设计：丁末末
责任校对：张小沫
书　　号：ISBN 978-7-205-08678-7
定　　价：60.00元

出版者的话

俗语说:"乱世黄金,盛世收藏。"改革开放给中国人民的物质生活带来了全面振兴,更使中国艺术品投资市场日见红火,且急遽升温,如今可以说火爆异常。据说,北京故宫博物院以2200万元人民币在拍卖行购得的起初传为晋索靖的《出师颂》,原收藏者是花5000元人民币在市场购买的;据报道,上海博物馆花450万美元征集到的北宋《淳化阁帖》,原收藏者是在香港市场花30万美元购进的……一个普通的杯子,它再有科技含量,也只不过几元或几十元而已;然而,同样是喝水用的杯子,倘若是康熙或乾隆用过的,其身价就会是几万或几十万元!艺术品投资确实存在着巨大的利润空间,这个空间让所有人闻之而心动不已。于是乎,许多有投资远见的实体与个体(无论财富多寡)纷纷加盟艺术品投资市场,成为艺术品收藏的强劲之旅,艺术品投资市场也因此而充满了勃勃生机。

艺术有价,且利润空间巨大,艺术品确实值得投资!然而,造假最凶的、伪品泛滥最严重的领域也当属艺术品投资市场。可以这样说:艺术品投资的首要问题不是艺术品目前价格与未来利益问题,而应该说是真伪问题,或者更确切地说是如何识别真伪的问题!如果真伪问题确定不了,艺术品的价值与价格就无从谈起。众所周知，以2999万元人民币成交的所谓米芾《研山铭》、以1800万人民币成交的所谓张诜《十咏图》、以2200万元人民币成交的传为索靖《出师颂》之所以在社会上引起广泛的争议，甚至闹得沸沸扬扬，首要的原因就是真伪问题。

为了解决这一问题，更为了在艺术品投资领域仍然孜孜以求、乐此不疲的广大投资者的实际投资需要，我们特邀请国内既研究艺术品投资市场，又在艺术品本身研究上颇有见地的专家编写了这套"艺术品投资市场指南"，以文图并茂的形式详细阐述了真伪艺术品的种类、特征、分布以及工艺等等。目的无他，唯希望钟情于艺术品市场的广大投资者能够多一点理性思维，把握沙里淘金的方式方法，进而缩短购买真品的过程，减少购买假货的数量。如果本"丛书"让广大的投资者在投资后多一点"高兴"而少一点"败兴"，我们会为之倍感欣慰。

辽宁人民出版社

前言

中国古代陶瓷以其悠久的历史和辉煌的成就,以及精湛的工艺步入了世界工艺美术的殿堂。瓷器的发明在我们祖先的生活中起了至关重要的作用,对于人们今天的生活而言更是不可缺少的器皿。每当现代的人们,无论欣赏还是收藏,都无不对中国古代瓷器倍加赞赏。瓷器的发明是中国人民对人类物质文明的重大贡献,她使中国在世界上博得了"瓷器之国"的称号——China。

中国制瓷历史悠久,且时代风格鲜明,而胚胎瓷化程度也随着烧成工艺的进步而不断提高。步入东汉末期,浙江上虞小仙坛地区烧制出瓷化程度较高的青瓷,经中国科学院上海硅酸盐研究所化验,已经达到现代瓷的水平标准。

三国、两晋的青瓷,以明器为多,胎质灰白,釉质青绿。其纪年器有"永安三年"刻款的谷仓及"赤乌十四年会稽上虞师袁宜作"字样的虎子等。青釉虎首尊、兽耳卣、人形及熊状灯、熏的造型也甚富想象力。三国时期,渊源于彩陶装饰的青瓷釉下彩绘已崭露头角,南京市郊吴墓出土的彩绘双系盖壶即为釉下瓷绘的肇始。西晋时期,贴塑装饰的谷仓更为风行,出土于纪年墓的屡见不鲜。此外,出现了许多新颖的造型,如以羊、鸡、鹰、蛙等禽兽类为原型塑制的尊、壶、罐类及砚、盂等文具，其器均覆以稀薄坚致的青绿釉层，透视釉下，其胎体上拍印的几何纹饰十分清晰。转入东晋时期，上述传统器皿仍延续烧制，但少用纹饰，且青釉质厚失透，采用褐色斑点作为点缀。当时，德清窑的黑釉瓷与之堪为伯仲。

南北朝时期，佛教兴盛并影响到瓷器，无论在器物造型与装饰艺术上都表现得极为明显。仰覆莲尊、四系罐等，莫不以塑贴飞天和凸、刻莲花为其装饰。北齐的淡黄、绿釉与南朝刻以莲花的高柄执壶、瓶，更为新颖少见。

隋代瓷器多承袭北朝的造型和纹饰，但器型较北朝更加修长秀美。寿州、湘阴窑又创出压印、画花花纹。此时，除青绿与青褐瓷外，洁白的白瓷也开始生产，如张盛墓出土的白瓷立俑和绘以黑彩的白瓷俑像与造型奇特双瓶连身的白瓷"传瓶"等。白釉瓷的出现，为后来的釉上与釉下彩绘瓷的发展奠定了基础。

唐代是陶瓷发展的新时期。三彩陶器以其绚丽的色彩，丰富的造型，在陶器的制作方面独占鳌头。白瓷首推邢窑之作，以类银类雪为其特点。造型有盒、瓶及注壶、尊、钵、盂、托等，部分器皿刻有"盈"字。白釉瓷发展为后来五色缤纷的彩绘瓷开辟了天地。此时，大江南北名窑四起，工艺精湛、名传久远的越窑秘色瓷，"茶圣"陆羽曾赞誉其釉色"九秋风露越窑开，夺得千峰翠色来"。其诸多造型仿自同期的金银器皿，尤以刻、画花的作品为佳。秘色瓷的烧制，后世中断甚久，直至1987年，其真面目始于陕西扶风法门寺的出土及物帐所揭示和证实。在晚唐咸通年间的水丘氏墓出土的越窑釉下彩绘瓷，如褐彩云气盖罂等器，胎釉细腻如玉，足以代表越窑工艺的高水平。长沙窑为南方新兴窑场，盛烧青、褐、绿釉瓷，并采用氧化铜等绘以人物、花鸟，题诗抒情，其作品畅销海内外。

五代时期，越窑的制瓷工艺更加精湛，器物造型秀美，胎薄体轻，釉色碧翠、光素，印、刻、画花并用。类银器纹饰的莲瓣、龙纹，画花鹦鹉、蝴蝶、人物供养图等均细腻非凡，见之于碗、洗、执壶等器，无不精工。耀州窑青瓷虽与之风格相近，但釉色浅淡，别具一格。定窑烧造的白瓷，以轻盈秀丽为其时尚，器多为花瓣形，釉面平净莹润，常刻以"官"或"新官"字，笔路刻工刚劲，花瓣形碗、洗与双鱼式壶为新颖之器，影响所及。邢窑的作品也具秀美特征。

　　宋代烧制瓷器贡御宫廷，从定窑开始，以汝窑为魁。定窑主烧白润莹洁作品，白瓷品种丰富多彩，刻花、印花图案精美。造型玲珑秀巧，纹饰清秀，工艺精致。历史上的汝窑窑址之谜，已于近代被揭晓，经科学发掘窑址，发现是河南省宝丰县大营镇清凉寺烧造。官窑素有南北之别，又有汴京、修内司、郊坛之分，瓶、尊、洗类造型古朴，釉质肥厚，"紫口铁足"。釉质莹厚有酥光，开片若似"金丝铁线"。钧窑烧造贡御宫廷尊、觚、花盆、洗为最多，釉色以玫瑰紫、海棠红、天蓝釉取胜。其"蚯蚓走泥"纹自然天趣。龙泉窑青瓷青翠碧绿，清澈明亮，以梅子青为上色。影青釉瓷以景德镇湖田窑为佳，胎薄如纸，坚致声脆，色泽青白光莹。孩儿枕、观音制作尤为精工。吉州窑烧造玳瑁釉、剪纸贴花及木叶纹瓷，最为名贵；釉下彩绘别于磁州窑工艺，绘工细腻。耀州窑精品形制多，花纹雕工犀利，其别具匠心的倒流壶，堪称绝品。此时的磁州窑制瓷，代表了豪迈的民间工艺风格。它在白釉地上用黑彩绘出禽兽、婴戏、蹴鞠、马戏、人物故事等画面，运笔粗犷而洒脱，造型丰富，以枕为多。扒村、当阳峪、登封诸窑均有其共性，但也各有独到之处。建阳窑兔毫盏颇具名气，足底刻有"供御"、"进盏"的曾为贡御作品。宋代怀仁窑烧制黑釉剔、刻花瓷，纹饰黑白相间，形如孔雀开屏，斑驳灿烂。白釉红、绿彩绘瓷亦较突出，以人物塑像、盘、碗为常，绘以荷莲、菊花、鱼藻，生动活泼，开拓了五彩瓷的历史先声。

　　辽代为北方游牧民族所建，烧制的瓷器适合其生活习俗，造型多是便于携带的"鸡冠"马蹬式壶，白釉，刻花，贴塑或作皮囊形式，风格独特。赤峰窑的白釉剔花工艺，亦独具风采。金代耀州窑瓷有所变化，器见浑厚，釉色青绿和月白，质厚泛黄多气泡，刻、印、画花简单。犀牛望月、婴戏荷花图案极为生动。定窑的刻、印花趋于简练，并以黑釉斑点作为新兴装饰。磁州窑多烧白釉黑花瓶、枕之类；虎形、卧人、长方枕，绘以山水人物、列国故事或诗词等。金代北方诸窑普遍烧黑釉瓷，造型古朴，刻花粗放或光素，瓶、罐多饰小系为其特点。

　　西夏时期黑褐釉瓷为多，器形古拙，剔、刻花粗犷豪放，牡丹粗枝大叶，突出了民间工艺的质朴色彩。

　　元代景德镇烧造瓷器，开创了新局面，不仅有闻名遐迩的青花瓷，而且将青花与釉里红融于一体。青花瓷多系瓶、觚、尊、罐，纹饰有龙纹、牡丹与蒙恬将军、四爱故事等人物画面，用笔有的生辣豪放，有的细柔，艺术效果各有千秋。"枢府"、"太禧"青白釉瓷和戏剧楼阁式枕，镂雕工艺的装饰亦新奇。龙泉窑元代多大器，胎厚体重，釉色青绿，刻印花饰豪放洒脱，或饰八思巴文，红斑点缀和贴塑无釉花饰新艺术。钧窑器一改宋代清秀形制，而多胎厚雄伟大器，器身连座的双耳瓶，凸贴龙花的大炉，釉厚浑浊，红彩斑驳灿烂，均属典型。磁州窑烧造大器增多，有瓶、罐、坛、枕等，黑褐彩绘龙、凤、婴戏、莲，纹饰生动粗犷，神采飘逸，有民间豪放的鲜明风格。

明代景德镇于洪武二年（1369年）建御窑厂，初烧青花、釉里红瓷。永乐时期采用进口的"苏麻离青"钴料烧制青花瓷，色浓鲜艳，质细精美，造型多样，由于同中亚频繁交往而出现一些新奇的花浇、扁壶等器形与纹样。鲜红、青、蓝、甜白釉瓷器是永乐时期的代表作。宣德年间新颖造型较前更为增多，虽同一风格，但器型却略显丰满圆浑，纹饰豪放，龙姿凶猛，海水澎湃。成化时的瓷器五彩缤纷，青花瓷人物画面生动，翎毛花卉纤柔，色泽淡雅，温润宜人，并以黄、绿釉衬托，格外新颖。三彩、五彩、斗彩色调清新明艳。海马天字罐及婴戏、葡萄、菊花、鸡缸杯类，俱珍稀名贵。德化窑以烧造白如羊脂的观音与达摩等佛像见长。

康熙、雍正、乾隆三朝是清王朝的鼎盛时期，御窑场发挥工艺匠师的智慧和才干，不断开拓陶瓷新品种，此时的彩瓷达到了登峰造极的境地。单色釉更是绚丽多彩，康熙时期烧制的郎窑红、豇豆红可谓难能少见，代表了清代陶瓷制造的高深造诣。

紫砂器的制作工艺精湛，集诗、书、画于一身，推动了茶文化的历史进程。

本书在于揭示陶瓷文化历史，重点反映陶瓷制作工艺，从造型、装饰等方面的特征，讲述陶瓷的内涵。使初学者能够掌握一些基本鉴定与欣赏要领，对重点陶瓷的发展历程有一个初步的了解。

蔡　毅

于故宫南三所

目录

一、鉴定篇

（一）绪论

对于古代陶瓷器物的鉴定，是从事研究陶瓷专业工作者和古代陶瓷器物收藏者首先要掌握的基本功，只有掌握了古陶瓷器物的断代知识和辨别真伪的知识后，才能在此基础上进行正确的分析和研究并对此进行鉴赏，从而得出符合实际的判断，得出正确的结论。

所谓古陶瓷鉴定，是指对那些几经辗转，出土地点不详，或者流传经过不清楚的古陶瓷器物的年代、产地、烧造窑口、真伪、品类以及器物的历史价值、艺术价值和学术研究价值进行总体的评估，并得到一个相对准确的判断，得出一个基本上切合实际的结论。

目前对待古代陶瓷器物的鉴定通常是采取两种方法进行的。一种是传统的目测手试法进行的，另一种是采取先进的科学仪器进行检测的。虽然自20世纪70年代以来，一些新的科学技术手段在陶瓷鉴定中不断被采用，如碳—14、常量元素理化测试法、热释光、质子激发X荧光分析法、同步辐射X射线荧光分析等，在逐步提高和创立无损鉴定中国古代陶瓷方面奠定了基础。碳—14对于检测远古陶器有着较为可靠和准确的性能，但对于近千年以来的陶瓷器就有些失准。而常量元素理化测试法和热释光则对瓷器是有损检测，对于传世精美的瓷器有破坏性，只能对一些瓷片、残破器以及不太重要的器物进行检测，同时也存在较大的误差。质子激发X荧光分析法与同步辐射X荧光分析法我们可以统称为核分析方法，同样是对瓷器上重量元素和微量元素进行定量分析。虽然这种利用高能电子加速度产生的同步辐射X射线光源有强度高、准确性好，能谱广且连续可调，以及偏振性等优点，使得元素分析的灵敏度大大地提高，但同时该法又具有不破坏分析样品，可同时进行多元素分析，以及分析浓度范围广等特点，因此特别适合于进行古陶瓷的成分分析研究，尤其是分析极其珍贵的传世古陶瓷器和考古样品。通过寻找器物中的元素特征，反映出该器物的制作工艺，取材情况，从中可以探讨样品的制作年代、地区等方面的信息。采用外来质子激发X荧光（ＰＩＸＥ）分析技术和同步辐射X荧光（SRXRF）等技术的特点，一是无损分析，二是以分析胎、釉、色料中的重量，次量和微量元素的含量，并有科学研究和科学鉴定双重功能，但这种测量结果要建立一个庞大的数据库才能满足对测试结果分析的需要，这需要时间和足够的实物资料数据的统计才能够完成。目前在这些科学测试手段尚未实现彻底突破的前提下，还不能替代传统的目测手试法，主要鉴定途径还是要靠鉴定者的眼力和手感来进行的。

因此，要对中国古代陶瓷做出完全切合实际的鉴定，鉴定者必须掌握陶瓷器物的不同时代的胎、釉、造型、款识、工艺技法和历史背景对它们产生的影响等多方面的特征与演变规律，这同样是要多看、多听、多接触实物，才能在鉴定者的头脑中建立一个正确的标准的人脑数据库，这个人脑数据库是要以多年的实践经验和大量的接触实物（标准器—真品）为前提的。而要达到在鉴定者的头脑中建立这样一个以真实为基础的完全正确的数据库绝非是一朝一夕轻而易举的事情，是要靠一个漫长而又艰苦的不断积累的过程才能够完成的。

因为在中国古代陶瓷的生产有着近八千年的烧造历史，在如此悠长的历史岁月中，古今流传下来的和出土发掘的陶瓷器，可以说是不计其数，仅北京故宫博物院的陶瓷藏品而言就多达三十余万件之多。由于时代不同，工艺方法的差异，陶瓷器的风格与面貌也就不同，即使在相同时代中，不同的地区、不同的窑口、不同的制作风格和不同人群的需要也会产生差异，即使是在同一窑炉内，由于器物的摆放位置的不同，窑炉内烧成气氛对其产生的影响不同，烧成的成品也不尽相同。更何况，作为陶瓷史上的名品自问世以来就不断有人仿造，且不说同时代南北各地同时有人仿造，如定窑器在当时就有南定、北定、粉定之说，就是后世仿品，后朝仿前朝的精品也是一种司空见惯的事情。

　　这里可以列举的事情就有，在万历《野获篇》中曾有"成窑酒杯，每对至博银百金"之说。从嘉靖起就开始竞相仿制，其后的清朝康熙、雍正、乾隆、光绪、民国乃至现代仍然没有间断。再如永乐、宣德时期的青花瓷器也是如此，成书于明万历十七年（1589年）以前的《窥天外乘》中，作者王世懋说："我朝则专设于浮梁县之景德镇，永乐、宣德间，内府烧造，迄今为贵。其时以鬃眼、甜白为常，以苏麻离青为饰。"在书中对永乐、宣德瓷器大加赞赏的同时，也是它们被后世历朝各代大加仿制开始的时候。由此可见，不管什么朝代，自名瓷珍品问世之时，就是后世崇拜者和追利族开始仿制和制作与名品相似的赝品的时候。赝品虽然与真品、名品有相似之处，但是仍然保留有生产过程中的时代特征。赝品中也有能够鱼目混珠的"佳作"，给收藏者和现代鉴赏家以错觉，却很难逃过具备深厚功力的有识之人。因此，能够从数量众多的古代陶瓷器中，完全准确地鉴定出某件器物的具体年代、窑口、真伪以及其历史价值等，绝非一朝一夕的工夫，也不是朝夕之功就可以奏效的。

　　但是中国古代陶瓷的鉴定也并不是无法可依的。古代陶瓷窑址出土的大量陶瓷标本，近现代考古发掘中出土的大量有纪年资料的古代陶瓷器物，以及众多带有纪年款识的传世古代陶瓷器，都为鉴定者鉴定古代陶瓷提供了标准器物。鉴定者首先要把这些标准器物按其时代、窑口、装饰效果以及胎、釉、造型等特征，系统地对比排列组合，牢牢地记在脑海中，形成一个完整的人脑古代陶瓷数据库，同时这个人脑的古代数据库，要不断地根据当前发掘报告的出土情况，进行一些充实和完善，不断地补充和修改这个数据库中的资料，才能确定在鉴定中永远保持和能够得到一个完善而又准确的结论。

　　建立在人脑中的古代陶瓷数据库，要比用仪器建立电脑数据库要容易简单许多，因为他不需要频繁地搬动器物上机，也不用担心通过仪器是否有损检测或无损检测，只需要通过人类自己的眼、耳、手的感觉，多看、多听、多接触就能够在人的大脑中综合分析通过感官得出结果，并将它们加以综合排比形成一种统一的认识。所谓多看就是要多看具体的实物，多看标准器，多看造型，多看胎、釉、彩，多看装饰，反复比较，多看发掘报告和研究成果，多看图像。多听就是要多听老前辈和有经验的人讲述他们通过以往接触到的古陶瓷器物中总结出的经验，多听用手叩出的陶瓷器物发出的那种不同的声音，因为由于它们当时的生产地域的区别、生产工艺的差别，以及时代的不同，都会使器物叩出的声音不同，由此加以鉴别。多接触就是要用手多搬动器物，用手的感觉去体会它们的重量，以及胎、釉、彩给予手的感觉。并将这些感觉通过大脑进行汇总，与你自己头脑数据库中的标准器加以反复对比，只有在反复对比无误的情况下，才能得出一个正确的结论。当你在对比的过程中产生了疑点就要更加仔细地分析，疑点越多其可信程度就越低，当只有一个疑点时，也不可以轻易地妄下结论。这里特别强调的是在听的过程中，切不可轻信器物的拥有者所讲的故事，即此件器物的流传经过，因为这种"故事"的可信程度极低，并会对鉴定者产生误导。因此，凡是有志于钻研中国古代陶瓷鉴定这门知识的同仁，只要肯下工夫学习，在实践中锻炼自己的眼力、听力和手感，经过一段较长时间的细致观察、分析、比较后，掌握它们的演变规律，就可以逐步地获得鉴定入门知识。

这里需要说明的一点是，中国古代陶瓷鉴定目前还处于以人的鉴定经验为主要依据、以科学鉴定检测为辅的阶段，而人的经验往往有很大的局限性，所以难免有偏差之处。比如有时一件器物在专家内部也会产生分歧，这是在所难免而且不值得大惊小怪的事。这种分歧如果只是相接近的时代的差异，比如，有的人说是永乐时期的器物，有的人说是宣德时期的器物，或者有的人说是乾隆时期的器物，有些人讲的是嘉庆时期的器物，这都是很正常的。因为这些时代工艺有很强的延续性，正如鉴定人群中常流传有"永、宣不分，乾、嘉不分"的口头语。然而，现在由于高仿器的出现，扰乱了鉴定领域，有些时候会形成一个是旧的器物，一个是现代新工艺品的结论。这种分歧的出现，鉴定者就应该调动头脑中数据库中的每一个数据，决不能放过任何一个疑点，综合研究分析，才能得出一个正确的结论。

在目前鉴定者的群体中还存在一种现象，即看假容易看真难。由于现在高仿的精品不断出现，鉴定者无论是为了维护博物馆的利益，还是为了维护收藏者的利益，经常以新仿品而盖棺定论，因为这样可以减少损失，当然这样会失去某些得到真品的机会。这是人脑存储的数据库中和我们所见到器物的局限性造成的结果。与其相对应的还有一种"偏颇"的情况，即针对所见器物无论是否存在疑点，一概认为是真品，全部收下。对于此种情况也应该特别注意，否则不但会浪费精力也会损失财力。当然，在学习的初级阶段难免要交一些学费，有看走眼的时候。学习者也不要将其当做包袱，随着时间的推移，人们头脑中的经验不断丰富，所见到的东西不断增加，认知的程度不断增加，经验不断累积到一定程度，就会避免走眼的情况出现，也可以避免收藏的盲目性。全面否认或一概确认的情况是不可取的；另外一种以点代全的分析方法，同样是不可取的。例如，在对一件器物鉴定时，一看到一件青花器物所绘图案泛有浓重的蓝黑色的铁斑时，就妄下结论，认为这件青花器是采用"苏麻离青"烧制的，是永乐、宣德时期的器物。此时的鉴定者全然不管这件器物的造型是否合适，胎、釉是否与永乐、宣德时期的情况吻合，以及青花的色调是否正确，头脑一热便以点赅全，这种在一念之差下产生的结论，往往是错误的。同时笔者还要说，古陶瓷鉴定是一门不可能穷尽的领域，因为人们的阅历有限，人们的经历有达不到的地方，人们对历史的认识不断进步，考古工作不断有新的发现，就出现有我们看不到的新器型、新装饰。总而言之，有新的东西被发现，来充实鉴定者头脑中的数据库，不断完成新的鉴定理念。正因为这是一门不能够穷尽的认知领域，所以才能够吸引越来越多的人对它产生兴趣。

要点：全面观察，综合分析，充分调动头脑中所存储的数据，将你看到的标准器的特征和细节认真排比对照，切不可以点赅全，全面否定或全面肯定都是不可取的。

（二）古陶瓷鉴定的具体方法

在鉴定某一件中国古代陶瓷器物时，通常要做以下几个方面的工作。

第一是积累经验。丰富个人的中国古代陶瓷历史文化知识，粗通古代陶瓷的生产地域和工艺，各个时代历史人群的好恶，以及器物的造型、装饰。通过参观著名博物馆的陶瓷展览，阅读有关古代陶瓷书籍和图录，采集陶瓷标本，请教专家或有经验的前辈，参观大型拍卖会的预展，将读（读书）、听（听专家和有经验的人讲解）、看（看展览、拍卖会、采集陶瓷标本等实践活动）这三者有机地结合起来，才能积累到经验，为您的收藏打下坚实的基础。

第二是辨别真伪。就是要通过鉴定和自身的经验、阅历知识，以及头脑中所储存的对历代陶瓷所拥有的数据，再通过眼看、手摸、鼻嗅等，对它进行辨别、分析，从而得出这件器物是一件某个时代的固有器物，还是一件在此之后其他时代仿品的结论。一般地讲，元代以前瓷器上很少有年款，有的也只是一些制造铭或敬供铭等，这就给鉴定者增添了很大难度，就是那些明清时代的瓷器，它们虽然署有本朝年款，但也未必都是本朝的器物。例如，写有"大明宣德年制"款的器物，不仅只是宣德时期就有，从明代中期正德年间就出现了正德仿宣德"大明宣德年制"的款识，以至从此开始就一发不可收拾，以后各朝各代皆有仿制"宣德"年款的器物出现。特别是清代康熙初年，当时以防瓷器打碎而影响朝代形象，基本是以其他朝代的年款为器物款识，很少有写"大清康熙年制"款的器物，中后期才开始在瓷器底部写上"大清康熙年制"等款识。

当然，从民国开始至现代一些商贾为了谋利经常制造出一些不具有历史价值的仿品。如果鉴定者视它们为真品，这就被称做"看走眼"了或者是说"打眼"，这种对真假的判定是对一件陶瓷器至关重要的鉴定。如果将一件毫无历史价值的仿品称之为"珍品"，这不只是被人们耻笑这样一个简单的问题，它将会对这种工艺技法、一种艺术风格、一种审美情趣、一种历史评价等问题形成误导，从而得出一种错误的结论和认识。比如，一件现代仿制的西晋青瓷器，由于它采用了现代工艺的制作手段，釉面根本不是采用当时的石灰釉这种配方，为此将使人们产生错觉，认为西晋就开始了二元釉的配方；在装饰方面，佛像、铺首的贴塑粗糙或者十分突出，不能与器物表面形成有机的自然结合，这使人们看不到当时的艺术风格以及佛教盛行的场景，也就很难对当时的手工业历史和佛教的流行给予一种正确的评价。

因此，这类对真伪辨别方面的错误是完全不能犯的，也是每位鉴定者不能忽视的重要体验所在。

第三是断代。断代就是要鉴定每一件陶瓷器制作的年代。中国古陶瓷器制作年代久远，从距今八千年以前的磁山、裴李岗文化开始，直至现代仿制古代瓷器、彩陶等门类的新工艺品，它们跨越的时间很长，门类品种也很多，这就要求鉴定者充分利用自己的经验，对器物的每个部分逐一地进行分析、对比、研究和判断，从而得出一个理由充分的具体制作年代的结论。

据目前考古发掘和科学检测得出的比较完善和可信的、又被大多数学者认可的结论，中国最早的陶瓷可追溯到公元前六千年左右的磁山和裴李岗文化中的陶瓷。在此之后又有各个地区和不同文化的彩陶、红陶、黑陶、灰陶的出现；公元前1600年商代的白陶开创了陶瓷使用高岭土的先河；战国时期的彩绘陶；秦代的瓦当和兵马俑；汉代的铅釉陶；公元2世纪东汉末期，在浙江小仙坛发现的瓷片标本，标志着从此我国产生出了与陶有着根本区别的青瓷。这是一种以瓷石为原料制胎，表面施釉，吸水率低，透光性好，烧成温度高的青瓷。在此之后，三国两晋南北朝时期的青瓷，隋、唐时期以邢窑为代表的白瓷，以越窑为代表的青瓷，唐代的三彩釉陶、唐代的釉下彩，宋代的代表作五大名窑，磁州窑的白地黑花，耀州窑在青瓷刻画花、印花，景德镇的青花瓷，龙泉青瓷，辽代瓷器，元代开始景德镇的青花瓷器发展到了成熟期。随之而后中国的陶瓷生产逐渐地形成了以景德镇为中心，自明代以后至清代的各朝各代都生产带有本时期风格的器物，这就为我们的鉴定提供了有据可依的先决条件。

不同时代的陶瓷器物都有不同的品种和风格，这是与当时的生活习惯、民族风俗、审美情趣、生产工艺以及帝王的好恶有着直接关系的。读懂历史，了解这些规律，就可以正确判断器物的准确年代。举例说，浙江越窑青瓷从东汉始烧以来至北宋年间停烧，其间就经历了多个历史时期，由于工艺、审美的不同就有不同的特点。龙泉青瓷从北宋始烧至清代乃至现代都有烧制。但各时期都有着不同的风格。比如，北宋时期以刻花为主要装饰；南宋时期由于釉料改用石灰——碱釉这种二元配方，形成了素面装饰和雕塑为主的风格；元代为迎合蒙古族游牧民族的生活习惯和出口土耳其和阿拉伯地区的需要，器物变得粗大；明代刻画花再次复出，又增加了模印花纹，同时出现了许多与景德镇窑相似的器物造型，比如执壶、三足筒式炉等，清代开始走向衰落；粉彩这个品种从清代康熙时期一直烧制到民国，直到现代仍然是景德镇白瓷上的一种釉上彩的装饰方法。但是，有些窑口、品种的瓷器一直延续烧造，风格特点又区别不大，这就要求鉴定者正确地判断它的准确烧造年代。这里所说的例如钧窑器，它不但宋代烧造，金、元也仍然在烧，清代的景德镇也在仿烧，现在河南也在烧制，有些还是高仿品。青花则是元、明、清三个时期景德镇的重要品种，有它们的生产延续性，但也有每个阶段的特殊性。所谓断代，就是要正确判断每件器物的正确年代。具体到明、清时期的主要品种，由于相对年代较近，还需要判断出它们是哪一朝的器物。

要进行断代，对于每一位鉴定者来说，就要熟记中国历史时期的划分，以及明、清两代的具体朝代。下面笔者就告诉大家一种简单易记的有关时代粗线条的口诀。

新石器时代：中原地区、裴李岗（文化）、磁山、仰韶、庙底沟、大汶口和龙山。

西北地区：马家窑、半山和马厂，齐家文化和寺洼文化。

长江流域：河姆渡、马家滨、良渚、大溪、屈家岭。

注：以上每个地名后要加上文化，因其是一种文化层的概念。

夏、商、周、春秋、战国、秦、汉（西汉、东汉）、三国、两晋（西晋、东晋）、南北朝（南朝：宋、齐、梁、陈，北朝：北魏、东魏、西魏、北齐、北周）、隋、唐、五代、宋（北宋、南宋）、辽、金、元、明、清、民国。

具体到明、清两代更要谙熟于心：

明代：洪、建、永、洪、宣；正、景、天；成、弘、正、嘉、隆；万、泰、天、崇。

采用以上简单背记方法，同时也可以将明代瓷器分期了解清楚。明早期：洪武、建文、永乐、洪熙、宣德；空白期：正统、景泰、天顺；中期：成化、弘治、正德、嘉靖、隆庆；晚期：万历、泰昌、天启、崇祯。

清代：顺、康、雍、乾、嘉；道、咸、同、光、宣。即：顺治、康熙、雍正、乾隆、嘉庆；道光、咸丰、同治、光绪、宣统。

记住这种年代和朝代的具体位置，是每一位初学者、鉴定者首先要掌握的最基本的要素。

第四是判断窑口。判断窑口是在判断年代的基础上确定和鉴定出某一件陶瓷器的生产地点。例如，同是宋代生产的黑釉器，鉴定者就应该能够根据它的胎质、釉色、造型和装饰区分出是福建建阳窑的产品，还是江西吉州窑的产品，或者是其他生产黑釉器的窑场生产的器物。再比如，青花这一品种，不仅仅只是江西景德镇一个窑场生产，云南的玉溪窑、福建的德化窑，以及最近发现的福建的平和窑等窑场也都生产青花瓷器。

这样就要求每位鉴定者有极强的地理位置的概念，同时也要求他们在日常参观和鉴赏瓷器的过程中充分观察和了解每个地方的窑场生产出瓷器的地方特征，每个窑场使用什么样的胎土，釉质的特点，装饰的风格，这种带有极强地域特色的内涵，应该抓住不放、细心甄别才能得到一种近似于完善的结论。

对于鉴定者来讲，在有机会和有条件的情况下最好能到烧制瓷器的窑场进行一下实地考察，这对于鉴赏的提高是十分必要的。因为只有亲临窑场，才能加深对这个窑场生产情况的了解，对日后丰富鉴定经验是一种十分有效的方法。

第五是评价。评价就是对某件陶瓷器作出一种总结性的结论。首先，要阐明它的真伪性，即它究竟是一件历史遗存下来的真品，还是一件后世仿制的赝品。其次，要评价出它的质量优劣，因为一件优秀的历史造物——陶瓷制品，器物的全、精、美，是它必备的三要素。所谓全，就是讲这件器物要保存得完好，一直保留着其工艺的本来面貌，不能有冲口、裂璺、磕缺、破损、修补等痕迹，是一件经过若干年之后保存得完好无损的器物。所谓精，是指器物的传世品种要少，同时要求它的制作工艺精湛，装饰技法精良。工艺方面，要求圆器不能有瘪口、夹扁、毛口；方器不能出现歪、斜、翘棱及其他在制作过程中出现的窑裂、沾沙、烟熏、斑点、漏釉、剥釉、脱釉和出现黄溢子等，这些在制作过程中就出现或者是制成以后非人为损坏而出现的自然缺陷。也要求装饰技法方面，即绘画技法流畅，烧制效果与装饰目的划刻阴线自然犀利，图案与画面主题突出，故事情节中的人物形象逼真，辅助图案装点到位，不能有牵强附会之意。所谓美，就是要求这件瓷器完美无缺。转折处自然，口、颈、腹、足的比例适度，过大或过小都是不可取的，同时对胎体要求薄厚适度，即造型优美，纹饰秀美，釉色甜美。诸如此类，这就是一件精美陶瓷器物佳作所应该具备的条件。再次，就是要评判它的艺术价值。比如，它的造型曲线如何流畅，艺术风格是否是当时民俗和审美观点的结晶，以及它对现代艺术的影响。

第六要对其在陶瓷发展历史上的地位，做一种公允的评价。比如，越窑青瓷是南方青瓷的代表，特别是唐代越窑的"秘色瓷"更有着"夺得千峰翠色来"的表现力，是其青釉瓷器所不能比拟的。再比如，唐代邢窑白瓷，它奠定了北方白瓷的基础，无论从窑址调查结果，还是从墓葬出土遗物来看，它在陶瓷史上有着其他窑口所不能替代的作用。

最后也要评价一下它的经济价值。就是对器物的保存情况、艺术风格、历史位置进行一个综合评判并将其归于一种衡量它们高低的尺度之上，也就是我们所常说的它值多少钱。

以价值去衡量一件文物是不可缺少的一部分。比如说，一件国宝级的文物的确是无价之宝，是不可以用金钱的多少来衡量它的，但比如它要离开它的收藏地到外国或其他地方去展览，我们就要给这件文物做一个供保险公司使用的保险价。作为博物院收购，也要对某件文物做出一个收购的价格，即收购价。作为国内文物的民间交流与收藏，当一件器物进入拍卖行时要有一种拍卖价。在文物商店出售时要有一种出售价，在古旧商品市场进行交流时要有一种交流价。当然这几种价格有着千差万别的变化，除了博物馆的瓷器外出展览时的保险价外，其他价格也要随着时代的发展、社会的稳定程度、人们对某件器物认识的不断加深，以及那些被考古发现成果得到认证，或揭示了某种发展规律的器物，其自身的价值会有很大的变化。比如说，元代瓷器，在解放前人们对它的认识不十分清楚，它基本上没有什么收藏价值，其收购流通只是那些走街串巷"小打鼓"（收购家庭旧货）的才以很低价钱购买和转售。1929年，英国人霍布逊发现了现藏于英国大维德基金会的至正十一年（1351年）云龙象耳瓶，才确定了元代瓷器的地位。由于中国当时还处于半封建半殖民地的统治，国家以及商人也很难得到这种信息。20世纪50年代以后美国的波普博士以此瓶为依据，对照当时伊朗阿特别尔寺及土耳其伊斯坦布尔托布卡普博物馆所藏的元代青花瓷器进行对比研究，发表了《Chinese Porcelain from the Ardebil Shrine, Washington, 1956》和《Fourteen Century blue and White Ware a group of Chinese Poucelain in the Topkau Sarayi Muzesi, Islabul, Washington, 1952》。他以"至正十一年"青花瓶为标准器，把凡是14世纪景德镇生产的成熟青花器，都称作"至正型的产品"，使元代青花瓷的研究进入了高潮。在此之后陆续在中国内地发现了元代居住遗址，元代窖藏和元末明初墓葬中陆续出土了许多元代青花瓷器，北京元大都后英房遗址、北京旧鼓楼大街窖藏、河北省保定市窖藏、江苏省金坛县窖藏、湖南省常德县元墓、江西省波阳县元墓、江西省高安县元代窖藏、南京市明初墓等均出土了一批元代青花瓷器。出土器把元代青花瓷器的研究推向了高潮。随着改革开放的政策不断深入人心和社会稳定因素的不断扩大，致使元代青花瓷器的价值也稳步上升，国内拍卖市场可达到上百万元的拍卖底价。由此看来，社会的稳定，人民收入的提高，研究成果的推出，是拉动瓷器价格上升的重要因素。

（三）作伪问题

造假之风，古已有之。造假就是要模仿制造前朝的有价值的精品。有的模仿造型，有的模仿花纹图案，有的模仿釉色，乃至有些模仿得不伦不类，也能够凭借其低廉的价格或凭借贩卖者三寸不烂之舌蛊惑人心，达到欺骗收藏者的目的。古语讲："盛世搞收藏，乱世广积粮。"如今喜欢收藏的人日渐增多，古玩市场的生意随着收藏热而日渐红火。然而，目前造假现象比较严重的领域也是古玩市场。古玩市场有一种有别于其他市场的特殊现象，由于鉴定文物的真伪要凭借收藏家或鉴定人的眼力，科学技术鉴定还处在辅助地位，而且费用有时要超过购买者所买到的物品价值。初入古玩市场的收藏家对这种鉴定手段又不太了解，因此，受骗者只有打掉牙齿往肚子里咽，自认倒霉，或将赝品藏在家中，或将其打碎，让其永不见世。另一个问题是在古玩小市场购买古玩时，只有很短的时间进行鉴别，同时又要讨价还价，还害怕在你鉴别和讨价还价时被别人抢先得到，基于以上原因给造假者以可乘之机，使他们从中看到了渔利的可能，这就助长了造假之风。

　　造假之人一般是根据古代瓷器的图案、采集到的瓷片标本、仿制者看到的样品以及凭他们所听到和看到的一些印象进行制造。这种仿制难免出现各种各样的缺陷，也就是鉴定者所说的疑点，也是每一位要鉴定瓷器真伪的人需要掌握的要领。造型、图案、工艺、釉色都是造假者进行模仿的要点，他们根据以上四个要素进行仿制，也是他们最难掌握的。一般地说，造型是比较难仿制的，由于图片视觉上的误差，仿制品非大即小；图案呆滞，色彩非明即暗；工艺上要么过于精细，要么粗糙；而釉色也是比较难仿制的，它不但要求陶工有丰富的经验，而且一窑内很难出现几件精美的上品。要了解真品的真谛才能识别造假者的伎俩。

二、青瓷篇

  青瓷是因为在瓷器表面敷有一层透明或半透明的青釉而得名,其呈色是因釉中所含氧化铁元素所致。由于含铁量的多寡以及烧制过程中窑内火焰气氛的不同,在呈色上又有淡青、青黄、青绿等色的差异。青瓷被正式定名,据文献记载最早见于唐代陆羽《茶经》:"越州瓷皆青,青则益茶。"在此之前晋代称为"缥瓷",如晋代文人潘岳在《笙赋》中有"披黄包以授甘,倾缥瓷以酌酃"之说。晋代一种淡青色的丝织物称缥帛,而青瓷所呈现的那种微带褐色的青绿色,恰与缥帛色调相似,所以时人称之为"缥瓷"。隋代青瓷因釉层甚薄,多为青中泛黄绿色,又有"绿瓷"之称谓。在《隋书·何稠传》内有如下记载:"稠博览古图,多识旧物。时中国久绝琉璃之作,匠人无敢厝意。稠以绿瓷为之,与真无异。"唐代人们开始以"青瓷"命名,并且一直沿用至今。有关青瓷的称谓,其纷乱繁多的程度在我国陶瓷史上实属罕见。除前面所举之外,宋以后又有诸如天青、粉青、冬青、豆青、翠青、虾青、水青、梅子青等等,不胜枚举。它既有"千峰翠色"之美,又有"雨过天青"之色,以及"类玉"、"类冰"之高雅,兼得青山、绿水、蓝天、碧云的万般灵秀,素为人民大众所喜爱,并为文人墨客、帝王将相所推崇。

  青瓷的造假,在造型上,主要根据目前各大博物馆出版的图录上的器物,或者是根据窑址所在地的标本,经常是常见的器物造型,有八棱瓶、双系罐、鸡头壶以及一些盘、碗等。工艺方面,烧制窑炉温度控制平稳,圈足修饰规整圆滑,釉面光亮,有些虽然经过作旧,但是失亮部位要么光亮不均、要么整齐划一。胎土要么过粗,要么淘洗过细,这就造成器物的重量很难与古代器物的重量相吻合。装饰更难表现出古代器物的风貌，因为造假者的技法难以达到炉火纯青的地步，相对而言可谓拙劣。只有把握真品，才是鉴别赝品的唯一方法。

（一）越窑青瓷

唐代有许多著名的青瓷窑，例如浙江的越窑、瓯窑、婺州窑，湖南的岳州窑、长沙窑，江西的洪州窑，四川的邛崃窑等。然而唯越窑青瓷因其釉色，取得了独特的艺术成就而跃居众窑之首，成为当时青瓷的佼佼者。唐诗中有许多吟咏越窑青瓷的诗篇，如陆龟蒙有一首形容唐代越窑青瓷釉色之美的绝句："九秋风露越窑开，夺得千峰翠色来。好向中宵盛沆瀣，共嵇中散斗遗杯。"（《秘色越器》）徐夤也有《贡余秘色茶盏》一诗，诗曰："捩翠融青瑞色新，陶成先得贡吾君。巧剜明月染春水，轻旋薄冰盛绿云。古镜破苔当席上，嫩荷涵露别江濆。中山竹叶醅初发，多病那堪中十分。"他以春水映照下的"明月"、"薄水"、"嫩荷"来形容秘色茶盏釉色之美，可谓别出新意。此外，顾况有"越泥似玉之瓯"（《茶赋》）之句，孟郊有"蒙茗玉花尽，越瓯荷叶空"（《凭周况先辈于乾贤乞茶》）之语，许浑则有"越瓯秋水澄"（《晨起诗》）的妙句，其他如施肩吾、韩偓、郑谷等，也均有诗称赞越窑青瓷。这些唐代诗人何以对越窑青瓷如此珍爱并推崇备至呢？这恐怕还要从越窑青瓷源远流长的历史，以及辉煌灿烂的艺术成就谈起。

今日浙江省的绍兴、上虞、余姚一带，春秋时期是越国的政治、经济中心。秦统一天下后属于会稽郡，隋、唐称越州，唐代通常以所在州命名瓷窑，因此定名为"越窑"。古越地不仅是我国青瓷的发源地，也是我国瓷器的诞生地。早在距今两千年左右的东汉时期，勤劳勇敢的越地人，就利用那里丰富的瓷土、木材和水利资源，在1220～1270度的高温下烧出了瓷化程度良好、胎釉结合牢固，敲击时音响清脆的成熟瓷器。越窑自东汉创烧青瓷以来，经过六朝、隋、唐至宋的一千多年从未间断，其间形成了两次高峰，一次是在西晋晚期至东晋早期，越窑青瓷在江南等地一枝独秀；另一次是在唐末五代的时候，当时越窑瓷场林立，诸暨、绍兴、镇海、鄞县、奉化、临海、黄岩等县相继建立了瓷窑，越窑青瓷从而正式形成独立系统，与邢窑白瓷在全国范围内最终形成"南青北白"相对峙的局面。即南方是以越窑为

代表的青瓷著称于世，北方则以邢窑为代表的白瓷驰名中外。然而在唐代最受人们青睐的还是越窑青瓷。 图 1

　　越窑青瓷所呈现的那种细润如玉、光洁无疵的釉面，确实在我国青瓷烧造史上树起了一座丰碑。诗人陆龟蒙以"千峰翠色"来描绘它的润泽，许浑以"秋水"来形容它的深沉和含蓄，都是真实写照。越窑青瓷不仅釉面精致无比，其造型也生动优美，各式钵、盆、灯、罐、瓶、执壶、唾壶以及瓷塑等应有尽有，许多器物还能逼真地模拟自然生物的形态，如仿照瓜形制作的壶，仿海棠花式的碗、盘等皆惟妙惟肖，其中模仿荷叶形状的洗子，则更充分发挥青釉莹润欲滴的特色。唐代越窑青瓷因为追求一种"冰肌玉骨"的艺术效果，所以早期器物极少装饰，仅以"掠翠融青"的釉面取胜。晚唐五代时期出现的刻画花纹，则受当时丝绸、金银器、铜镜的影响。它以各种龙凤、游鱼、云鹤、鹦鹉、蛱蝶、花卉等作主题，线条纤细流畅，纹饰生动活泼，使单调的釉面平添几分诱人的魅力，难怪清代自命风雅的乾隆皇帝也有"李唐越器世间无"的慨叹了。北宋初年，越窑仍有一段辉煌的时期，当时全国窑场因各地战事平息而处于相继兴起之中，越窑青瓷便成了大家竞相模仿的对象。如北方的耀州青瓷、定窑白瓷、南方景德镇窑影青瓷等，都曾盛行越窑青瓷那种刻画纹饰的装饰方法，直到北宋中期，这些窑场才逐步摆脱了越窑的影响，而形成各自独特的风格。越窑青瓷便在这样一种境况下走完自己漫长的道路。

　　关于秘色瓷，由于"秘色"二字，一直众说纷纭。有人称"秘"与皇家有关，如禁中藏书处曰"秘府"、"秘阁"，又或云稀有、稀见之物，如秘文、秘典、秘籍等。在唐代文人中徐寅是最先为秘色瓷下定论的人，其曰"陶成先得贡吾君"（《贡余（姚）秘色茶盏》），徐寅是后唐庄宗同光元年（923年）闽王王审知使。宋人曾慥在其所著《高斋漫录》一书中也曾说："吴越秘色窑，越州烧进，为供奉之物，臣庶不得用，故云秘色。"在宋人的其他著录中，如叶寘《坦斋笔衡》、周辉《清波杂志》

图1　越窑青釉海棠式碗

等书中，也都认为秘色瓷为御用供奉之瓷。宋人赵德麟在《侯鲭录》一书中，更明确指出秘色瓷为吴越王钱氏的御用瓷，并作为贡瓷向后唐、后晋和北宋王朝宫廷进贡。"今之秘色瓷器，世言钱氏有国越川烧进，为贡奉之物，臣庶不得用，故云秘色"。

秘色瓷是否是五代时期吴越王国的贡奉瓷，让我们看一下历史文献记载。五代十国时期的吴越王国建国共86年（893—978年），吴越王朝自武肃、文穆、忠献、忠懿各代，多奉五代正朔。为了偏安一隅，他们以"保境安民"为国策，均以珍贵方物入贡后唐、后晋以至北宋王朝。自唐昭宗景福二年（893年）钱镠任镇海军节度使起，至北宋太平兴国三年（978年）钱俶纳土归宋，"吴越地方千里，带甲十万，铸山煮海，象犀珠玉之富，甲于天下，然终不失臣节，贡献相望于道"（《苏东坡集》）。秘色瓷是吴越贡物的重要一项，如《十国春秋》中记"宝大元年，王遣使……贡唐方物……秘色瓷器"。"天福七年十一月，王遣使贡晋……秘色瓷器"。"天宝二年初八月，……王贡秘色瓷器于宋"。五代末宋初时，吴越王钱氏的小朝廷已是朝不保夕，为了能苟延残喘，吴越王加强了对中原君主的贡奉，"倾其国以事贡献……，器服珍奇为献，不可胜数"。《宋会要》一书记载："开宝六年二月十二日……，钱惟浚进……金棱秘色瓷器百五十事。"《吴越备史补遗》记载："太平兴国七年秋八月二十三日，……王遣世子惟浚贡上……金银陶器五百事。"《宋两朝供奉录》："忠懿王入贡……金银饰陶器一十四万事。"终钱氏吴越一朝，为讨好中原，将秘色瓷作为重要的纳贡特产，其数量之大，质量要求之高，直接促进了当地窑业的蓬勃发展。

秘色瓷为五代吴越王朝的供奉瓷，这一点在大量文献资料中得到印证。但是作为最早提出"秘色瓷"一词的唐代大诗人陆龟蒙，卒于881年，这时钱氏尚未建国，如此推算"秘色瓷"的烧造并非始于吴越时期。从唐人对秘色瓷的赞美之词看，所谓"秘色青瓷"实际上是对唐代越窑青瓷精品的一种称谓。文献记载越窑青瓷在唐代已是宫廷中的贡器，其中秘色瓷还是向佛祖进献的宝物，这一点可以从法门寺地宫出土的秘色瓷中看个究竟。陕西扶风法门寺因珍藏佛祖释迦牟尼真身指骨而闻名于世，自魏晋南北朝至隋代，每三十年都要举行一次迎取佛骨的活动。唐代七个帝王自唐太宗李世民起，又将这种活动推到登峰造极的地步，并将供奉敬神的珍宝藏于地宫内。唐朝最后一次将佛骨取出的是唐懿宗李漼，但这位虔诚的皇帝还未来得及将佛骨送还法门寺，就魂归西天了。当他的儿子僖宗李儇在咸通十五年（874年）正月四日，刚刚把佛指送到法门寺时，长安城即被农民起义军占领。于是这一天当

图2　越窑青釉八方瓶

法门寺地宫封闭后，就再没有开启过。换句话说，法门寺地宫内的器物均为唐代的奇珍异宝，至迟在晚唐之际世人即无缘相见，直至1987年5月5日，即农历四月初八日，在释迦牟尼诞生之后的第2553个"佛诞日"，随着轰然一声巨响法门寺真身宝塔的倒塌，已经封闭了1113年的这批地下宝库中的珍宝，才重新向世人展现了它的风采。法门寺地宫内除发现4枚佛骨外，在大量金银器中还曾出土14件越窑青瓷，分别为香炉、油灯、盖罂、碗、瓶、盖盒等物，在同时出土的记录皇室供奉品的物账单上，称这批越窑青瓷为"秘色瓷"。其中一件八棱形长颈瓶，造型秀美异常，瓶体八条棱线自然流畅，其精湛的制作工艺，以及如湖水一般碧绿明澈的釉色，与唐人的赞美之瓷相符，堪称越窑青瓷中的精品。 图 2 秘色青瓷与金银珠宝共同供奉在地宫内，也充分说明它在唐王朝中的显赫地位。

五代时期天下虽为战乱时局，但江南一隅却得天独厚，社会相对稳定。由于安史之乱后，北方人口大量南迁，也促进了江南社会经济的发展，当时割据两浙、苏南13州的吴越王朝，在社会繁荣的同时，充分利用越窑成熟的制瓷技术，采取唐代贡窑的方式，在余姚上林湖等地，设立官窑继续为自己烧造宫廷用瓷，并作为向后唐、后晋和北宋王室进贡的物品。20世纪60年代，浙江省文物工作者在杭州等地发掘清理了七座五代墓葬，这些墓葬是吴越王室和大官宦的墓葬，其中吴越王钱元瓘墓及其次妃吴汉月墓，钱镠第19子钱元玩墓及钱氏家族墓，虽然早年被盗，出土物较少，但从这些墓葬出土的几十件越窑青瓷上，仍可见当年越窑青瓷的卓越成就。例如，钱元瓘墓出土的一件青釉龙罂，器虽残但仍高37.2厘米，腹径达28.4厘米。器身浮雕双龙纹清晰可见，双龙昂首摆尾，飘须舞爪，腾空奋力抢夺火焰珠，气势可谓磅礴。龙身四周云纹浮动，又恰到好处地体现出双龙急速飞舞的情景。此器出土时龙身上尚保留有三片金粉，说明当时曾在龙身上以金彩贴饰，其富丽堂皇的气派令人惊叹。在钱氏家族墓中还出土了几件大器，如大罐器高均在30厘米以上，口径约为60厘米。吴氏墓出土的一件青釉褐彩云纹罍，器高甚至达50.7厘米。像这类大件器物，无论是制作成型还是入窑烧造，都是相当不容易的，昂贵的造价除了皇室和大官宦，一般官吏和平民百姓根本不可能烧造。

越窑青瓷的造假，一般从清代中晚期开始出现，经历民国至现代仍然多有仿制。主要集中在浙江、福建地区。仿品多按照实物制造，由于工艺和制作方法的局限性，新仿制的器物很难给人以舒展、流畅的感觉。 图 3 图 4 有的釉面颜色过于凝重，釉面有失透的感觉，有的胎土烧结后颗粒粗糙，有的刻画线条呆滞、造型呆板，只要鉴赏者体验过古代越窑青瓷的风韵之后，便不难察觉出仿制品的缺陷和败笔。

图 3　青釉双系鸡头壶

图 4　新仿越窑青釉鸡头壶

（二）龙泉窑青瓷

龙泉窑窑址遍布在浙江龙泉县境内许多地方，主要窑场有大窑、金村、溪口、松溪、武溪等二十余处，其中以大窑、金村两处窑场所烧青瓷质量最高。龙泉窑属于南方青瓷类型，早在西晋时期就开始烧造青瓷器，西晋至五代时期属于小规模生产，所烧青瓷一般自产自销。北宋初期龙泉窑受越窑、瓯窑、婺州窑影响，所烧青

瓷釉面常采用刻花装饰，并辅以篦点或篦划纹，釉色呈淡青色，器物造型以日用瓷为主。北宋中晚期龙泉窑青瓷釉色逐渐转为青黄色，产品虽仍以碗、盘、壶、杯等日用器皿为主，但造型变得更加规整。此时，釉面装饰普遍使用刻花、画花、印花等手法，纹饰主要有花卉、游鱼、飞雁以及婴戏等。 图5 北宋晚期还盛行浅浮雕莲瓣纹，一些器物印有"河滨遗范"、"金玉满堂"等文字。

图5 龙泉窑刻花瓶

南宋时期，由于北宋政权南移至杭州，使龙泉窑生产得到空前发展，器物品种迅速增加，出现了炉、瓶、渣斗、盆等许多新器形。以瓶而论，有胆式瓶、龙虎瓶、鹅颈瓶、琮式瓶、环耳瓶；以炉而论，有奁式炉、三足炉、桶形炉、双鱼耳炉、鬲式炉 图6 等等。南宋中期以后其青瓷烧制，终于形成自身特点，特

图6 龙泉窑鬲式炉

别是粉青、梅子青釉色的烧制成功，达到我国青瓷烧制的最高水平。南宋晚期龙泉青瓷又有很大发展，除在今日龙泉县境内有许多窑场烧造青瓷外，其邻近的庆元、遂昌、云和县以及江西、福建等许多窑场，都烧造具有龙泉窑风格的青瓷，最终取代越窑青瓷的霸主地位，成为南方青瓷的重要产区。

南宋龙泉窑的匠师们，为使青瓷呈现美玉和翡翠之风，在制作工艺上，可谓煞费苦心。首先，改变釉的成分，也就是将早期青瓷烧制使用的石灰釉（钙釉），改为石灰碱釉（钙钾釉）。石灰釉的特点是高温下黏度小易于流釉，因此早期青瓷往往施半釉。釉层普遍较薄，釉面光泽度强，呈现一种玻璃状。而石灰碱釉的特点正好与之相反，它在高温下黏度大，釉不易流淌，器物不仅可以施满釉，釉层也可以施得厚一些，釉面光泽显得更加柔和。南宋龙泉窑匠师，将石灰釉改为石灰碱釉，在陶瓷史上显然是一个伟大创举，它使青瓷釉面更加幽雅光润。其次，增加釉层的厚度，也就是在胎体上多次施釉，就好像水深能增加其青色的道理一样。我国古代对青色的解释一向有多种含义，举凡青、绿、蓝、黑几乎无所不包，因此为使青瓷釉面具有碧绿深厚的感觉，一般都要挂上两三层釉才行。根据目前看到的南宋龙泉窑青瓷标本，其釉厚甚至达到1.5毫米以上，这样终于烧成了青翠欲滴、可与翡翠媲美的"梅子青"色。再次，增加胎的色调，也就是改变胎土原料成分。胎的色调对釉色有一定影响作用，一般来讲原料中铁含量愈低愈好，因为铁含量高会降低胎体的白度。而龙泉窑的工匠们，却特意在胎土原料中掺入一部分紫金土，以提高铁的含量，使白色胎体略呈一些灰色，这样更有利于青釉的呈色。除了上述这些工艺改变外，南宋龙泉窑青瓷在窑内烧制过程中，使用了强还原气氛，因为窑内温度越高，还原气氛越重，胎釉熔融也就越彻底，釉层的质感也就越好。据记载，南宋龙泉窑青瓷中梅子青釉色的烧成，其窑内温度在1250～1280度之间。

南宋龙泉窑青瓷由于釉层较厚，难以透出釉下刻画纹样，因此在釉面装饰上，多采用堆贴装饰，形成一种浅浮雕效果。同时更加重视器物的造型设计，以此突出釉色之美。例如，采用仿生效果，以大自然中各种花卉、瓜果的形态为器物原形造型，是南宋龙泉窑青瓷普遍采用的手法。最常见的器物有莲瓣碗、荷叶盘、桃形洗、葫芦瓶、瓜式壶等等。

随着国内外市场的需求，特别是海外贸易的扩展，元代龙泉窑生产规模进一步扩大。其窑场从原来交通不便的大窑和溪口，沿瓯江两岸和下游一带不断发展开来。据目前考古发现的元代窑址，仅在大窑附近就有五十余处。在龙泉县境内元代龙泉窑址，目前发现的总计达二三百处，其中分布在瓯江、松溪两岸的窑址约占三分之二。这些均可证明龙泉窑在元代已经形成了一个空前发展规模，其声势远非宋龙泉可比。

元代龙泉窑瓷器最明显的特征，在造型上的特点是器型高大，如大盘、大瓶、大罐、大碗、大执壶的形制之巨大均为前所未见。如英国大维德中国艺术基金会收藏的一件元龙泉窑印牡丹纹喇叭口大瓶，器高达71厘米，不仅形体巨大，而且口边刻"泰定四年"(1327年)款，是一件非常有价值的龙泉窑器物。这种喇叭口形、高度在50～70厘米以上的大瓶，北京故宫博物院收藏较多。20世纪70年代内蒙古集宁和呼和浩特市发现的两个元代窑藏内，也出土有此类大瓶。这种形制的大瓶不仅在国内时有发现，在日本、美国、韩国、菲律宾等国也有所收藏。说明此类大瓶是元代的典型器。龙泉窑器物中不仅瓶的形体巨大，盘的造型也硕大无比，口径最大的可达70厘米以上，如北京故宫博物院藏一件元龙泉窑刻花八宝纹菱花口大盘，口径达63厘米。除以上所举大瓶、大盘外，其梅瓶造型也很有特色，如北京故宫博物院所藏通高为44.4厘米的带盖刻花梅瓶。此外，日本东京国立博物馆所藏通高为41.6厘米的印花"龙"字纹大罐，土耳其托布卡晋博物馆藏的口径为43厘米的刻花菱花口大碗，上海博物馆藏器高达32厘米的刻花执壶，日本大和文华馆藏的印花纹四系瓶，通高达50.2厘米，以及1984年江苏溧水县出土、现藏于该县博物馆高达30厘米的荷叶盖大罐等，在龙泉窑器物中均可称作形体高大之器。

元龙泉窑中不仅有气势雄伟的大件器物，也有精致秀美的小件物品，如器高在10厘米左右的小罐、小壶、小瓶、小砚滴、小杯等，别有意趣。菲律宾私人博物馆内收藏的一件小壶，腹径仅10厘米，器形呈瓜棱状，壶盖为瓜蒂，釉面虽有细碎片纹，但更如熟透的南瓜，造型十分别致。韩国国立中央博物馆内也藏有与此壶相同造型的小壶，此外，该馆还有鱼形砚滴、猪形砚滴、人形砚滴等。1984年浙江泰顺发现一个元代窑藏，一件通高为7.5厘米的牧牛砚滴，可以视为元龙泉窑中小件器物的代表作。小型龙泉窑器物在造型上与大器相同，如韩国国立中央博物馆藏有一件器高为14厘米的连座瓶，与连座式大瓶在造型上一模一样。菲律宾私人博物馆收藏的一件器高为7.5厘米菊瓣纹荷叶式盖罐，也与一般荷叶式盖罐大器基本相似，只是多一流口，别具一格。龙泉窑小件器物一般作为外销瓷，销往东南亚等国作为随葬器。

元代龙泉窑器物造型非常丰富，以瓶为例其造型就有十几种之多，如葫芦式瓶、玉壶春瓶、梅瓶、环耳瓶、双系扁瓶、连座琮式瓶、八方瓶、连座式瓶、长颈瓶、觚式瓶、蒜头瓶等，其中葫芦瓶、环耳瓶、双系扁瓶、连座式瓶非常富有特色。环耳瓶虽然一直延续至明龙泉窑还在烧制，但它们之间存在明显的不同，其特点是元龙泉环耳较大，环一般贴附在瓶体两侧；而明龙泉窑环耳瓶的环耳，一般为活动的环。将瓶与器座连在一起烧制，也非常有代表性地显示出元代龙泉窑烧制的工艺特点。1983年，浙江青田县百华公司工地出土了一件元龙泉青釉带座瓶，瓶高为20厘米，器座高8.2厘米，通高达28.2厘米，这种制作方法一方面使瓶体具有稳重感，另一方面也反映出瓶体造型朝多元化方向发展。元龙泉窑中颇具时代感的器物还有一种荷叶式盖罐，它的特点是盖为一顶硕大的荷叶，口沿翻卷，造型极为生动。有的盖钮还为一段枝梗，翠绿的釉色犹如刚刚采摘下的荷叶，仿生效果非常逼真。器身造型在稳重优美中，还有各种不同装饰，如印花纹、莲瓣纹、弦纹等，器型也有大、中、小三种不同规格。在元龙泉窑荷叶式盖罐中，以莲瓣纹荷叶式盖罐居多数，在韩国新安海底元代沉船上，即有多件莲瓣纹荷叶式盖罐，现藏于韩国国立中央博物馆内的一件元龙泉窑莲瓣纹盖罐，是其中的典型器，此器通高达30.7厘米，釉色莹润，纹饰生动。上海博物馆藏有一件荷叶式盖罐，罐身贴印海水龙纹，也是非常著名的一件器物。

元代龙泉窑器物在胎釉上的特征，是胎体逐渐趋于厚重，虽然元代初年还能保持南宋龙泉薄胎厚釉的风格，但至中期开始胎质变厚、釉层变薄，釉也多呈青黄色。元代龙泉青瓷由于胎体厚重，釉层变薄，已经达不到南宋龙泉梅子青那样的釉色之美，所以盛行釉面装饰。除继承五代、北宋时期常用的划、刻、印、堆、贴等技法外，还大量使用褐色点彩、堆贴、镂雕、刻印等手段，具有十分突出的时代特色。下面简单介绍如下。

（1）露胎贴花：在元龙泉装饰技法中，以露胎贴花法运用最为成功。所谓露胎贴花就是在瓶腹部或盘心部位，先模印或贴塑纹饰，这些纹饰不上釉，烧制后露胎部位呈现一种火石红色，与周围青釉相映成趣。这种以釉色与胎色形成的反差，色调非常醒目，它一方面使器物上的装饰图案效果突出，另一方面也使单调的釉面有一种变幻之美。这种装饰是元代龙泉窑所独到的，堪称空前之作。元龙泉窑青釉露胎贴花纹饰，目前见到的主要有人物、花鸟、瓜果、龙凤等，运用最多的是八仙人物。北京故宫博物院藏有一件元龙泉窑八棱瓶，肩部青釉凸印太极八卦图，腹部八个开光内露胎剔刻八仙人物，足胫处青釉上凸印四时花卉。器物腹部呈火石红色的八仙人物，在青釉八卦图及花卉衬托下显得格外突出，颇有呼之欲出之感。另在香港《求知雅集》目录上也曾见到一件元龙泉窑露胎八仙人物纹高足杯，在杯体八面上分别贴塑神态各异的八仙人物。英国伦敦大维德中国艺术基金会藏有一件元龙泉窑青釉火石红龙纹大盘，将这种装饰技法运用得更是出神入化。盘心部位露胎贴塑一条矫健的巨龙，龙身作呼风唤雨之状，环绕龙身还露胎贴塑朵朵祥云，盘体周边还装饰一圈露胎梅花纹，其余部位均施青釉，并刻画层层海水纹。细观整个盘体，火石红色的巨龙，在青釉掩映下，仿佛翻腾在波涛汹涌的海水间，此盘既是一件实用器皿，又是一件极富观赏价值的艺术品。此外，英国大英博物馆收藏的一件青釉火石红月影梅花纹盘、北京故宫博物院收藏的青釉刻花火石红八仙人物瓶和四鱼洗，也都是不可多得的艺术珍品。元龙泉窑中这种露胎贴花技法除运用在盘、碗、瓶等器皿上，还常出现在人物雕像上面，主要是佛造像。江苏扬州文物商店收藏有一件青釉观音龛，观音的脸部、胸部、手部，以及观音像前其他人物的面部都是露胎雕塑，以此突出观音菩萨仁爱慈祥的神态。1966年，北京昌平县出土一件元龙泉青釉观音像，观音的面部、手部也是如此装饰，可见这种方式是当时一种惯用的手法，为后世陶瓷制作增添了新的工艺思路。

（2）模印刻画花：除露胎贴花技法外，挂釉贴花以及模印刻画花，也是一种元代龙泉窑经常运用的装饰手法。刻画花是北宋龙泉窑较常使用的一种方法，元代龙泉是将刻画花与印花结合一起运用，既增强图案立体感，又使纹饰鲜明生动。印花分阴文印花与阳文印花两种，常用题材主要有蕉叶、海水、菊花、菱花、变形云纹、龙凤、鱼、莲瓣、云鹤、鸾凤、龟鹤、灵芝、葵花、荔枝、牵牛花、八仙、八卦、如意、鼓钉、方格、古钱、锯齿、雷纹，以及人物故事等等。北京故宫博物院藏有一件元龙泉窑青釉印花石榴尊，可称为这种刻画印花的代表作。器体上下纹饰达七层之多，腹部主体纹饰为枝蔓缠绕的菊花纹，在阳文印的花朵、叶面上，同时刻画出叶脉、花瓣及花蕊，使图案立体效果更加明显。元龙泉还有一种特殊装饰，即阴文印花，常装饰在碗体内壁，以人物故事作几组图案，凹的图案四周印有文字。

（3）文字装饰：元龙泉窑青瓷中以文字装饰的器物也有其独特之处。如前面提到的日本东京国立博物馆所藏一件青釉盖罐，盖面凸印八宝纹，罐体呈八棱形，在自然形成的八个开光体内，凸印草书"龙"字与花卉图案。罐上的"龙"字笔锋遒劲，运笔挥洒自如，实属难得之作，因为"龙"字出现在器物上非常少见，一般器物常以龙的形象作装饰。北京故宫博物院藏一件青釉琛宝纹碗，碗心刻画一个银锭，其上刻"金玉满堂"四字。除汉字外元龙泉器物上还出现了八思巴文字，八思巴文是元代一个叫八思巴的人创造的一种文字。他是藏传佛教中萨迦撮教主萨迦班智达的侄子，在元至元六年被元世祖忽必烈封为大宝法王，并奉为帝师领宣政院事，管理全国佛教和藏区事务。八思巴创行的这种文字是一种拼音文字。它既可拼读成藏文，又可拼读成汉文，世称八思巴文。八思巴文颁布于元至元六年(1269年)，它的使用范围非常有限，主要是上层社会的官方语言，泰定二年(1325年)才刻成蒙古文字的《百家姓》正式向社会民众推广。但八思巴文一直没有真正推行起来，元朝灭亡后八思巴文也随之消亡。元龙泉窑青瓷上的八思巴文，一般是凸印在纹饰上，如北京故宫博物院藏的一件元龙泉窑青釉印花盘，盘心花朵间印一个八思巴文，拼译成汉语为"里"字。目前在龙泉大窑、岭脚、绿绕口，丽水县宝定，庆元县竹口等窑址均发现印有八思巴文字的碗、盘等物。据考察，在元龙泉青瓷上，八思巴文有十几种之多，说明龙泉窑在元代占有相当重要的地位。除龙泉窑外，元代磁州窑器物上也曾出现八思巴文，但所见器物不多，窑址出土残片更无所闻，亦可说明此类产品在北方瓷窑中较为稀有。

(4)青釉褐斑：青釉褐斑是元龙泉另一个时代特征，它是在青瓷釉面点缀褐斑作装饰，常见的器物有玉壶春瓶、环耳瓶、蒜头瓶、搬口瓶、碗、盘、匜、罐等。在北京故宫博物院、上海博物馆以及日本、韩国等地，这类器物都有相当精美的收藏。青釉褐斑是越窑青瓷在西晋、东晋时期曾经使用过的装饰，在已上釉的坯上施加点彩，烧成后釉面即呈赭褐色。元代龙泉窑在釉色上，虽远逊于南宋龙泉，但其粉青色釉面仍肥润纯净，褐红色斑点点缀其间，也令人耳目一新。北京故宫博物院藏有一件元龙泉窑青釉褐斑八方盘，盘内外壁上点染的褐红色斑块，仿佛是一朵朵盛开的花朵，精美异常。日本大阪市立东洋陶瓷美术馆收藏的一件元龙泉窑青釉褐斑玉壶春瓶，被确定为"重要国家文化财产"，日本人称之为"飞青瓷"。

元代龙泉窑器物在工艺制作上，与宋代相比有所不同，器物的每个转折处，常做成棱角形或凹槽形，盘多做折沿式，外口沿也常做成花口状。碗、盘一类器物，底圈足一般垂直，足底齐平，圈足足墙较矮。此外，形体巨大的器形，造型也十分规整，无一丝扭曲变形的缺陷，而且釉平如镜光可鉴人，这些都说明元龙泉制作工艺的独到之处。元代龙泉窑器物因烧制工艺不断变化，器物底足特征也非常鲜明，这一点在大盘一类器物上表现比较突出。如元代早期龙泉窑一般使用垫饼烧制方法，器底足心处一般无釉，中期大量使用盂状支烧器，故靠近圈足一圈釉常被刮去，只残留器心一点青釉，形成独有的时代特征。元代晚期由于改用薄垫饼支烧，底足基本上无釉。明代龙泉窑一直延续此种方法烧制，器物底足多数也无釉，只是一些精细器物底足中心处有一点釉，这些可以成为龙泉窑器物断代的依据。

龙泉窑的仿制和造假可以追溯到明代的中晚期以后，经过清代、民国至现代多有生产，现代仿品集中的时间是在20世纪50年代以后。**图 7、8、9** 高仿多为手工制作，也有大批量的龙泉工艺品生产但是仿品过于粗糙，仍然显露出缺乏对古代艺术的理解和审美理解，也就是我们所说的缺乏神韵。釉色、造型、工艺是鉴别龙泉窑瓷器的三点重要因素。即釉色要纯正，造型要沉稳，每一个时代的工艺要表现正确，这才是一件经得起推敲的古代龙泉瓷器。

图7　雍正仿龙泉鬲式炉

图8　龙泉窑双凤耳瓶

图9　新仿龙泉窑双凤耳瓶

（三）耀州窑青瓷

　　宋代北方著名青瓷窑中，历史悠久、影响深远的窑场，应首推耀州窑。在我国宋代一些历史文献，如《清异录》《清波杂志》《老学庵笔记》《元丰九域志》等书内，都有关于耀州窑烧瓷的记载。在该窑附近发现的宋元丰七年（1084年）所建的德应侯（窑神）碑，有着目前存世最早的一块瓷窑碑记。北京故宫博物院藏有一座青瓷人像，据说是耀州窑的窑神像。

　　耀州窑的窑址主要以陕西铜川市的黄堡镇为代表，包括陈炉镇、立地坡、上店和玉华宫等地，这一带宋时属耀州，因此称耀州窑。耀州窑的烧造历史，上限至唐，宋代为其盛烧期，下限至明中期以后。北京故宫博物院1957年调查窑址时，曾采集到一块刻有弘治纪年款的窑具。2000年，陕西考古所对耀州窑窑址再次进行发掘，发现耀州窑的烧瓷历史，可以一直延续至清代以至民国时期。

　　纵观耀州窑的烧瓷历史，主要以烧青瓷为主，兼烧白釉、黑釉、酱色釉等品种。五代晚期至宋初时，耀州窑受越窑青瓷影响，创烧了青瓷刻画花品种。其品种也由唐代多样化，转向以烧制青瓷为主的单一品种。宋人陆游在其《老学庵笔记》一书中说："耀州出青瓷器，谓之越器，以其类余姚县秘色也。"北宋中期是耀州窑的盛烧期，其青瓷无论是刻花、画花或印花都趋于成熟，其中以刻花尤为精美。其刻花刀法与定窑瓷器不同，它的刀法宽阔有力，刀锋圆活犀利，技巧精熟，刀法利落，线条粗放流畅。由于交错使用排线刀，刮出叶脉纹理（篦纹），形成深浅分明，层次清楚的图案，不仅使纹饰凸起在器壁上，形成一种强烈的立体感，而且具有自由奔放的节奏动感，浅浮雕的艺术效果十分鲜明。耀州窑青瓷的印花工艺，虽然晚于刻画工艺，但其印花的清晰程度，构图的匀称合理，也是其他地方窑所不能相比的。 图 10 此外，耀州窑的器物，形制非常规整，像瓜棱、葵瓣、菊瓣、委角等复杂器皿，制作得都十分规整，绝无扭曲变形的现象出现。对于耀州窑高超的制瓷工艺，元丰七年《德应侯（耀州窑神）碑记》里有这样一段话："耀州青瓷，巧如范金，精比琢玉。始合土为坯，转轮就制，方圆大小，皆中规矩。……击其声，铿铿如也，视其色，温温如也。"这段话对耀州窑瓷器的描述非常中肯，没有

图 10　耀州窑刻花鸭纹碗

半点夸张的感觉。

耀州窑是一座民间瓷窑，虽然其产品以生活中常见的盘、碗为主，但也有壶、罐、盆、钵、瓶和盏托等多种器皿，而且每种器皿又都有各式各样的变化。例如，碗、盘有六折、十折或葵瓣口、卷口、直口、荷叶口等多种样式；瓶也有平口、卷口，长颈、短颈，丰肩、折肩，垂腹、敛腹等多种不同的型制，这在宋代同时期其他瓷窑中是不多见的。此外，碗、盘、瓶足部处理非常有特色，其足墙有如刀削一般平整。这是因为耀州窑采取两次修足方法，在施釉后将足墙上的釉挂去，使器物底足平坦露出，露胎处呈酱黄色。这种工艺在其他窑生产中，也非常少见。

耀州窑瓷器的装饰题材非常丰富，除常见的缠枝花、折枝牡丹、莲花、菊花、凤凰牡丹、飞鹤等图案外，以印花婴戏纹饰最为流行。画面上有的小童在竹枝上打秋千，有的小童在花丛内做游戏，还有的小童在莲花上，作出骑竹马、荡秋千的动作，画面栩栩如生。**图 11** 此外，模印把莲纹在耀州窑青瓷上也常见，其画面一般以莲花、莲实、荷叶或茨菰叶，四五枝系为一把，也有将两把莲交错布局，还有

图 11　耀州窑童子玩莲碗

三把莲纹饰。在三把莲图案上，因常见印有"三把莲"文字，使我们知道这种纹饰叫"把莲纹"，也称"一把莲"或"一束莲"。明永乐、宣德时期，在青花盘上这种纹饰较多。除婴戏纹、把莲纹外，耀州窑青瓷上，还有海水游鱼纹饰，刻画得也非常生动。盘、碗内部面积虽然很小，但海水刻画得却汹涌澎湃，波浪翻滚。游鱼悠然自得地游动，使人观之，仿佛看到了生物的动态和水波的流速，有身临其境的感觉。

耀州窑青瓷以其独特的地方风格，高超的制瓷工艺，以及优良的产品质量，在北方民间青瓷中一枝独秀。当它被地方官吏选中，便以常年例贡形式，烧造贡瓷供北宋宫廷使用。宋人王存在《元丰九域志》卷三中，有"耀州华原郡土贡五十事"的记载。《宋史》卷八十七《地理志》中，也有"耀州烧制贡瓷"的记载。耀州窑为北宋宫廷烧制贡瓷的时间，大约在神宗元丰年到徽宗崇宁年之间，大约三十年左右。关于这类瓷器的详细情况，虽不得而知，但根据北京故宫博物院1953年在北京广安门金代遗址中，所得耀州窑青瓷标本，以及1957年在耀州窑采集的瓷片对比结果来看，主要是刻画龙凤纹一类的器物。这种器物较之一般耀州窑瓷器，制作更加精美。目前仍可在国内外图录中看到这种器物，如龙柄刻花壶、凤头壶和刻花龙纹枕等。

宋代耀州窑青瓷的胎釉，也具有浓重的地方特色。其胎质含硅量较低，含铝量却较高，又由于含铁量较高，故胎色呈现一种灰青色。釉色为润泽光亮的橄榄青，即青中闪黄，也有茶黄、姜黄等多种色调。耀州窑青瓷的这种釉色，与在烧成中还原气氛较弱，或在烧成后的冷却过程中，二次空气进入窑室，出现氧化焰有关。不仅如此，耀州窑的烧成温度，对青瓷的呈色也有影响。其烧成温度为1280～1300度，比一般青瓷烧成温度都高，这对于以铁作着色剂的青釉色调，会产生很大影响。因为铁还原成青色，烧成温度不能过高。

宋代受耀州窑刻花青瓷影响的瓷窑，在北方还有河南的临汝窑、宜阳窑、宝丰窑、新安城关窑、禹县钧台窑、内乡大窑等窑，它形成了一个与南方越窑青瓷面貌风格明显不同的北方青瓷窑类型。除以上这些北方瓷窑外，当时南方地区的广州西村窑和广西永福窑，为扩大出口，也曾专门仿烧耀州窑刻花青瓷，足以见宋代耀州窑青瓷影响之广。

元代耀州窑主要产地依旧在陕西铜川立地坡、上店一带，根据陕西省考古所近几十年以来多次对耀州窑考古发掘的情况看，元代耀州窑仍以烧制青瓷为主要品种，此外还有黑釉、茶叶末釉和姜黄色青釉，器物造型有盘、碗、瓶、壶、灯盏等。

　　元代耀州窑青瓷釉面一般呈姜黄色，与北宋时期釉质莹润、纹饰繁密、刻画精练、范印清晰而著称于世的青瓷相比，已面目全非。器物胎体一般较厚重，胎质粗糙，装饰以印花技法为主，题材十分简单。20世纪50年代陕西省考古所在《陕西铜川耀州窑》一书所作发掘报告中，谈到金、元时期地层出土物时说："立地坡、上店两地的遗物造型、花纹大致相同，以姜黄色青釉为主，黑色釉瓷较少。胎釉均粗厚，胎亦未上白衣，造型和纹饰与黄堡镇第三期文化遗物很类似，而且更简单，质地更差。纹饰以牡丹、花草和边饰为主，间有鱼、凤等纹饰，形象刻板，变化很少。"陕西省考古所在立地坡窑址，采集到一块"至元二十九年（1292年）六月十四日"纪年铭盘底残片，为元代所烧造器物提供了断代依据。北京故宫博物院收藏有多件元代耀州窑青瓷，从收藏情况看也与上所述特征大致相同。如北京故宫藏一件元青釉双鱼纹折沿盘，内外施釉，釉呈姜黄色，圈足较宽，底足中心有脐状旋痕，盘心除凸印双鱼纹外无其他纹饰。从装饰风格上看，已无北宋耀州窑青瓷一点遗风，反而与元代龙泉窑青瓷有些相似。又如1993年陕西省富平县出土一件元耀州窑青釉刻花玉壶春瓶，在姜黄色胎釉上所刻画的缠枝花纹，与北宋耀州窑刀锋犀利的刻画纹饰也不可同日而语。

　　元代耀州窑青瓷虽然釉面装饰不及北宋时期，但是器物造型自有其独特的风格。如窑址出土一件青釉葫芦式壶，这种器形是在元代流行的葫芦瓶一侧，安一宽手柄，另一侧置一流，瓶即变成壶。此壶奇特之处还在于将流塑成龙头状，使豪放的造型与精巧的设计融为一体。元代耀州窑青瓷以生活日用器为主，碗的数量相当大，其他造型还有瓶、壶、盘、罐、灯盏等。从窑址残片堆积层情况看，元代耀州窑烧造量很大，器物烧制改北宋时单件装烧为盆状匣钵或筒形匣钵叠烧，大大增加了产品数量。

　　元代耀州窑青瓷烧制，虽然逐渐走向衰落，但受磁州窑风格影响的一种白地绘黑花瓷器却悄然兴起，成为元代耀州窑的新品种。耀州窑白地绘黑花器物，也是在胎体上先施一层化妆土，然后以黑彩绘画，烧成后所绘花纹多呈黑褐色。它与磁州窑白地绘黑花器不同之处，是图案装饰性较强，纹饰多以团花放射状，形成二方连续形。例如，一件白地绘黑褐花玉壶春瓶，瓶体以两个菱形开光做主体画面，开光内外绘放射状花草，画风清新自然。另一件白地黑花高足杯，杯面草草几笔所绘花纹十分洒脱自然，这种似与不似的抽象艺术之美，使简单平淡的题材充满鲜明的地方特色。黑釉瓷器也是元代耀州窑中的一个主要品种，早在唐代耀州窑的黑釉瓷器就已天下闻名，元代黑釉瓷器釉面仍能保持乌黑光亮的纯正釉色，造型也多以日用器物为主，胎体及制作工艺与元代耀州窑其他品种风格一致。

　　耀州窑的仿品出现在20世纪70年代，初期是为了继承传统工艺以及满足国内、国外传统文化交流的需要而出现的。随着市场经济的发展，造伪者不断出现。由于个体生产釉色、造型的仿真性极强，似乎给人以乱真的假象，只是很难表现耀州窑犀利的刻画装饰风格。图 12、13、14、15　市场上常见耀州窑的现代仿品以瓶、碗、盘、壶为多，但是要么胎体轻薄，要么刻画线条不犀利、不流畅，要么造型不准确，鉴赏者在体验到耀州窑真品的艺术内涵时，才能揣摩到赝品的纰漏。

图12　耀州窑刻花碗

图13　新仿耀州窑刻花碗

图14　耀州窑刻花圆瓶　　　　　　　图15　新仿耀州窑刻花圆瓶

（四）景德镇窑青白瓷

青白瓷是以宋代景德镇窑为代表烧制成的一种具有独特风格的瓷器，因为它的釉色介于青白二色之间，青中有白，白中显青，因此称为"青白瓷"。清人陈刘在其所著《陶雅》中，称这种青白瓷为"影青"。刘子芬在《竹园陶说》中称之为"映青"，还有人称其为"隐青"。由于这种青白瓷具有透影性强、胎薄质坚、釉质青莹、敲击声音清脆等特点，所以又有人认为，文献当中谈到的所谓"青如天，明如镜，薄如纸，声如磬"的柴窑器，实际上是指这种青白瓷而言。

景德镇窑窑址位于今江西省景德镇市，依昌江南岸而建，水陆交通十分便利，特别是附近高岭村盛产优质的高岭瓷土，以及周边山岭生长的茂密松木，使其有得天独厚的制瓷条件。景德镇的烧瓷历史相当久远，《浮梁县志》上有所谓"新平冶陶，始于汉世"的说法。但从目前出土的文物来看，还不能证实景德镇汉代就已经开始烧制瓷器，目前发现最早的窑址是唐、五代时期。"新平"是景德镇在唐代的名称，后改为"昌南镇"。当时此地生产的器物，也不是以景德镇闻名，而是以"昌南镇"驰名于世。如《陶录》中有所谓"镇民陶玉者，载瓷入关中，称为假玉器，且贡于朝，于是昌南镇瓷名天下"的记载。宋代景德年间昌南镇改为景德镇，至此一千多年间景德镇瓷器闻名海内外。

早期景德镇青白瓷，胎体较厚，不讲究装饰，基本上是以素面为主，无纹饰，器物造型与五代同时期器物相同，即壶、罐、瓶等器多呈瓜棱形。釉色以白色为主，略显淡青色。在装烧工艺上，五代时期的青白瓷采用装匣仰烧法，由于采用支钉垫烧，故器底留有明显支钉痕。北宋中期是景德镇青白瓷的成熟期，当时烧青白瓷的窑场，主要有湘湖、石虎湾、黄泥头、湖田、南市街、柳家湾和小坞里等窑。这个时期最突出的成就，就是烧成了白里泛青、温润如玉的釉色，形成了典型的青白色。器物胎体也开始变得细薄，透影性强，迎光可视胎壁花纹。装饰手法以刻花为主，线条流畅，花纹清晰，题材多见水波纹和各种花卉纹等。产品种类也较以前丰富，除碗、盏、壶、罐外，还有花瓶、香炉以及瓷枕等。南宋时期出现印花装饰，刻花工艺减少。印花纹饰与刻花纹饰相比，虽然其纹饰略显呆板，但由于成型简单，便于大批量生产，所以在南宋时期成为景德镇青白瓷的主要装饰。

景德镇青白瓷之所以成为一代名瓷，一方面是因为其釉色独特的青白色调，它主要是其制瓷原料所致。景德镇青白瓷的胎釉，是由大量玻璃相基质的云母残骸和残留的石英组成，又由于釉中含有微量的铁杂质，所以在强还原焰中，即烧成这种湖水般的淡绿色。 图16 另一方面景德镇青白瓷的刻画方式，也与其他窑不

图16 影青刻花缠枝叶梅瓶

同。它采用一边深一边浅的所谓"半刀泥"刻画方法，所刻花纹线条有深有浅，有宽有窄，参差不齐。这样釉在垂流过程中，使刻线深处积釉厚而呈绿色，积釉浅处为白与青绿之间的中间色，从而使器面呈现一种青白相映、素雅恬静的艺术格调。 **图 17、18** 此外，由于原料的关系，当胎土经过严格淘洗后，烧成的器物就达到了一种胎质细腻、胎薄体轻的程度。景德镇青白瓷在我国陶瓷史上的地位，是由于它的胎和釉都开始具有一定程度的半透明度，因此使我国瓷器的烧制水平又提高了一大步。因为若以现代科学界对瓷器的评判标准，也就是从白度、透明度、光泽、烧结程度以及烧成温度等条件来看，在我国古代瓷器中，恐怕只有宋代景德镇青白瓷最符合标准了。

图 17　影青刻花婴戏莲纹碗

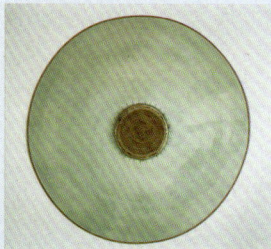

图 18　新仿影青刻花碗

在景德镇青白瓷中，以各种瓷盒最具有代表性，它的盛行大约是在五代至北宋晚期这段时间内。在我国陶瓷史上，瓷盒的大量出现是在唐代，其主要用途是盛装药品、化妆品和香料等。宋代瓷盒生产从釉色、造型都较唐代有所增加，当时南北各地窑场中，几乎都生产这种用具，以南宋时期达到鼎盛。宋代景德镇青白瓷中不仅瓷盒产量多，而且还出现了专门生产瓷盒的作坊，目前已发现有铭文的瓷盒已达11种之多。瓷盒在南宋时期盛行与南宋海外贸易发展有关，当时香料大量输入。这个时期不仅瓷盒多，而且以金、银、玉、玛瑙、雕漆等制作的盒也很多。除瓷盒外，青白瓷中最具特色的器物还有碗。北宋时期碗多为广口、小足，腹壁呈斜弧状，胎体上薄下厚。由于采用垫饼垫烧，所以足内一般无釉，并留有黄褐色圆饼形痕迹。北宋晚期景德镇窑受定窑烧制工艺影响，至南宋时多采用覆烧方式，碗足内有釉，口沿一周却无釉。由于北宋与南宋烧制工艺不同，所以在碗足上留下的时代风格十分鲜明，这一点甚至可以成为断代依据。

从宋代至元代，青白瓷一直盛烧不衰，不仅在景德镇形成风尚，还形成了一个庞大的瓷窑类型体系。例如江西、广西、广东、浙江和安徽等地许多窑场，它们或专门烧制或兼烧青白瓷，其产量都很大。其中有代表性的瓷窑，江西有吉安永和镇窑、南丰窑，广东有潮州窑，福建还有德化窑、泉州碗窑、乡窑、同安窑、南安窑等。

元代景德镇地区继承了宋代烧造青白瓷器的特点，仍继续烧制青白釉瓷器。元朝人蒋祈在《陶纪》中说："景德镇陶，有窑三百余座。埏埴之器，洁白不疵。故鬻于它所，皆有饶玉之称。"元代景德镇青白瓷与宋代景德镇青白瓷一样，仍是南北各地人民喜爱之物。从目前国内元代纪年墓出土情况看，浙江杭州，江西樟树、贵溪、南昌、永丰、万年、抚州，四川成都、雅安、广汉，重庆等地，元至元十五年(1278年)到至正八年(1348年)墓葬中，均有元青白瓷出土。特别是1952年至1954年重庆北碚元大德元年及十年纪年墓中，所出之物也皆为青白瓷。此外，在全国各地元代窖藏中也陆续有青白瓷出土，如江西高安窖藏中出土一件青白釉印花高足杯，北京旧古楼大街豁口窖藏中出土两件青白釉印花碗，河北定兴窖藏中出土一件元青白釉印花凤纹匜，四川雅安市窖藏中出土一件以青花书"至正七年制"款的元青白釉盖罐（这是目前所见唯一一件用青花书写款识的元青白釉瓷器）。元大都遗址及韩国新安海底沉船内，也都曾发现元代青白釉瓷器。

元代烧制青白釉瓷器的窑场除景德镇窑外，在江西还有吉州、乐平、赣州等窑，广东有中山、惠阳等窑，福建有政和、闽清、德化、泉州、同安等窑，这一点与蒋祈《陶纪》中所说"江、湖、川、广器尚青白"的话相符。元代烧制青白瓷仍以景德镇为主要产地，广东和福建等地生产的青白瓷，一般主要销往海外。

元代青白瓷在胎质、釉色、造型与装饰上与宋代青白瓷有许多明显不同之处，主要有以下几点认识：

（1）造型：元代青白瓷造型之丰富、品种数量之多，非宋代青白瓷所比。其中瓶的数量最多，最具特色，其形制有瓜棱瓶、连座瓶、玉壶春瓶、琮式瓶、扁方瓶、八棱瓶、琵琶式瓶、狮纽盖瓶及塔式盖瓶等。若以瓶口而论，又有敞口、洗口、直口、撇口、花口等，以瓶耳分，则有摩羯衔环耳、S形耳、兽面衔环耳、云头耳、戟耳、龙首衔环耳等等。各种造型的瓶体上还有刻花、画花、雕花、印花、贴花等不同装饰，真可谓琳琅满目。在如此众多、形态各异的元代青白瓷瓶中，较为别致的一件是藏于英国伦敦不列颠博物馆中的元青白釉雕花八棱瓶，在棱形瓶体腹部，用串珠纹组成的八个开光内凸雕四季花卉，犀利的刀法使花卉图案具有一种浅浮雕效果，立体感十分强烈。收藏在英国的这件龙泉窑器物，在本已十分完美的造型及装饰上，又被人在瓶口部和足部镶嵌鎏金錾花铜饰，使器物更具有一种浓郁的异域风情之美。江西景德镇陶瓷馆收藏的一件元青白釉雕十二生肖塔式瓶，也是一件精美的元代青白瓷器物。此瓶腹部贴附十二生肖雕像，盖顶塑一小鸟，下腹部刻画花纹，集雕、贴、刻、画技艺于一身。元代青白瓷器物除瓶的造型各异外，壶的造型在此时也有新发展。如1954年重庆市化龙桥出土的一件元青白釉龙形提梁瓜棱壶，在壶顶部以一条夔龙头作流，龙身作壶柄，造型十分巧妙。1963年，北京市崇文区元墓出土的一件元青白釉多穆壶，壶体完全仿制草原民族常用的皮革奶茶壶形制，就连皮箍上的铆钉状装饰也都仿制出来了。与此壶造型基本相似的器物，在菲律宾伊梅尔达博物馆也藏有一件，均属难得珍品。1965年，北京市海淀区出土一件元青白釉僧帽壶，也同样具有少数民族风格，它因形似藏传佛教中僧侣所戴之帽，故而得名。这种僧帽壶最早见于元代青白瓷，明代永乐、宣德青花及清代康熙红釉，乾隆青花、斗彩瓷器中也有烧制。除此之外，元代青白瓷中观音像雕塑也十分精致，最著名的是1969年北京元大都遗址出土的一件观音坐像（又称水月观音像），镂雕得非常精细，观音不仅面相安详、慈善，而且遍体所著璎珞装饰，均用串珠连缀而成，衣纹流畅自然，手足生动逼真。另外，流传海外的一件青白釉观音像，服饰神态以及全身雕塑之精美与前者堪称双璧，可谓旷世杰作，实开明清白瓷塑像之先河。

元代青白釉瓷器虽然在胎釉方面，并未达到宋代青白瓷那种好似假玉器的美质，但在造型工艺上却比宋代有很大进步。除日常用品外，陈设观赏用瓷量增大，同一品种的造型不仅丰富多样，而且注重器物的装饰效果，使实用性与观赏性达到完美统一。以瓷枕为例，除宋金时期常见的如意头式、银锭式、长方形、狮形、虎形以及人形外，元代青白瓷枕以卧女形、卧婴形及建筑雕塑和戏剧舞台形枕著称于世。如江西丰城县博物馆所藏一件元青白瓷仿戏台彩棚式枕，枕的四面雕刻成四个演出场景，不仅将《白蛇传》中借伞、还伞、水漫金山、祭塔救母等四个情节生动地表现出来，而且舞台建筑如镂空花窗、栏板及其他建筑装饰，也均能如实雕刻而出。此枕既表明元代制瓷工艺高度成型技巧，对研究元代戏剧及建筑也提供了丰富的实物资料。这类戏剧舞台形的青白釉瓷枕，在安徽岳西、山西大同等地均有出土，其制作工艺之精美，为前代所未见。美国大都会博物馆收藏一件元青白釉瓷枕，枕底座为一个衣裙飘逸的仙女仰面而卧，她手持荷花托起一片荷叶为枕面，造型之优美也堪称风格独具。

（2）胎釉：元代器物胎釉普遍增厚，宋代那种具有透影性的薄胎器物，此时已很少见。就釉面而言，元代青白釉青色的比重增大，而不似宋代青白釉面青中闪白、白中闪青，这一方面是胎釉性质决定，另一方面与装饰技法有关。宋代青白瓷以刻画花纹为主，由于采用"半刀法"，所以整个釉面上的花纹，在深浅不同层次间，形成青白相映的效果。元代青白瓷由于胎厚，釉质也没有宋代清澈润泽，一些粗器釉面青白间还往往泛黄色，所以多采用"镂雕花"或"堆贴花"等技法，以达到釉面装饰效果。总之，元代青白瓷早期尚能显出青白色，至晚期或泛青、泛白，釉面从具有玻璃质感，逐步演变成一种失透无光的釉面，一些器物常常与同时期景德镇卵白釉器物混淆在一起，使人不易分辨。

（3）装饰：元代青白瓷所采用的装饰技法，主要有镂雕花、堆贴花、串珠纹，以及褐斑装饰等。镂雕花技法虽然并非始自元代，但元代工匠们将此技法熟练地运用在青白瓷上，却显技高一筹。如前面提到的戏台形枕是这种镂雕技法最成功的杰作。1984年，扬州市老虎山西路出土一件元青白釉高足杯，杯面采用建筑上的镂空花窗法，将四时花卉镂雕在杯体上。以镂雕花技法装饰的器物，虽无任何彩绘装饰，但纯净的釉色与精湛的装饰，仍然尽现秀丽与华美。串珠纹是元代青白瓷上一种独特装饰，它用坯泥做成串联珍珠一样的线装饰器物。1973年，陕西西安出土一件花口高足杯，釉面无任何装饰，仅以串珠纹装饰在花瓣口的口沿处及里外凸起的棱线上。美国旧金山亚洲艺术馆藏一件连座梅瓶，瓶体模印芦雁纹，以串珠组成如意云纹点缀其间。爱尔兰国家博物馆藏一件玉壶春瓶，瓶体以双层串珠纹组成四个花形开光体，开光内镂雕四时花卉。它使得器物既具有一定的实用功能，又不失高雅的艺术观赏性。串珠纹在元代青白瓷上，除了用作图案装饰外，还能组成文字装饰器物。1963年，北京崇文区龙潭湖元墓出土的一件青白釉玉壶春瓶，在瓶体花纹内以串珠组成"福如东海"、"寿比南山"八个字，可称是别开生面。堆贴印花装饰在元代青白瓷上，运用得也非常独到，江西省博物馆藏一件连座瓶，瓶体青白色釉面上仅堆贴一枝梅花，简洁的构图充分体现出瓶体釉色之美。以堆贴印花装饰的元青白瓷器物，在北京故宫博物院、天津艺术博物馆、韩国国立中央博物馆内均有收藏，常见器形有大口罐、S形双耳瓶、方戟双耳瓶等。在香港《历代文物萃珍》一书中还见到一件玉壶春瓶，瓶腹体仅堆贴一只飞翔的芦雁，瓶体所留出的大部分空间，仿佛是蓝色的天空，给人以无限遐想。

元代青白瓷釉面，也出现有褐色斑点装饰，这种技法与同时代龙泉青瓷不尽相同，常见器形有葫芦形执壶、连座瓶、荷叶式盖罐、连座炉、瓜棱式壶、双系小罐、牧牛砚滴、船式洗等。值得注意的是，在菲律宾私人博物馆里，藏有许多器高在10厘米左右的小件青白釉褐斑瓷器，在韩国海底沉船上发现的葫芦形小执壶、荷叶盖罐，通高也仅10厘米左右。菲律宾伊梅尔达博物馆收藏有一件青白釉褐斑洗，造型甚为奇巧。此洗为椭圆形，最长处口径为9.5厘米，洗内外壁施青白釉，釉上点染大块褐斑。洗中

图19 新仿元影青浮雕梅花小瓶

塑几个通体施青白釉的孩童在游戏，神态生动可爱。韩国国立中央博物馆内收藏的
一件青白釉褐斑人物骑牛砚滴，与1984年浙江泰顺县元代窖藏出土的龙泉窑青釉牧
牛砚滴，造型虽然非常相似，但牛仰面朝天的神情与牛背上牧童顽皮的神态，其生
动的表现力，似乎更胜一筹。

　　青白瓷造假目前比较逼真，这是由于景德镇生产工艺比较成熟，又有湖田窑的
标本可以参照，鉴别起来比较困难，所以市场流传的赝品也比较多。但是仿冒品中
的下品是可以一目了然的，高仿则要细心揣摩。目前景德镇仿制的青白瓷比较多，
市场上也有大量的品种出现。 图 19、20 如贴花小瓶、花卉小盒、仿枢府盘、贴
塑魂瓶等。这些器物对于初入古陶瓷收藏的人士来讲很难区分，要多加小心，以免
上当。

图20　新仿宋影青三联盒

三、白瓷篇

　　白如凝脂、浑然一色的白瓷，最具自然天成的情趣，它看似朴实无华、平淡无奇，却极具诱人的魅力。因为正是有白瓷相衬，才有姹紫嫣红的彩瓷争妍，无论是釉下青花、釉里红，还是釉上五彩、粉彩、斗彩、珐琅彩，才能竞放异彩。白瓷可谓是彩瓷展露姿色的绝好天地。然而在我国陶瓷史上，白瓷的出现绝非易事，它经历了一个由青到白漫长的工艺技术发展与提高的历史进程。

　　成熟的青瓷早在东汉晚期就已经出现，而白瓷的成熟则大约晚于青瓷400年。1971年，在河南安阳北齐凉州刺史范粹墓内，出土了一批约6世纪的"白瓷"，包括碗、杯、罐、四系缸、长颈瓶等器物。但这批近似白瓷的釉面上，却微微泛青绿色。它一方面表明当时白瓷胎釉尚未达到成熟白瓷的标准，还属于过渡阶段的产物，另一方面也说明白瓷脱胎于青瓷的历史渊源。至此，瓷器的烧制便分为青白两大体系而各自分道扬镳。

　　青瓷与白瓷两者之间的特征区别，表现为前者胎色较重，釉呈青色碧绿无瑕，后者胎色较淡，釉色洁白匀净。然而为什么中国瓷器最早出现的是青瓷而不是白瓷呢？这主要是古代制瓷原料及工艺所决定。瓷器的外观色泽，是由胎和釉两方面决定的，而各种色釉的瓷器均是以铁、铜、钴、钛、锰、锑、铬等金属元素作呈色剂，才能使器物分别呈现红、绿、蓝、紫、黄等色彩缤纷的釉面。如若将釉中这些呈色金属全部清除干净，特别是使含铁量降至最低点，就能烧出纯洁一色的白瓷。如此看来，要烧出纯粹的白瓷，就必须掌握一定的除铁技术，而在古代烧造瓷器因条件所限，只能就地取材，利用当地含铁量在1%～3%左右的瓷土，首先烧成的就是美丽的青色或青绿色瓷器。此外，青瓷早于白瓷出现，在我国也与历史变迁、社会习俗的潜移默化密切关联。例如，江南地区山清水秀的自然景色，必然形成人们尚青的审美情趣，而长期生活在白雪皑皑自然环境下的北方各族人民注定要追求一种以白色为美的旨趣。这也许是为什么我国早期白瓷出现在北方，而不是出现在窑业历史悠久、制瓷业颇为发达的南方的原因之一。

（一）邢窑白瓷

我国白瓷的出现虽较青瓷稍晚，但它对我国陶瓷制作的发展却起到了巨大推动作用，以至于它一经问世立即引起强烈反响。尤其在唐代我国北方烧造白瓷的窑场，更如雨后春笋，遍布各地。当时河北内丘、临城、曲阳，河南巩县、鹤壁、密县、登封、安阳，山西浑源、平定，陕西耀州等地都有白瓷生产。在这些众多烧制白瓷的窑场中，河北内丘邢窑所烧白瓷不仅产量大，而且工艺精湛，其质朴的造型、润泽洁白的胎釉，都令世人耳目一新。唐人陆羽在《茶经》中曾以"类银"、"类雪"来比喻和赞美邢瓷釉色之美。在这里陆羽所谈"类银"是指邢窑白瓷，其白而略发青灰色的釉面；"类雪"则指其洁白匀净的色调。据目前科学测定，邢瓷胎釉的白度已达到70度以上，可以媲美于近代白瓷而毫不逊色，可见陆羽之话绝非过誉之词。

邢窑白瓷器皿多为盘、碗、壶、盒等日用生活器皿，偏重实用的社会职能决定和形成了邢瓷朴素无华的风尚，特别是其严谨细腻的工艺，决不逊于有悠久制瓷传统的越窑青瓷。邢窑白瓷不仅有简朴大方、大众日常所需之器，也有精美细致、可供达官显贵把玩之物。唐人李肇在《国史补》一书中曾有过一段具体的描述，他说："凡货贿之物，侈于用者，不可胜纪，丝布为衣，麻布为囊，毡帽为盖，革皮为带，内丘白瓷瓯，端溪紫石砚，天下无贵贱通用之。"李肇在这里所说的"内丘白瓷瓯"就是指河北内丘的邢窑白瓷产品。 **图 21** 此书成书于唐开元至贞元（713—804年）间，这时正是越窑青瓷红遍天下之时，而邢窑白瓷能够达到"天下无贵贱通用之"的程度，若没有丰富的产品与精湛的工艺，是难以得此殊荣的。

邢瓷与越瓷在唐代同为瓷器珍品，它代表了两种不同的风格，所谓"南青北

图 21　邢窑碗

白"的局面，正是双方争奇斗妍，互相影响共同发展的结果。唐代诗人皮日休曾云："邢客与越人，皆能造兹器。圆似月魂堕，轻如云魄起。枣花势旋眼，蓣沫香沾齿。松下时一看，支公亦如此。"（《茶中杂咏·茶瓯》）这是一首脍炙人口的诗篇，皮日休在诗中所言"圆似月魂堕"、"轻如云魄起"，是指"邢瓷"与"越瓷"优美的造型与精湛的工艺而言，寥寥数语即形象地描绘出邢窑白瓷与越窑青瓷之美，可见当时邢瓷与越瓷是相提并重的。然而唐人陆羽在《茶经》中论及邢瓷，却言其在越瓷之下，其曰："瓷碗，越州上，鼎州次，婺州次，岳州次，寿州、洪州次。或者以邢州处越州上，殊为不然。若邢瓷类银，越瓷类玉，邢不如越一也。若邢瓷类雪，则越瓷类冰，邢不如越二也。邢瓷白而茶色丹，越瓷青而茶色绿，邢不如越三也。"陆羽在这里首推越窑青瓷茶盏，主要受唐代饮茶风气的影响，是从唐人嗜茶风尚的角度而论。在历史上唐人嗜茶成风，文人士大夫之间更以饮茶品茗为韵事，他们不仅讲究茶叶的色、香、味和烹茶方法，而且对茶盏的造型、釉色也十分看中，即所谓"越州瓷、岳州瓷皆青，青则益茶，茶作白红之色。邢州瓷白，茶色红，寿州瓷黄，茶色紫，洪州瓷褐，茶色黑，悉不宜茶"（陆羽《茶经》）。因此越窑青瓷中那种"类玉"、"类冰"之色的茶盏（唐人称为"越瓯"），就被看做是最宜饮茶的器皿，以至于成为风靡一时之物。

　　不仅如此，陆羽长期隐居在浙江苕溪一带，耳濡目染，习以为常，难免有偏爱浙江青瓷之嫌。事实上邢窑白瓷与越窑青瓷在唐代各有千秋，难分轩轾。

从当时外销情况看，邢窑白瓷在唐代还是主要外销品种，无论是陆上"陶瓷之路"所经的中亚、西亚，还是海上"陶瓷之路"所到的日本、朝鲜、印度各地，凡是有唐瓷出土的地方，即有邢窑白瓷出现。当时从海道外销的瓷器以青瓷为主，而由陆路外销的则多半是白瓷。一位最早到中国游历并亲眼见到瓷器制作的人，是9世纪阿拉伯商人苏林曼(Suleinman)。他在《中印游记》一书中说：

图 22　邢窑瓶

"中国人能用一种优质陶土，制造出各种白色器皿，透明可比玻璃，里面加水从外面可以看见。"

图 22　苏林曼在书中所指的这种白色"透明"瓷器，可能是邢窑中一种极为珍贵的透影白瓷。因为据现代考古发掘显示，在伊拉克的萨麻拉古城遗址内也曾发现几片，据说敲之声音清脆并且呈透明状的白瓷片，而这座古城堡在836年因迁都而废弃后就从未兴盛过，由此可以推测这些白瓷片极有可能就是唐代邢窑产品。中央工艺美术学院叶喆民教授在其所著《中国陶瓷史纲要》一书中提及，他在河南巩县曾亲眼见到两件精美的邢窑透影白瓷杯，另外在邢窑窑址也见到数片此类残片，可见唐代邢窑确曾烧出过如此精美的白瓷器。

唇口、斜壁、玉璧底形圈足是邢窑碗的造型特征，釉面白中泛青是其釉面的特色，仿制品在这些方面很难达到这种标准。

（二）定窑白瓷

定窑是宋代五大名窑中唯一以烧制白瓷而闻名的窑场。它历经唐、五代、宋、金、元五个朝代，在长达五百余年的悠久岁月中，一直盛烧不衰。其产品不仅是人民大众日常生活所需之瓷，也是历代帝王、文人、士大夫赏玩的名瓷，单从这点来看，足以使其他各窑逊色。因此，有人将定窑作为五大名窑之首，应该是当之无愧的。

定窑始烧于唐代，当年邢窑盛名满天下时，定窑就受邢窑的影响开始烧制白瓷了，而且所制精品堪与其媲美，到后来定盛而邢衰，至宋时人们已只知有"定"而不知有"邢"。定窑白瓷之所以能够取代邢窑白瓷而显赫于天下，一方面是由于在色调上，它属于那种暖白色，白中微闪黄，细薄润滑的釉面，恰似淡施脂粉的少女肌肤，给人以温柔恬静的美感。另一方面它善于运用印花、刻花与画花的技巧，将白瓷从纯白装饰推向一个繁花似锦的新阶段。元朝人刘祁在《归潜志》一书中曾有"定窑花瓷瓯，颜色天下白"的赞誉。刘祁所言"花瓷瓯"是指定窑白瓷上那种以模印、刻画为主的装饰而言，其清新明快的刀法，刚劲有力的线条，层次分明的构图，以及取法于宋代丝织品中缂丝图案的纹样，均在定窑暖白色釉层的掩映下相得益彰。其工巧富丽的程度，与花釉瓷器相比毫不逊色，可谓独步一时、冠绝当世。

跻身于宋代五大名窑中的定窑，还是最早为北宋宫廷烧制御用瓷器的窑场。例如，在一些定窑瓷器上常见刻有"官"、"新官"、"尚食局"、"尚药局"、"奉华"、"聚秀"、"德寿"、"慈福"等宫廷字样的铭款，达15种之多，这在宋代瓷器上是极为罕见的。据考证，定窑瓷器上刻铭款器物，以"官"字居多，仅河北定县两座塔基就曾出土"官"字款瓷器17件，在北京故宫博物院的藏品中也有数件带"官"字款的盘、碗、罐等器物。目前所见带"官"字款器物，出土及传世品大约有80件左右。关于这些带"官"字款器物的产地，一般认为是定窑产品，也有人认为是辽代官窑产品，但是自从1977年河北定县塔基出土了大批带"官"字款白瓷后，学术界还是统一了观点，认为这些带"官"字款的白瓷是定窑产品。定窑白瓷上之所以刻"官"字款，是当年部分作坊被皇室或官府征用后，为防止与民用器物相混，所以刻"官"字以示区别。这些带"官"字款的器物，与同时期器物相比较，其制作工艺较为精细，属于精品范畴，已明显具备宫廷用瓷的标准。

定窑白瓷上与宫廷有关的铭文虽然种类繁多，但其铭刻的方式主要有两种，一种是在烧窑前刻在坯胎上的，如"官"、"新官"、"易定"、"尚食局"、"尚药局"等；另一种是在器物运到宫廷后，由宫廷玉工后刻的，如"奉华"、"风华"、"慈福"、"聚秀"、"禁苑"、"德寿"等等。据分析，烧窑前在坯胎上刻铭文的器物应为北宋宫廷所用，而由宫廷玉工后刻的器物则为南宋宫廷所用。北宋宣徽院下曾设六局，有"尚药"、"尚食"、"尚辇"、"尚醒"、"尚金"、"尚衣"，其中，"尚食局"专门掌管膳馐之事，"尚药局"专门掌管和剂诊候之事，除设有官员外，下面设有膳工及医师。根据以上文献推断，定窑白瓷上刻有"尚食局"铭文的器物，应是北宋宣徽院下"尚食局"专用器皿，而刻有"尚药局"铭文的器皿，则可能是"尚药局"专用器皿，它们都是北宋宫廷所用之物。刻"尚食局"的器物比刻"尚药局"的器物多，造型以大形盘类居多，如河北曲阳涧磁村窑址出土的一件刻"尚食局"铭文的云龙纹大盘，刀笔流畅，龙纹清晰可见。刻"尚药局"铭文的器物，目前见有一件直口平底碗和一件小圆盒，器外由右向左横刻"尚药局"三字。此外，流散到国外的一件定窑白瓷碗上，还见刻有"食官局正七字"铭文。"食官局"一名不见于宋、辽、金三史职官志，它的用途还有待于进一步考证。

定窑白瓷上由宫廷玉工重新刻画的铭文，据考证，基本上都是南宋宫殿名称。如"德寿宫"，在南宋大内北望仙桥东，绍兴三十一年造，建成之后高宗赐以"德寿宫"名，并将其作为自己做太上皇的处所。《续资治通鉴》有如下记载："绍兴三十一年，太子即位，太上皇即驾之德寿宫，帝服袍履，步出祥曦门，冒雨披辇以行，顾群臣曰：'托付得人，吾无恨矣。'""慈福宫"也是南宋宫殿名，是吴皇后的居处。《兰亭博议》中记："吴皇后即慈福太后，亲翰墨，尤爱兰亭，作小楷一本流传海内外。"德寿宫与慈福宫这两处宫殿，在《舆服志》一书中也有记载，其曰："奉上则有德寿宫、重华宫、寿康宫，奉圣母则有慈宁宫、慈福宫、寿慈宫。"此外，"奉华"是指"奉华堂"而言，"奉华堂"是当时"德寿宫"的一座配殿，为高宗宠妃刘婉容所居。刘贵妃喜爱书画并刻有"奉华堂"印一枚，她还曾在自己收藏的一幅名画上，钤盖"奉华"印一方。除定窑白瓷外，在汝窑、钧窑等器物上也见刻"奉华"字样，字迹工整同出宫廷玉工之手。

北宋定窑白瓷上为什么会刻有南宋宫殿之名，这是南宋时期独特的时代背景决定的。据文献记载，宋室南渡后，宋高宗于建炎三年升杭州为临安府，绍兴八年定都。《宋史·地理志》记载："建炎三年闰八月，高宗自建康如临安，以州治为行宫。"关于在临安定都一事，《挥麈余话》一书也有如下记载："车驾初至临安，霖雨不止。叶梦得言：'州治屋宇不多，六宫居必隘窄。'上曰亦不觉窄，但卑湿耳。然自过江，百官大军皆失所，朕何敢求安。"它说明在当时国难当头的情况下，临安条件虽然不如东京，但有安身之所高宗已经十分满足了。或许在他心中只将临安当做暂居之处，并未想到会在此终老一生。在这种社会背景下，南宋宫殿建筑本着一切从简的原则建造。《行在所录》一书记："建炎间，高宗至杭，命内臣杨公弼、徐康国创行宫，务使简约，去华饰，遵祖制也。"《舆服志》一书也云："宫室汴京之制，侈而不可以训，中兴服御惟务简省，宫殿尤朴。"南宋宫城与北宋宫城在规模上虽大体相仿，但面积要小多了，许多宫殿合并为一。如北宋东京宫城内的垂拱、大庆、文德、紫宸、祥曦、集英六个大殿，在南宋临安宫城内合并为一处。《行在所录》中记："凡上寿则曰紫宸殿，朝贺则曰大庆殿，宗祀则曰明堂殿，策士则曰集英殿，四殿皆即文德殿，随事揭名。"出于这种原因，将南下带来的北宋定窑器物上刻写南宋宫殿名称之举，是为了不至于造成混乱，做到随事而用。

定窑白瓷的仿品目前市场上比比皆是，笔者也曾经亲访曲阳定窑遗址，在那里见到诸多仿品。**图 23、24、25、26、27、28** 无论是造型、模印、刻画等装饰，还是盘、碗、瓶、壶等无不惟妙惟肖，给初入收藏的人们带来很多难题。胎体轻薄，釉面泛黄并且垂有泪痕，是定窑的特征。特别要关注那些经常在图录上出现的真品，在市场上若有出现，更要多加留心，不要被一时的兴奋和心血来潮所欺骗。

图23　定窑白釉印花碗

图24　定窑白釉刻花盘

图 25　定窑孩儿枕

图 26　仿定窑孩儿枕

图 27　新仿定窑白釉印花碗

图 28　仿定窑白釉刻花纹盘

（三）元代枢府白瓷

如果说宋代瓷器追求的是一种平淡自然、"类玉"尚青的韵味，因此色调单纯、洁净温润的定窑白瓷与"钧、汝、官、哥"等瓷器共同受宠于宫中，那么到了元代，独尊白瓷就成为宫中的另一种时尚。1278年，即元王朝正式统一全国的第一年，元朝政府就在景德镇设立了专门督造官府用瓷的"浮梁瓷局"，烧出了著名的"枢府白瓷"。当时浙江龙泉青瓷正扬名于海内外，景德镇窑在各方面均不能与龙泉青瓷相匹敌，但是元朝唯一为皇室服务的瓷局却偏偏设在景德镇，这其中的奥秘，如果以元朝贵族崇尚白色，以白色为吉祥，即明代陶宗仪在《辍耕录》中所言，元代"国俗尚白，以白为吉"作解释，恐怕就不难理解了。

枢府白瓷是指一种胎体较为厚重，釉呈失透状，色白而微微泛青的器物而言，因模印的纹饰中间往往印有对称的"枢府"两字，"枢府白瓷"便由此而得名。枢府是元代掌管国家军队大权的朝廷重要机构"枢密院"的简称。另外因其釉面白中泛青，恰似鸭蛋色泽，所以又称"卵白釉"。蒙古民族由于崇尚白色，所以当他们建立元朝政权后，即以白瓷作为官府用瓷，这是尊重传统习俗的体现。枢府白瓷除作为官府用瓷外，还曾作为皇家祭器，最确切的依据是北京故宫博物院收藏的印有"太禧"、 图 29 "福"、"禄"等字样的卵白釉大瓷盘。"太禧"是"太禧宗烟院"的简称。根据《元史·祭

图29　元枢府印太禧盘

祀志回》记述："神御殿旧称影堂，天历二年改为太禧宗烟院，是元代专管祭祀的官府机构。"历史上以瓷器作为祭祀用品究竟始于何时？现已难以考证，因为在古代文献上的"陶"与"瓷"二字的意义相通。虽然汉魏时期已有大批青瓷作为陪葬器，但只能算作陪葬品，而不能作为纯粹的祭器。传世的唐宋时期越窑青瓷、官窑、龙泉窑和耀州窑器物中，虽然也有作为祭祀用品的炉、鼎、簋等器物，但是是否作为祭祀用品，还是仅仅作为祭器，因为没有详细的文献记载，所以很难确定。而在元代卵白釉瓷器上，明确记载着它的详细用途，这在中国陶瓷史上也堪称珍品。

枢府白瓷也可以看做是元代景德镇时期的一种白釉瓷器的统称，因为其中一部分除书"枢府"字外，还有书"福"、"禄"以及前面提到"太禧"字样的器物，另一部分则没有文字。从传世的枢府白瓷看，写"枢府"等字样的器物，无论在胎质、釉色以及制作工艺上，均较同时代的器物略胜一筹。常见器物主要有碗、盘、

图 30　元枢府窑印花缠枝莲碗

高足碗等小件器皿，其中比较典型的是一种小足、平底、敞口、深腹折角的式样，俗称折腰碗。　图 30　《新增格古要论》"古饶器条"记载："元代烧小足印花者，内有'枢府'字者高。"根据以上分析，也可以进一步推断写有"枢府"等字样的器物为官府用瓷，而没有题写铭款的器物则可能是用于民间。

"枢府"类型的白瓷，不仅在元大都遗址中发现过，在景德镇湖田窑遗址中发现过，在安徽歙县等地也曾发现过，甚至在河北磁县元代沉船上，在韩国和南海周边国家古文化遗址中也发现过，这说明枢府白瓷还曾作为外销瓷远涉重洋。《景德镇湖田窑考察纪要》中有如下记载，其曰：从当时景德镇湖田窑元代遗物堆积层看，并没有一个专门生产枢府白瓷的窑场，这些窑场除烧白瓷外，还烧其他各色釉瓷器。《景德镇湖田窑考察纪要》的记载说明，元代并没有建立起一个如明清两代意义上的御窑场，当时宫廷、官府用瓷均是在民窑中烧造，这些窑场有命则烧，无命则止。所以景德镇烧造枢府白瓷的窑场很多，烧造工艺也有很大不同。例如，南岸刘家坞烧造的折腰碗和小足盘，足多外撇，内壁纹饰间多印有"枢府"二字，高足杯内壁的印花龙纹有五爪，它印证了《元史》上的记载，这些器物应为官府用瓷。北岸窑场所烧白瓷，造型虽与南岸接近，但足型多垂直，内壁无款识。纹饰虽同为龙纹，但龙只有三爪或四爪，应为民间所用。枢府白瓷所呈现的这种状况，充分说明元朝统治者入主中原之初，中原地区等级森严的封建制度还没有被完全继承下来，官府所用的器物，民间也可以用，甚至还可以远销海外。瓷器作为一种商品没有高低贵贱之分，这一点与明清两代宫廷用瓷有明显区别。

以白瓷作为宫廷用瓷，早在魏晋时期就开始了，当时的君王以白瓷作为安抚天下、赏赐群臣的珍贵物品。如《诸葛恢集》中曾有"赐恢白瓯二枚"的记载。至唐代白瓷又被皇家明确指定为贡品，在唐代《元和郡县图志》中有"开元中，河南贡白瓷"的详细记录。宋代虽然宫廷崇尚青瓷，但定窑白瓷仍在宫中占有重要位置。这是因为我国成熟白瓷的出现要晚于青瓷四百年，由于其烧造工艺难度大，所以它经历了一个漫长的由青到白的工艺技术发展与提高的历史进程。将白瓷作为宫廷用瓷是物以稀为贵，它与元代蒙古民族"国俗尚白"的风尚有极大差异。所以当元朝代宋之时，尽管河北曲阳涧磁村一带的定窑白瓷，早已声名天下，并且早已成为宋朝宫廷用瓷，但是元朝统治者并没有将定窑白瓷作为宫廷用瓷，而是在景德镇创造出具有强烈民族特色的卵白釉瓷器，这恐怕是因为定窑白瓷工巧富丽的美并不符合蒙古民族粗犷豪放的审美情趣。

（四）永乐甜白瓷

　　白瓷在明代景德镇官窑始终没有断烧过，而且历代都有绝代佳作问世，如永乐白瓷其色调"白如凝脂，素若积雪"；宣德白瓷"汁水莹厚，如堆脂，光莹如美玉"；嘉靖白瓷"纯净无杂"；万历白瓷"透亮明快"等等，不胜枚举。白瓷在明代宫廷中的地位，也是以一种从未有过的显赫声望载入史册。

　　在历代君王中喜爱白瓷者不乏其人，然而对白瓷情有独钟却首推明代永乐皇帝。据景德镇明代御窑厂遗址挖掘报告显示，在永乐前期地层中98%以上出土物是白瓷，有些器物还相当完整。如此清一色的宫廷用瓷，在中国乃至世界宫廷史上实数罕见。正是由于永乐皇帝的这种特殊喜爱，闻名于世的"甜白瓷"才有可能出现在永乐时期。所谓"甜白"，是形容永乐白瓷的色调有一种恬静柔润之感。明代万历时人黄一正在其所著《事物绀珠》一书中称："永乐、宣德二窑内府烧造，以鬃眼甜白为常。"

　　永乐甜白瓷的烧制成功，代表了中国制瓷史上白瓷烧造的水平，堪称制瓷工艺的一大飞跃。它看似通体一色、朴实无华、平淡无奇，却极具诱人的魅力。正因为有永乐甜白瓷的相衬，才有其后姹紫嫣红的彩瓷争艳，无论是永乐、宣德青花、釉里红，或成化斗彩，嘉靖、万历五彩，还是康熙五彩，雍正、乾隆粉彩、珐琅彩也才可能竞放异彩。永乐甜白瓷为彩瓷的发展，奠定了坚实基础，它在中国陶瓷史上的地位实在功不可没。永乐甜白瓷不仅釉色洁白润泽，能给人一种甜滋滋的美感，而且胎体轻薄如纸，几乎见釉不见胎，迎光而视其胎体上刻画的龙纹、凤纹、缠枝花卉纹清晰可见，故又称之为"脱胎白瓷"。传世的永乐甜白瓷中，有许多精美之器大都秘藏于紫禁城宫殿内，在北京故宫旧藏品中有一件白釉高足杯，胎壁之薄，口沿处仅0.8毫米，真乃鬼斧神工之作。永乐之后虽然宣德、成化、弘治、正德以及嘉靖、万历时期均曾烧制过类似白瓷，但其釉色以及胎薄体轻的程度，均非永乐甜白瓷可比。另一件白釉小梨壶，造型小巧圆浑，以形似梨而得名。腹部刻有暗花云龙纹，纹饰细腻，釉色莹润，具有典型的永乐甜白瓷风格。白釉梅瓶不仅釉色纯正，且造型典雅端庄，线条流畅自然，各部位比例协

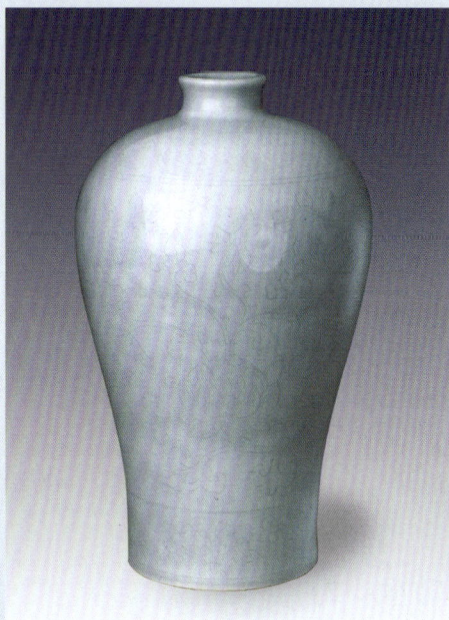

图31　永乐白釉梅瓶

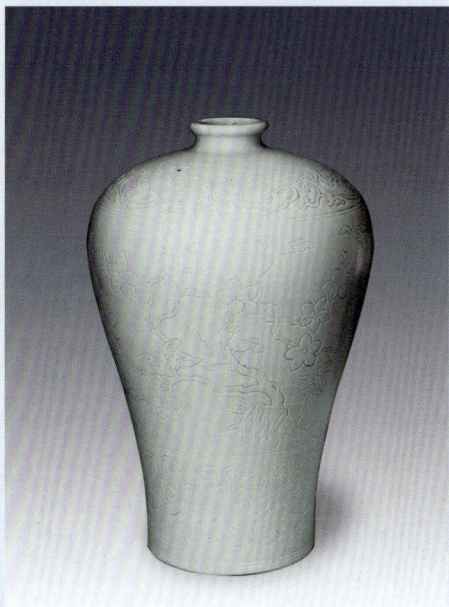

图32　雍正仿永乐白釉刻花梅瓶

调，浑然一体，恰似纯情少女亭亭玉立。图31、32 一对白釉龙凤盘造型更是妙不可言，它成双入对，一个盘内壁刻画双龙纹，威武矫健；另一个盘内壁刻画双凤纹，妩媚多姿，盘心同刻三朵祥云缭绕，寓意龙凤呈祥。再如白釉四系罐、玉壶春瓶、高足杯等，也以其甜润洁白的釉色，在陶瓷史上流芳百世。在永乐白瓷中，还有一部分白瓷器物明显受伊斯兰文化影响，如双耳扁壶、单把罐，就脱胎于伊斯兰文化中的金属制品，洋溢着浓郁的异国情调。

永乐甜白瓷不仅是宫廷内日常生活所用之器，也是皇家祭祀祖先之器，如白釉僧帽壶、军持、单把罐、爵杯、匜、豆以及口径在40厘米左右的大盘等，都能明显看出是宫廷内举办佛事和祭祀活动的重要器皿。以白釉僧帽壶为例，它因其壶口似僧伽之帽，故谓之"僧帽壶"，其形制源于西藏喇嘛教使用的金属宗教器皿，有素面、锥花之别，还有刻画藏文之器。据历史文献记载，永乐皇帝曾遣侯显前往西藏迎接哈里麻到南京举行大法会，这种白釉僧帽壶可能就是为此次大法会而定烧的。在景德镇御窑厂遗址中，白釉僧帽壶和军持、爵杯等均在同一地层出土，也可互为佐证。明代开国元君朱元璋虽然在洪武三年，颁布了以红色为贵的规定，传世的洪武瓷器也多红釉或釉里红装饰。

但是永乐皇帝却公开违背其父的旨意，而像元世祖忽必烈一样喜欢纯白色瓷器，并以白色为贵。《明太宗实录》永乐四年十月丁未条有这样一段记载："回回结牙思进上碗，上不受，命礼部赐钞遗还。谓尚书郑赐曰：'朕朝夕所用中国磁器，洁素莹然，甚适于心，不必此也。况此物今府库亦有之，但朕自不用。'"永乐帝在这里所言"洁素莹然"之器，用现在的话说，就是无彩绘的素白瓷器，所言"甚适于心"，表示对他日常所用的白釉瓷器非常喜欢。由此可见，永乐皇帝对白瓷的喜爱，甚至超过对珠宝玉器的喜爱。不仅如此，1412年，永乐皇帝在以武力夺得天下后，在当时的首都南京，还曾大兴土木敕建起一座白色大报恩寺塔。此塔塔身为九层，全部用精美的白瓷砖砌成，这种密檐式白塔造型精美异常，很可能是中国宝塔史上绝无仅有之作(喇嘛塔除外)，它从另一个侧面也说明永乐皇帝对白瓷的偏爱。

永乐皇帝对白瓷的挚爱何故如此？在我国民间白色含有"孝"及"哀"之意，永乐皇帝以白色为贵，并以白瓷建塔，很可能是为缓和他登基后的社会矛盾所致。按照封建传统，明太祖朱元璋本来把皇位传给朱允炆，但朱允炆天性仁柔文弱，建文四年朱棣发动"靖难之役"，以武力废黜了朱允炆，自己登上皇位，改年号为永乐。朱棣的行为以儒家的观念看是不忠、不孝之举，所以为巩固帝位、争取民心，永乐皇帝在夺得天下后马上建此白塔，可能也含有公开哀悼其先父朱元璋和马皇后之意。此外，在明代王世贞的《名卿绩记》一书内还有这样一条记载："洪武中诏，选十高僧分侍诸王，广孝与焉，因私谒文庙曰：'若蒙殿，厂下弃当奉上白帽子戴。'"文中广孝则指永乐时僧人姚广孝，法名道衍，据说此人颇有谋略，朱元璋令其辅佐当时的燕王朱棣。他所言"王"字上加一"白"字，实际上是指"皇"字，这是预言朱棣不久将登上皇位之意。所以，当朱棣一统天下后，一直以这个"白"字为吉，对白瓷也就偏爱至深。

（五）德化白瓷

"中国白"是法国人对明代德化白瓷的赞誉，原文为BiacdeChina，他们认为这是"中国瓷器之上品"。德化白瓷在我国也有"象牙白"、"猪油白"、"鹅毛白"等等一系列的美称。德化白瓷之所以有如此殊荣，这不仅因为它与唐宋以前的

图33　明德化达摩立像

图34　仿德化窑达摩立像

白瓷风格迥然有异，而且与同时代景德镇的白瓷也完全不同。明代景德镇白瓷往往白中微微泛青，北方地区的白瓷又常常白中泛黄，只有德化白瓷釉面纯净无瑕，光泽莹润无比，有如凝脂，更如象牙般妙造自然，迎光透视釉层中还隐现出温润的肉红色色调，它使我国白瓷制作工艺，真正达到炉火纯青的地步(另据科学测定，德化白瓷的白度已达到84.54～92.5度)。

德化窑位于福建德化县，始烧于唐，闻名于宋，然而真正在全国范围内形成一个制瓷中心却是在明代。德化窑除了烧制日用盘、碗、炉、瓶等器物外，尤以瓷塑人像最负盛名，它代表了德化窑的高超技术水平。当时还涌现出一批杰出的民间艺人，如何朝宗、林朝景、张寿山、陈伟等，他们雕塑的人像至今仍然被视为瓷塑珍品。在这些民间艺人中，以何朝宗的名声最大。何朝宗又名何来，德化县后所村人，早年常为民间庙宇做些泥塑，至明代嘉靖、万历年间，他的瓷塑艺术达到了顶峰。其作品多为神仙佛像，有达摩、弥勒、观音、如来、罗汉以及八仙人物等。相传何朝宗临死前曾留有十八尊罗汉于深山中，虽然至今未有人亲眼所见，但据此可知他在当时影响之大。何朝宗所塑的瓷像大都追求一种单纯的雕塑美和原材料的质地美，而摒弃繁琐庸俗的彩饰，因而有一种独特的风韵。他不仅注重塑像造型的完美，更注重人物性格的刻画。例如，他所塑造的观音雍容大度，达摩神圣威严，　图 33　弥勒慈祥和蔼，罗汉诙谐、庄重，八仙超凡脱俗。特别是那种清丽纯洁之美的白釉，又使塑像蒙上一层圣洁的神秘感。在众多瓷像中何朝宗最擅长的还是观音像的雕塑，出自他手下的观音像在外形上，均显得清秀飘逸，既亲切可爱又庄严神秘，既温情脉脉又超凡脱俗，特别是那种寓男性的英俊刚健于女性的婉约柔媚之中的造型手法，更是独具东方艺术的魅力。此外，观音的手指、脚趾以及随风摆动的衣纹，滚滚的波涛，巍然耸立的山石，雕刻得洗练细腻、流畅自如，为后世所望尘莫及。德化白瓷中栩栩如生、极具生命力的塑像，在当时即为人们争相购藏，当今世界上许多国家和地区的博物馆，以及私人均收藏有德化白瓷塑像，并被人们称之为"东方艺术之宝"。

德化白瓷的生产有悠久的历史延续性，它的生产工艺自从明代晚期开始就炉火未断。目前市场上流传的主要是翻模生产的雕塑，这种工艺产量高，经济效益大，形象也能够忠实原作，但是在神似方面就有比较大的差距。　图 34　重量轻和对接痕迹是明显的破绽，对于收藏家来讲可以容易地察觉出仿制品的缺陷。

四、唐三彩篇

　　唐代是我国封建社会中最为强盛的一个王朝，国力强盛、社会安定、民族融洽以及经济繁荣，使得当时的中国处于世界先进国家的行列。同时随着唐代陆上、海上交通的发达，它的政治文化影响也越出国境以外。

　　一条自汉代开通，以长安为起点，经过新疆向西到达波斯以及地中海东岸的举世闻名的"丝绸之路"，在唐代日趋繁忙；另一条从广州出海经南海、印度洋，直达非洲东岸和地中海南岸各国的"陶瓷之路"也日渐兴旺。唐王朝与现在的朝鲜、日本及东南亚各国的交往更是十分频繁。当时长安和广州等城市经常有外国人居住，他们有的作为遣唐使、留学生和学习僧在中国学习，有的则从事经商活动。中国历史上一个空前未有的，对外经济、文化交流的鼎盛期，终于在唐代形成。在中国陶瓷史上，最能反映这种大唐盛世景象的，是唐代著名的三彩釉陶。这不仅因为三彩器绚丽斑斓、富于浪漫情调的色彩，充分反映了唐人的生活意趣，更重要的是那些具有浓厚异域色调与风格的器，表达了唐人对外域文化广采博收的自信和气魄，以及唐人勇于革故鼎新的时代精神。

　　唐三彩不愧是中国陶瓷史上的一朵奇葩，它不仅在造型、装饰、釉色、烧制等方面取得了令人瞩目的成就，而且在艺术上也创造了绚丽多彩、矫健雄浑的独特风格。它与同时代的诗歌、散文、乐舞、绘画、书法、雕塑、建筑等艺术形式交相辉映，共同构成大唐盛世的豪迈雄风。

　　唐三彩是一种低温陶器，它用白色黏土作胎，用含铜、铁、钴、锰等元素的矿物作釉料的着色剂，由于在釉中加入很多的铅作助熔剂，所以经过800度左右低温烧成后，就呈现出深绿、浅绿、翠绿、蓝、黄、赭、白、紫、红、黑等各种色彩。又由于铅釉的扩散和流动，各种颜色互相浸润，便形成斑驳绚烂、光怪陆离的色调。唐三彩实际上是一种多彩的陶器，而以"三彩"称之，是言其色彩之多。唐三彩主要用作随葬的明器，但是近年来，在一些唐代居民遗址内也发现有大量的唐三彩残片，所以有人认为三彩陶器在当时不仅仅用作明器，也可能曾用作生活器皿。虽然三彩器使用的是含剧毒的铅釉，对人身体危害很大，但是当时一般人多不明了铅中毒的危害，用作日常生活器皿也是可以理解的。

作为明器的三彩器，它反映了唐代社会生活的各个方面，诸如建筑物的楼阁、亭院、假山；牲畜类的马、骆驼、 图 35 牛、羊、猪、狗、兔；人物形象的僮仆、武士、天王、舞乐伎；日常生活用具的瓶、壶、盘、碗、灯、枕、烛台；文房用具的水注、砚台等等，可说是一应俱全，无所不包。在这些三彩器中，以人物俑、动物俑的数量最多，而且形象鲜明，栩栩如生。它一方面保持了秦汉以来我国陶塑艺术的写实传统，另一方面又创造性地运用低温铅釉色彩的绚丽斑斓，烘托出富有浪漫情调的盛唐气象，充分反映出唐代辉煌的艺术成就。

在三彩陶器中，以人物俑塑造得最精彩，它们不仅能表现出不同形象、不同性格、不同姿态，甚至不同民族的特征，还能塑造出不同等级、不同身份地位的人在特定环境下不同思想感情的流露。至于不同性别、年龄的塑造更是各具风姿，绝无雷同之处。例如，雍容华贵的贵妇俑，发髻高束，肌肤丰满，华丽的宽服长裙衬托出卓绝、娴雅的风姿。少女俑则体态婀娜，浑身上下洋溢着青春的活力，其聪明伶俐、俏皮活泼之感，让人一望可知。而那些文官多为峨冠博带、长袍阔袂之貌，他们神情拘谨、端庄自立，温顺虔诚，道貌岸然。还

图 35 三彩骆驼

有一些深目高鼻、头戴尖帽、身穿翻领长袍、脚登高筒靴的所谓"胡俑"，即我国境内的少数民族或外域人的形象写真，神态逼真，生动之极。

马的形象在三彩俑中，也是最富神韵之物。马在古代是重要的交通运输、作战骑猎工具，因此为历代帝王贵族所重视。唐人爱马尤甚，当时不仅官府重视养马，民间也嗜马如命。为得到优秀的良种马，唐王朝还专门从中亚、阿拉伯、波斯等地挑选各种良马，除一部分优异的品种作为宫廷御用外，多数供马种的改良和繁殖，所谓"既杂胡种，马乃益壮"就是指此事而言。据说唐玄宗曾让太仆卿王毛仲和少卿张景顺在他的御马厩里，畜养良马多达43万匹。当他去泰山祭祀之时还亲自布置数万匹马跟从，"色列为群，望之如云锦"，又教"舞马百匹，衔杯上寿"，如此盛况，在出土的数以万计的三彩马俑中足以窥见一斑。三彩马多头瘦臀圆，膘肥体壮，不仅比例准确、部位分明，而且骨肉匀称、线条流畅，每一匹都是神气十足的骏马塑像。 图 36 它们有的扬足飞奔，有的徘徊伫立，有的引颈嘶鸣，有的俯首舔足。除单匹马的塑像外，还有骑马狩猎俑、打马球俑以及妇女骑马俑等。妇女骑马在唐代绘画、诗歌、雕塑及壁画中都有描绘。如唐人所画《明皇幸蜀图》，传为宋徽宗赵佶摹张萱绘《虢国夫人游春图》，以及脍炙人口的杜甫《丽人行》诗，与张祜、卢纶等人描绘美人骑马的诗篇等，举不胜举。

在三彩器中，不仅马匹塑造得生动传神，骆驼俑也塑造得栩栩如生，它们或立、或卧、或行走，都各具神态。骆驼被人们誉为"沙漠之舟"，它坚毅负重，是唐代通往西域各国的重要交通工具。所谓"缕缕蚕丝织友情，鸣驼千里传佳音"，就生动刻画了这条

图36 唐三彩马

繁忙的丝绸之路上，行走往来的骆驼形象。它们背驮着装满各种货物的皮囊、壶罐器皿以及成匹的丝绢，长途跋涉在一望无垠的沙漠间，其情景令人无限神往。

中国历代素以生死并重和视死如生，亦即活着的人相信死者的灵魂是不会消失的，他们死后必将在另一个世界里重新恢复生活。所以，盛唐时期，王公贵族不仅生前生活极其奢靡，死后还幻想继续享受荣华富贵。他们把生前占有的武卫文侍、乐舞歌伎、骆驼马牛、飞禽走兽以及瓶、碗、壶、罐等生活用品，做成明器用来陪葬，所以厚葬之风风靡整个社会，以至于大量制作明器之事，不仅遍及王公百官，也下及士庶平民。这种厚葬之风虽然为唐朝政府所限制，要求予以节制，唐政府曾按官阶的高低，明文规定了殉葬明器的数量和尺寸。例如，《唐会要》卷三十八内敕云："古之送终，所尚平俭，其明器墓田等，令于旧数内递减，三品以上明器先是九十事，请减至七十事；五品以上先是七十事，请减至四十事；九品以上先是四十事，请减至二十事；庶人先无文，请限十五事。"但是唐朝厚葬之风仍然盛行不衰，且愈演愈烈，声名显赫的三彩器，就是适应这种厚葬之风而兴起的。

在唐代史料中所称的明器，虽然没有明确说明为三彩器，但在西安、洛阳一带出土的盛唐时期明器，特别是有墓志记载明确为王公显宦墓内的明器大多为三彩器。此外，唐三彩出土的地方基本上限于唐代都城长安和洛阳郊外的陵墓，其他地方极为少见。1960年，考古工作者在唐代永泰公主墓中共发现一百七十余件三彩器，其中包括各种人俑、动物俑68件，各类生活用陶器101件，还有十分罕见的带金彩陶俑。这是迄今发现的唐墓中随葬器最多的一处。永泰公主名仙蕙，是唐高宗李治和武则天的孙女，中宗李显的第七个女儿，死时年仅17岁。因为墓主是皇室之人，因而在墓葬的各方面，包括规模、壁画内容、随葬品种类别都享受除皇帝以外的最高规格。在此墓中陪葬品内有如此众多的三彩器，也充分说明三彩器在唐代是作为明器以代替贵重金属或其他艺术品的殉葬品。这一点在《唐会要》一书中也有说明，其曰：明器"皆以素瓦为之，不得用木及金、银、铜、锡"。

唐三彩既然作为殉葬的明器，社会需求量一定相当大，一般认为在唐代都城长安和洛阳附近，应该有大规模制作唐三彩的作坊存在。但是很遗憾，目前仅在唐代都城长安附近的铜川黄堡窑所在地发现了一组制作唐三彩陶器的作坊，内中有窑炉一座。窑炉平面呈马蹄形，窑床长2.1米，宽1.5～1.75米，比在同地发现的瓷窑面积都小。虽然窑内堆积有唐三彩的碎片，但是黄堡窑烧制的唐三彩，特别是以绿、褐、红、白等为主的釉料，光润肥厚，玻璃质感强，与唐墓中出土的、大量较常见的唐三彩器，其胎釉还有一些区别。此外，窑址内出土的唐三彩器，以日用器皿为多，陶塑很少。

目前，根据考古工作者的发掘和研究，唐三彩的生产地点不只是陕西铜川黄堡窑一处，1976年河南省博物馆与巩县文管会在河南巩县的大黄冶、小黄冶、龙王庙等地，也发现了烧制唐三彩的窑群，出土的标本有黄、绿、白三色双系钵、白釉蓝彩碗和蓝釉瓶，还出土有贴花陶范等，其品种十分丰富。巩县地区这些烧制唐三彩的窑群，还兼烧白釉和黑釉瓷器，从出土情况看，唐三彩并不是此窑最早的产品。除巩县外，在河南鲁山段店窑、禹县刘家门窑、杨家沟窑、登封的曲河窑，也都有唐三彩器的发现。此外，河北内丘的邢窑、曲阳的定窑，也都发现过唐三彩的残片。另外，在四川境内也发现有生产唐三彩的作坊。

唐三彩在唐朝的需要量很大，但目前发掘的这些窑，规模都不大。同时出土的器物与唐墓中所出土的器物，在器形、色彩上并不完全一致。所以说，目前考古工作者并未解决大量唐三彩器物产地的问题。在陕西、河南、山西、河北、湖南、四川等地，应该都有相当规模的窑址存在，可能只是未被发现。

唐三彩在造型方面，继承和发展了传统造型特点，用写实和浪漫主义手法，别具一格地改变了陶器单调、粗糙、呆板的形象，从而在工艺上使我国陶器生产提高了一大步。由于唐三彩的泥坯具有良好的可塑性，因此其造型方式极为丰富，主要采用黏结法、轮制法和模制法。例如，一些方形或长方形的器物，一般是用泥片黏结而成，如唐三彩器中陶枕之类，一些圆器和琢器则采用轮制法。所谓"圆器"，是指盘、碗、碟、杯等较矮的器形；所谓"琢器"是指瓶、罐等较高的器形。轮制法在原始社会大汶口文化晚期就已出现，良渚文化和龙山文化后期曾普遍采用。它的具体方法是将料泥放在转动的轮盘上，借其快速的转动力，用手提拉的方式使之成型。轮制陶器的器形规整，厚薄均匀，器表和内部一般留有平行轮纹（筑模没有轮纹）。唐三彩中另一些陶器，如马、骆驼、天王、力士、镇墓兽和人像等，多采用模制法。所谓"模制法"，就是用模子制坯，先将泥料涂敷或打成泥片置于模子内，用力压制，然后进行雕塑。模制法有单模和合模之分，单模即整件器物就是一个模子，合模就是将器物分段铸成，比如将人物的头部或上半身和下半身分两个模子铸成，分开烧制，然后将两半身黏结成一体。

唐三彩陶器在艺术上最成功的一点，就是突破了以往单色釉的局限，运用多种釉色装饰器物，从而取得了华丽动人的效果。唐三彩器物上常见的釉面装饰有以下几种：

（1）釉面图案装饰：主要有网状图案装饰，散点装饰、彩带装饰。这些图案的表现手法，或利用釉彩的自然流动，或用笔沾釉汁描绘图案，或模仿唐代丝织品中的蜡染工艺等，丰富多样。模仿唐代丝织品中的蜡染工艺，是唐三彩釉面装饰中最独特的一种工艺，它在制作时以蜡封住器物装饰部位，然后通体罩釉，使蜡封处不沾釉，这样就能保留原有白色胎体，形成形状各异的图案。

（2）贴花装饰：贴花装饰从西晋开始就成为器物装饰的主要方式。贴花就是将印好的图案，贴塑在器物的外壁。唐三彩器物上的贴花装饰，与此不同之处，是在贴塑的图案上，涂上鲜明的彩釉，使其具有浅浮雕效果。印花有阴纹和阳纹两种。

（3）多种工艺综合装饰：综合装饰是指在同一件器物上，把模印、模塑、贴花、刻花和彩绘等工艺结合运用，形成多姿多彩的艺术效果。唐三彩装饰艺术的产生和发展，并不是孤立存在的，除去陶瓷艺术本身对它的影响外，唐代的绘画、金银器、雕刻、漆器、螺钿镶嵌工艺等，对它也有直接或间接的影响。

唐人所创造的灿烂文化，不仅以宏伟的气魄给邻近国家以深远的影响，他们对外来文化兼容并蓄的博大胸怀，也为后世树立起光辉典范。特别是从唐三彩那种雄浑绚丽、挥洒淋漓的釉色，雍容大方、淳厚饱满的造型，以及浓郁的异国情趣和华丽的艺术风格，都不难想见唐人那种勇于吸收异域文化的伟大胸襟，以及将其十分自然地融会进中华民族传统的豪迈气概。以在三彩器中最常见的双龙柄壶和凤首壶为例，它们都具有明显的波斯萨珊式器物造型风格，但是从那凤首和龙柄的造型来看，则又不失中华民族的传统特征。这种巧妙地把外来文化形式和传统民族艺术结合起来的手法，充分证明唐三彩在吸收外来文化的同时，更善于使之为我所用。此外，三彩器上作为装饰物的贴花或印花图案常以"宝相花"的形式出现，这种宝相花来源于佛教文化。在佛教中，"宝相"意为佛像的庄严端庄，它的装饰造型以莲花为母体，后来宝相花逐步脱离佛教含意而象征幸福美满之意。在唐帝国的全盛期，都城长安不仅是全国政治、经济、文化中心，也是国际交流中心。当时在长安城里，曾居住着大批来自亚洲、非洲国家的使节、客商和留学生，随着这种密切的往来，中外文化交往也出现了繁荣兴旺的局面。例如，来自西域的胡旋舞、胡腾舞就曾在长安风靡一时，大批胡乐曲和乐器(如筚篥、琵琶等)也纷纷传入中国。唐人以一种博大的气魄，将各种中外舞乐加以吸收、改编和排演，甚至引入宫廷，列为宴飨之乐。在三彩俑中那些骆驼载乐俑、舞乐俑，正是体现了这种各民族文化大融合的壮观景象。

　　唐三彩虽然主要用作明器，但是作为一种杰出的艺术品，早在唐代就受到各国人民的喜爱，并成为唐朝重要的对外输出品。就目前所知，世界上发现唐三彩的国家几乎遍及欧、亚、非三大洲，而由"丝绸之路"运到中亚和西亚的三彩器，更是蔚为壮观。在一些国家，如埃及的福斯塔特(Fostat)、古波斯的萨马拉(Samarfa)以及日本、朝鲜、印尼等古代文化遗址中，都曾出土过唐三彩的残片。在世界各国的博物馆中，也都保存有相当精美完整的唐三彩器。同时受唐三彩的影响，世界上许多国家都曾仿制过三彩器，如朝鲜在与我国唐代同时期的新罗时代，即仿照唐三彩烧成了优美的"新罗三彩"，日本烧出了"奈良三彩"，在此之后埃及也烧出了历史上著名的"埃及三彩"。这些事实证明，唐三彩在中国人民与世界各国人民的经济、文化交往中，都曾起过积极作用。

　　唐三彩的仿制品

　　唐代三彩陶器以其富丽堂皇的釉色而驰名中外，它最早的制作时期大约是唐高宗中期或稍早一些（据现在所知，目前最早的三彩器出土在1973年发掘的陕西富平县李凤墓中，李凤是唐高宗李渊的第十五子）。唐三彩一经出现，很快就为当时的贵族官吏所喜爱，不论数量、质量，在盛唐时期都达到了顶峰。安史之乱以后，随着李唐王朝国力的衰退、人们的喜爱以及社会时尚的转变，唐三彩陶器的制作逐步走向下坡路。但是三彩器并没有因唐王朝的衰败而彻底绝灭，由于它的影响，以后出现的辽三彩、金三彩等都继承了唐三彩的风格，并使之发扬光大。明代正德素三彩和清代康熙素三彩瓷器等，也是在这个雄厚基础上推陈出新的名贵品种。

　　在历史上，许多艺术品，如绘画、青铜器和瓷器等，都是在当朝就被人们欣赏，进而被帝王和士大夫占为己有，并开始大量仿制。而唐三彩的历史价值和艺术价值，乃至经济方面的价值，被人们发现和认识，却是20世纪初期的事。在清朝末期以前，整个社会对唐三彩可以说无人问津，许多挖掘唐墓的盗贼，将金银器、玉器、瓷器等古物搜罗一空，对唐三彩却不屑一顾，往往让唐三彩陶器与空洞的墓穴一起留下来，或者就地砸个粉碎。清代光绪末年，在开始修筑从开封到洛阳的铁路线上，当筑路工程进展到洛阳城北的邙山时，挖掘出一些汉唐时期的墓葬，在唐墓中出土了许多唐三彩陪葬品。当这些唐三彩陶器被人们带到北京前门琉璃厂附近的古董店出售后，唐三彩陶器才逐渐被人们认识。这里值得一提的是著名考古学家、金石学家罗振玉先生和王国维先生，是他们首先对唐三彩陶器发生兴趣。罗振玉先生在其所著《古明器图录》一书中，对唐三彩的历史价值和艺术价值给予了高度评价和肯定。至此，唐三彩陶器才被世人所了解，其名声与价值才开始与日俱增。 图 37、38 唐三彩的仿制大约有一百年左右的历史，其中20世纪70年代的仿制达到高峰。目前仿制唐三彩常用的手段一般如下：

（1）移花接木：因唐三彩中的人物、动物常采用合模方法制作，所以出土器多为残器。以人物为例，有的是有头无身，有的是有身无头，于是造假者常东拼西凑，所制之物缺乏完整的统一性。

（2）以旧制旧：也就是利用被毁坏了的唐三彩器物的土质，重新铸模、绘画、烧制。

（3）假出土：将新仿的唐三彩陶器，重新埋入地下，若干年后取出，以期达到制假的目的。

唐三彩不愧是我国陶瓷艺术宝库中一朵独具风采的绚丽奇葩，它虽然出现的时间较短，但至今仍为世界人民所珍爱。唐三彩在我国陶瓷史以及中外文化交流史上，也将永远闪耀着灿烂光辉。

图 37　唐三彩三足釜

图 38　新仿唐三彩三足釜

五、五大名窑篇

　　宋代是我国瓷业发展史上第一个繁荣时期，堪称是中国瓷坛上百花争妍、名品迭出的时代。根据40年来考古工作者的调查，在我国19个省、市、自治区的170个县中，曾相继发现古窑址数以千计，而在其中130个县中都发现有宋代窑址，约占总数的75%，真可谓星罗棋布，遍及各地。宋代瓷业之所以如此兴旺，不仅是由于当时科学的昌盛，如火药、指南针、活版印刷术等的发明，以及采煤业的发达，同时也充分反映了宋代社会、经济、文化艺术的繁荣。它不仅使唐代陶瓷瞠乎其后，还使得一代名瓷如邢窑白瓷与越窑青瓷从此渐渐地默默无闻，成为历史的陈迹，相继崛起并取而代之的是号称"汝、官、哥、钧、定"的五大名窑。

（一）宋代宫廷的崇物

　　所谓"五大名窑"的提法，最早见于明代《宣德鼎彝谱》："内库所藏柴、汝、官、哥、钧、定宫廷用瓷。"当时是以六大名窑并称，但是柴窑至今尚未发现窑址，传世品也无法确认何者为柴窑器，只是相传五代时周世宗(柴荣)曾在洛阳设窑厂烧制青瓷，故称"柴窑"，世宗还亲自御批其色"雨过天青云破处，诸般颜色作将来"(明代谢肇淛《五杂俎》卷十二)。后人因此以"青如天、明如镜、薄如纸、声如磬"来描述柴窑器。今日看来可能是以讹传讹，误把景德镇湖田窑所烧

"影青瓷"当做柴窑器了。正是由于人们对柴窑无法辨认，所以相传至今便成了"汝、官、哥、钧、定"这五大名窑了。

宋代五大名窑的形成绝非偶然，它是皇权的威严与精湛的制瓷工艺，以及宋代社会、经济、文化繁荣的共同结果。自宋代开始，我国瓷器生产便有了"官窑"与"民窑"之分。"官窑"严格按照宫廷要求进行生产，在工艺上精益求精不惜工本，可谓"千中选十，百中选一"；即便是成品以后也还要再行挑选，产品属于非商品性质，并严禁民间使用。"民窑"生产则与之相反，它不受任何束缚，工匠来自民间，生产随心所欲，产品均供应人民大众的日常生活所需。这些瓷器虽不免粗糙，但自有一番情趣。唐宋以前官方贡器与民间用具间，只有粗细之别，并无朝野之分，至宋代则发生了明显转变，一个朝着清雅、华贵的方向发展，一个朝着粗犷、豪放的道路前进，彼此形成截然不同的风格。以宋代五大名窑为例，早期它们都是烧造民间用瓷的普通窑场，但是自从为皇室烧造贡瓷之后，便得以脱颖而出，其精湛的工艺更令各地民窑望尘莫及。其中钧瓷的生产最具代表性。当初它仅是河南地区一座烧造民间用瓷的普通窑场，在其千姿百态的釉色被宋徽宗看中后，即命在河南禹县城北八卦洞一带建立官窑窑场，并调集民间窑业的优秀工匠，专门为宫廷烧造此种釉色的产品。

北宋徽宗皇帝政治上虽然腐败无能，但却是个颇具艺术才能的君王，他在位时除了广收历代古玩珍品、书画字帖之外，还特别喜爱花木、鱼虫、金石、陶瓷器等。文献记载，他造"艮岳"(万岁山)时，曾广置全国各地奇花异木于园中，而园内各种种植花木的盆器即为钧窑所烧。在北京故宫博物院旧藏清宫藏品中，钧窑器物也以各式花盆、盆奁居多，其造型有长方形、六方形、莲瓣形、葵瓣形、菱花形、海棠花形、仰钟式等等，且花盆与盆奁多为配套烧制。在故宫旧藏钧瓷中，一些花盆与盆奁上，常见刻有一、二、三至十的不同数字标号，在禹县钧台窑址出土的瓷片上，也见到刻有相同数字的残片。这些数字究竟代表什么意思？根据有关研究资料表示，钧瓷花盆上的标号数字，与器物大小尺寸有关，"一"为起始号，即最大号，至"十"为截止号，即最小号。每一类器物的标号都以器物尺寸为标准，尺寸最大者标号最大为"一"，尺寸最小者标号最小为"十"。钧瓷器底所刻的数字，实际上是器型大小的标记，它使这些钧瓷花盆在艮岳山中陈设时，能够做到配套使用，而不至于出现差错。由此不难看出官窑生产的特性，钧瓷受宠于宫中的特殊地位，也可略见一斑。钧窑器物尽管釉色能够呈现千姿百态的色调，但品种却不免趋于单一，这在宋代其他各窑生产中实属罕见。徽宗皇帝对钧瓷的喜爱，使钧瓷的烧造受到宫廷的严格控制，产品必须经挑选，合格者才被送往宫中，落选者被砸碎后就地深埋，不准流散民间。这种做法使钧瓷从出窑之日起，就被遴选入宫。宋室南迁后钧窑曾一度停烧，故而宋钧瓷的精品，一概密藏宫中，世代辗转相传，民间又有"传世钧瓷"之说。这些器物至今仍为北京故宫博物院藏品中的珍品。

汝窑的烧造虽无钧窑传奇般的经历，但也非同凡响。南宋人叶寘在《坦斋笔衡》中曾有记载："本朝以定州白瓷器有芒不堪用，遂命汝州造青瓷，故河北唐、邓、耀州悉有之，汝州为魁。"其他如陆游《老学庵笔记》、周辉《清波杂志》、周密《武林旧事》等文献中还有关于"故都时定器不入禁中，唯用汝器"，"唯供御拣退方许出卖，近尤难得"等记载。这说明北宋在改用汝州青瓷之前，当地原有青瓷已具备相当成就，而汝窑瓷器即是在此基础上发展成为御用佳器的，并以其独特釉色居于宋代五大名窑之首。 图 39、40 此外，汝窑瓷器迄今为止在宋代墓葬中还未见出土，这与汝瓷作为宫廷用瓷、严禁流传民间的规定也是相符合的。在北京故宫博物院的藏品中，有一件汝窑盘上刻有一个"蔡"字，宋代能够收藏汝窑瓷器

图 39　汝窑三足樽

图 40　仿汝窑三足樽

的蔡氏可能只有两人,一人为徽宗时宰相蔡京,他居一人之下万人之上,其获得皇帝赏赐的机会大于常人,从而得到汝窑瓷器的机会也就会很多;另一人为蔡京的儿子蔡絛,他是徽宗的驸马,徽宗曾七次至其府第,赐予无数珍宝,其中很可能就有珍贵的汝窑器。 **图 41、42** 在传世的汝窑器底还曾发现刻有"奉华"二字,其字体的刻法如出一人之手,同为宫廷玉工所刻。"奉华"是南宋宫殿之名,指"奉华堂"而言。"奉华堂"是当时德寿宫的一座配殿,为高宗宠妃刘婉容所居。刘贵妃喜爱书画,并刻有"奉华堂"印一枚,在传世的一幅曾被刘贵妃收藏的名画上,钤盖有"奉华"小印一方。除汝窑之外定窑、钧窑器底也曾发现刻有"奉华"二字,说明当年这些器物就陈设在刘贵妃所居的奉华堂内。

　　跻身于宋代五大名窑中的定窑,是最早为北宋宫廷烧制御用瓷器的窑场。在一些传世及出土定窑瓷器上,常见刻有"官"、"新官"、"尚食局"、"尚药

图 41　汝窑盘

图 42　仿汝窑盘

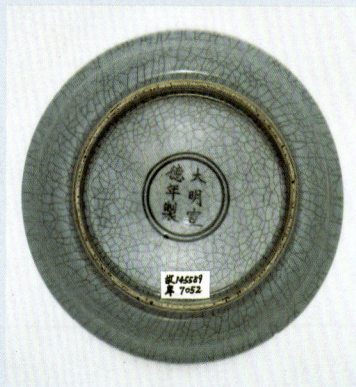

局"、"奉华"、"聚秀"、"德寿"、"慈福"等宫廷字样的铭款，就是最好的证据。

宋代官窑的建立，似乎更能说明其与帝王之间密不可分的关系。北宋徽宗皇帝在位时，其主要精力放在搜集天下各种奇珍异宝上，并在苏州、杭州等地设置造作局，集中江南地区各种能工巧匠几千人，为其制造象牙、犀角、金玉、竹藤雕刻以及名贵织绣品，同时还命各地民间瓷窑，为宫廷烧制精美瓷器。然而宫廷中这种无度的需要，是土供无法满足的，北宋政权于是建立起自己的生产体系，北宋官窑就是在这种情况下应运而生的。南宋文人顾文荐的《负暄杂录》和叶寘的《坦斋笔衡》中均有如下记载："政和间，京师自置窑烧造，名曰'官窑'。"北宋官窑自建立之日起其性质就被确定，它由官府出资提供烧造地点，是一种不以营利为目的的商品生产，其经营管理完全遵照官府命令行事，它是隶属于政府行政机构的一个部门。正因为官窑的这种特殊性质，所以在生产管理上非常严格，其产品均以博得帝王赏识为唯一目的。然而当靖康元年（1126年）金军攻克汴京后，高宗南渡至临安建立南宋政权后，北宋官窑随之灭亡。南宋政权延续北宋体制，在京城凤凰山麓下继续建立起属于官府的窑场，专门烧制供应朝廷使用的瓷器。《坦斋笔衡》中记："中兴渡江，有邵成章提举后苑，号邵局，袭故京旧制，置窑于修内司，造青瓷，名内窑。澄泥为范，极其精致，釉色莹澈，为世所珍。"由此可见，修内司窑是南宋政权建立的第一座官窑。修内司本是官署之名，隶属将作监，北宋始置。据《宋史·职官志》载：将作监"所隶

图43　官窑弦纹瓶

图44　官窑贯耳瓶

官署十"首列修内司，"掌宫城太庙缮修之事"，第六是"窑务"。由于南宋初期
战事频繁，官署裁并之事多有发生，此时修内司除负责修缮之事外，还兼管窑务，
制造瓷器。 图 43、44、45、46 　　南宋政权先行建立的这座修内司官窑，主要烧造一
些供给宫廷使用的日常用瓷，其后当皇室在乌龟山下设立郊坛举行祭奠仪式时，又
在郊坛下别立新窑，称"郊坛官窑"。古时祭天曰"郊"，故称"郊坛"。文献上
曾记载，南宋初年，皇室曾举办过三次规模巨大的祭奠活动。如《宋史·高宗本
记》中即记："（绍兴十三年）三月己亥，造卤簿仪仗，乙巳，建社稷坛，丙午筑
圆坛。"《乾道临安志》上也说："圆坛在嘉会门外以南四里，三步一坛。"南宋

图 45　官窑葵花式洗

图 46　明仿官窑葵花式洗

政权渡江之后，由于财力、物力的限制，国家祭奠之时所需之器无不舍弃昂贵的铜器、金银器、玉器等，转而用陶瓷器、竹木器代替，郊坛下官窑就是为举办这几次重大祭奠，而专门烧制祭奠所需瓷器的窑场。如此看来，北宋官窑和南宋官窑，虽然烧造地点不同，烧造时代不同，但它们的性质却大致相同。

（二）窑址的疑问

宋代五大名窑瓷器，以其精湛的工艺，典雅端庄的造型，精美绝伦的釉色，成为历代帝王、文人士大夫的赏玩之物。但是数百年来鉴赏家只以欣赏为乐趣，很少有人关心并了解其确切产地，因此这五大名窑的窑址，在我国陶瓷史上一直扑朔迷离，以致留下许多令人费解的难题。直至今人叶麟趾先生于20世纪20年代，首先指明五大名窑之一的定窑"窑址在河北曲阳涧磁村"(唐宋时曲阳属定州所辖，指地为名曰定窑，见叶麟趾《古今中外陶瓷汇编》)，五大名窑的奥秘才初露端倪。无巧不成书，时过半个世纪之后，叶老先生的长子清华大学美术学院教授叶喆民先生，又依据大量文献资料在多次赴窑址亲自考察的基础上，首先在1985年中国古陶瓷年会上和赴日讲演时提出"汝窑窑址可以到河南宝丰清凉寺寻觅"的有力线索(见叶喆民中国古陶瓷学会论文《钧汝二窑摭遗》，日本《东洋陶瓷》Vol,i7"钧窑卜汝窑")。1988年，河南省文物研究所根据这一线索，对河南宝丰清凉寺进行正式发掘，终于使众人寻觅多年的"汝窑"窑址重现于天下。在中国陶瓷史上，宋代五大名窑的窑址，叶氏父子探明其中两处，其二人先后以研究古陶瓷名世，这在中国陶瓷史上可称是一段佳话。

钧窑由于一直不见于宋代文献记载，20世纪五六十年代北京故宫博物院曾派人多次前往调查，当时在院内的陈万里、叶喆民、冯先铭先生等，也均有论文发表在《文物》杂志上，为钧窑窑址的考察提供了重要线索。1975年，河南省文物工作者在河南禹县八卦洞附近的钧台终于找到了宋代专烧宫廷用瓷的钧窑窑址。在禹县钧台窑址出土的瓷片中，以各种花盆、盆奁造型居多，这些出土物与故宫藏品相一致。

"官窑"，顾名思义是宋代专为宫廷烧制瓷器的官营瓷窑。文献记载，宋徽宗在宣和、政和年间(1111—1125年)曾在京城汴京(今河南开封)设窑，但是由于多次黄河泛滥及地貌变迁，汴京遗址已深埋今日开封地下6～8米深处，因而北宋官窑窑址恐难发现。靖康之变后，宋王室南迁仍袭北宋官窑遗制，在杭州继续设窑烧造瓷器。1985年浙江省文物考古工作者，在对杭州市南郊乌龟山一带进行发掘时，发现窑炉、窑具及残片堆积层，因其窑址接近郊坛，故确定为南宋郊坛下官窑窑址所在地。位于凤凰山下的修内司官窑，近半个世纪以来，前往访古的人虽有不少，却始终未找到确切地点。21世纪初期浙江省考古所在对凤凰山东麓万松岭南侧、南宋皇城遗址后面进行初步发掘后，也可以基本上确定为南宋修内司官窑遗址。至此，文献记载南宋时期曾先后建立两座官窑的说法不仅成立，而且五大名窑中的四个业已真相大白于天下，然而另外一处"哥窑"窑址，至今仍悬而未决。

哥窑也同样不见于宋人文献记载，更难以陶瓷考古所得材料与传世哥窑器物相印证，所以至今是我国陶瓷史上第一大悬案，只有一个美丽动人的传说代代相传。古时候，有章氏兄弟二人在浙江龙泉县境内各设一窑烧瓷，哥哥的烧瓷技术比弟弟高，弟弟因此嫉恨其兄。为了破坏哥哥的声誉，弟弟有一次乘其兄尚未开窑时，暗用冷水浇泼，欲使哥哥的一窑瓷器变成废品。然而他万万没有想到，冷水浇泼而成的带有开片纹的美丽器物，却使哥哥从此声名大振，人们争相购买，哥窑器皿也由此世代流传。当然这仅仅是个传说，哥窑窑址究竟在何处？这宗陶瓷史上的疑案，何时能够彻底解决？恐怕还有待于考古工作者的进一步工作。

（三）技高一筹的成就

汝、官、哥、定、钧这五大名窑，在宋代能够成为宫廷的陈设之瓷，其共同之处在于它们都无过多的雕琢以哗众，也无妖艳的彩绘以媚人，惟以其古朴庄重的造型，温润如玉的釉质，组成和谐的艺术整体。这种幽倩、文雅的釉色，正适合宋代社会人们追求朴质无华、平淡自然的情趣，这也是五大名窑得以名标瓷史的重要原因。

宋代五大名窑器物造型十分丰富，它一部分仿自古代青铜器，另一部分为日常用器。仿古代青铜器的造型有鬲、鼎、壶、炉、觚等，只是实用功能已完全改变。以哥窑器中一件非常著名的双鱼耳炉为例，它那庄严凝重的造型，直接仿青铜炉的器型，不仅给人以浑厚庄重之感，恰到好处的双鱼耳，又能使器物增加几分曲线变化之美，使其作为祭祀供神之器，显得格外沉稳端庄。作为日常用瓷五大名窑之器，其形制则多采用仿生造型，如仿自然界中莲花、菱花、葵花、牡丹花等花瓣形的碗、盘、花盆等，这些又显然受六朝佛教法器和唐代金银器的影响，也是宋人喜好清雅闲逸生活的具体反映。

五大名窑器物之间虽有许多共同之处，但它们又各自具有鲜明的特色，这一点主要反映在釉色方面。以汝窑、官窑、哥窑为例，虽然他们都是以青釉为特征，但是汝瓷所呈现的那种美丽的天青色，在其他各窑中更具特色。在色调上汝瓷的青色有时稍微深些，有时稍微浅淡些，但都离不开"天青"这个基本色调。在色彩学上，"天青"介于绿色和蓝色之间，绿色是一种恬静的温和色调，蓝色则是一种安详的冷清色调，因此"天青"既有蓝色之冷清，又有绿色之温暖。这种寒暖适中的和谐色调，以及素雅、清逸的色感，由于适应了上流社会的时尚和统治者的审美情趣，所以汝瓷成为宋代诸瓷之冠。

图47 钧窑出戟尊

官窑、哥窑、汝窑器物，在其青翠的釉面上，往往布满密集的片纹，这些细密的开片纹，虽然是窑工在烧窑时的不成功之作，但经过人们巧妙装饰和后人的推崇，却成为举世无双的装饰纹样。"开片"是指传世宋代官窑、哥窑、汝窑青瓷釉面上，密如网状的片纹，又称"龟裂"。它的生成原因主要是因为胎釉间彼此膨胀系数不一致而引起的。这些片纹有的只局限于釉的部分，而未到胎体上，这种现象称作"开片"；有的则是釉层到胎体都发生裂痕，这种现象则称作"过岗"。深层次的过岗

图48 新仿钧窑出戟尊

是在窑炉内烧窑过程中自然形成的，而浅层次的开片则是出窑后、釉面继续收缩造成的。由于开片大小不同，深浅层次不同，胎体露出的部位因氧化或受污染程度也不尽相同，所以大开片呈深灰色似铁，故称铁线；小开片呈黄褐色似金，则称金丝。"金丝铁线"就是指这两种状况而言，它在哥窑器物上表现得最为显著，并且形成为一种鲜明的时代特征。官窑器物上的开片纹，与哥窑器物有所不同，其片纹均为深层次的"过岗"，开片纹理较大，其形状犹如冬日里江河冰面上突然开裂的冰层，层层相叠精美无比，颇为人们欣赏。至于汝瓷釉面上的开片纹，则细碎密集，俗称"蟹爪纹"。

钧瓷是以一种蓝色乳浊光釉和铜红窑变釉组成的红蓝相间的色调，在中国陶瓷史上可谓独树一帜。我国的瓷器自东汉以来，在宋以前都是以一种苍翠的青绿色釉做装饰，钧红的烧制成功开创了一个新境界。虽然钧瓷所呈现的红色， **图 47、48** 还杂以紫红色，或深或浅，或呈斑块状，或呈放射状，并非纯正的红色，但它仍然是一个十分了不起的成就，因为它对后来陶瓷发展产生过的深刻影响，是其他釉色无法相比的，特别是它为元、明、清各时期高温颜色釉的发展奠定了坚实基础。钧瓷的基本色调是青紫并重，内青外紫，青釉施于器内，红紫釉施于器外，因此红里有紫，紫中有蓝，蓝里泛青，青中透红，青蓝错杂，红紫掩映，又犹如夕阳西下时，蔚蓝色的天空中出现的晚霞一般瑰丽，难怪诗人们常用"夕阳紫翠忽成岚"的诗句，来形容钧瓷釉面那种变幻莫测的美。故宫旧藏一件玫瑰紫菱花口式花盆，造型犹如一朵盛开的菱花，秀美异常。流畅自然的曲线，勾勒出花盆的口沿和足边，更显和谐美观。通体披挂的玫瑰红色釉红中泛紫，与盆体边棱部位呈现的茶黄色相衬，犹如夕阳与晚霞相辉映，给人以美的无限遐想。后

图49　钧窑花盆托

图50　仿钧窑花盆托

世人说钧瓷的美在于它的色彩丰富，它以其交错变化的色调，展现出诗情画意般的图案，它的美在于凝厚的质感与含蓄的蓝色乳浊光所产生的艺术魅力，此件花盆即可为代表器。也有人说，即使对陶瓷毫无兴趣的人，如果看见钧瓷釉色，也会为它的美所震撼。 图 49、50 至今在钧窑所在地河南一带民间，还流传着"钧与玉比，钧比玉美"，"黄金有价，钧无价"，"纵有家财万贯，不如钧瓷一片"的说法。然而钧瓷之所以成为宋代五大名窑之一，并成为北宋宫廷用瓷，还不仅仅是因为其独特的釉色，它那典雅端庄的造型，厚薄相济的胎骨，以及器物所表现出的一种雍容浑厚的气度，与凝练含蓄的釉色，共同使钧瓷成为中国陶瓷史上一代名瓷。

关于定窑，前文已言，在此不做赘述。

（四）后世的仿品

五大名窑早在宋代即以其杰出的艺术成就盛名远播四方，以定瓷而论，后世仿品暂且不说，在宋代同时期全国各地许多窑场就纷纷进行仿制，因此出现了"土定"、"粉定"、"南定"等许多品种，而且历来说法不一。首先发现定窑窑址的叶麟趾先生解释说：土定"釉色白中闪黄，或闪赤，容易剥落，或有大开片，是为定窑本态，即其原始之物也"。粉定"胎质致密而体薄，其色白而略黄，或略灰，釉色有纯白如牛乳者，或带淡赤色"，南定指"宋室南渡以后，在景德镇所仿定器，谓之南定"（叶麟趾《古今中外陶瓷汇编》）。定窑产品除国内许多瓷窑仿烧

图 51　哥窑双鱼耳炉　　　　　　　　图 52　仿哥窑双鱼耳炉

外，它的制作技法也曾传到朝鲜、日本等国。宋宣和年间一位朝廷使臣徐兢曾奉徽宗之命出使高丽，他十分惊讶地发现，许多高丽烧造的精美青瓷，竟然"皆窃做定器制度"（徐兢《宣和奉使高丽图经》）。

官、哥两窑由于器物釉面所形成的开片纹，历来为世人视作珍品，因而艺术价值和收藏价值一直都很高，宋以后各朝相继出现过不少仿制品。其中若以哥窑仿制品而论，当以明代宣德、成化时期的仿制品为上乘。北京故宫博物院藏有一件明代仿哥窑双鱼耳炉，其造型与前面所举宋器基本相若，釉面也仿出了细密纹片，只是釉色略呈灰青色。这件仿品在乾隆时曾一度被视为宋哥窑真品秘藏宫中。1958年，经北京故宫一些著名专家反复甄别鉴定后，才将其改为明代仿品，可见其仿制水平之高。 图 51、52 与宣德、成化仿哥窑瓷相比，清代雍正时期仿哥窑瓷更是技高一筹，特别是其布满片纹的釉面，粗纹色黑，细纹色黄，以及器物口足部所施的护胎釉，都仿出了宋哥窑釉面上的那种"金丝铁线"以及"紫口铁足"的效果。此外，厚润的釉色也与宋哥釉那种柔和含蓄的所谓"酥油光"的釉面颇为相似。 图 53、54 雍正时期不仅仿制哥窑器相当成功，仿官窑器也相当出色。官窑瓷器早在宋代就十分受人珍视，在明清文人笔记中，不少说瓷者都把官窑瓷器列为上品。今日所见仿官窑器物主要有

图 53 哥窑碗

图 54 宣德仿哥窑菊瓣碗

明代仿官瓷、清代仿官瓷以及民国与近代仿官瓷等不同时期的器物，这些仿品不仅多能乱其真面目，且各具特色。然而这些仿官器物虽然可以庶几乱真，但仍不可避免地具有本时代清晰可辨的特征，如釉面都不及真器肥厚沉净，也无宋官窑器物上那种器口釉薄、至圈足处釉层渐厚的显著特征。

在历代仿制五大名窑的仿品中，因为高温铜红窑变釉深受世人喜爱，所以仿钧瓷的时间最长，它在金、元、明、清以及民国初年均有仿制。虽然各时代都未仿出真正意义上的宋钧釉器物，但各时期都有钧釉，以及由此演变而来的窑变釉出现，这种仿制以清代雍正时期达到鼎盛。清代由于雍正皇帝本人酷爱宋代钧窑器皿，当时，景德镇御窑厂督陶官唐英虽于雍正六年才奉旨到御窑厂督陶，但第二年就在详细调查了解钧瓷釉料配制方法及烧造工艺的基础上，烧出了美艳无比、变幻万千的仿钧釉瓷器。北京故宫博物院就藏有一件"唐窑"仿钧窑紫红釉鼓钉洗，图 55、56 其造型、胎体、釉色都与宋钧瓷鼓钉洗一般无二，甚至钧釉中那种所谓"蚯蚓走泥纹"也能仿得惟妙惟肖，可称是咄咄逼真，令人叫绝。在仿宋钧的基础上，雍正时期还成功烧制了一种"窑变花釉"，釉面比宋钧釉更显绚丽多彩，其自上而下交织流淌在一处的红色、月白色、紫色，宛如熊熊燃烧的烈焰，因

图 55　钧窑鼓钉三足洗

而又有"火焰红"、"火焰青"之称。这种窑变釉一直延续烧造至晚清时期，但釉面上各种釉色交织一处的景象，已不复存在，取而代之的是通体红釉上，呈现大块黑色、月白色色斑，与宋钧瓷相去甚远。

与钧瓷的烧制情况相反，仿汝瓷的烧制成功较难，比较可观的不过是近20年以来的事。北宋末年由于金人南侵，汝窑停止烧造，南宋时人已有汝瓷"近尤难得"之叹，后又历经近千年的社会动荡、历史变迁，所能保存下来的汝瓷已经寥若晨星。由于汝瓷存世数量极少，且一直深藏宫中为历代统治者视为珍玩，只是到了清朝晚期八国联军入侵以后，汝瓷才开始流出宫外。汝窑瓷器不仅宫廷控制极严，而且烧制工艺十分复杂，宋朝人周辉曾在《清波杂志》一书中记叙曰："汝窑宫中禁烧，内有玛瑙为釉，唯供御拣退方许出卖。"所以，后世仿烧汝瓷一直未获成功。清代虽然雍正、乾隆皇帝对汝瓷推崇备至，甚至拿出宫中珍藏的汝瓷，令景德镇御窑厂依照原样仿烧，但也只仿烧出淡淡的天青釉，与真正的汝瓷相比还相差颇远，就连乾隆皇帝都曾有过"仿汝不似汝"的喟叹。据估算，汝瓷流传至今不足百件，目前仅存于世界几个著名博物馆和极少数收藏家手中，可谓弥足珍贵。

综上所述，五大名窑可称是宋代中国杰出瓷艺的代表，它为我国陶瓷美学开辟了一个全新的天地，将陶瓷的造型、胎釉完美和谐统一于一体，达到了科学技术与工艺美术相结合的历史高峰，永远是后人借鉴的榜样。

图56 仿钧窑鼓钉三足洗

六、黑釉瓷篇

  成熟的黑釉瓷器在东汉时期首先出现在我国南方，而北方黑釉瓷器的出现，大约要比南方稍晚，但是当历史跨进10世纪末叶时，黑釉瓷器的烧制就并起于大江南北，且争相竞逐，在我国陶瓷发展史上占了重要的一席。

  黑瓷与青瓷虽然彼此互不相关，但在生产工艺上却有许多相似之处。它们都是以氧化铁为主要着色剂，并在还原焰或氧化焰中烧成，其主要差别只是釉料中氧化铁含量的多少和烧成温度的高低有所不同，所以这两种釉色的瓷器，能够在同一窑中烧成，人们常将黑釉瓷与青瓷称之为"姊妹瓷"。例如，浙江德清窑窑址内，就曾出土有青瓷、黑瓷粘连在一起的器物。但是黑瓷与青瓷又完全不同，黑色是一种亮度极暗的色调，往往会产生出特殊的视觉效果。正如歌德在他的《色彩论》一文中所说"一个穿黑色衣服的女人，看起来显得比别的女人更窈窕一些"的道理一样。黑色的这种性质与它的亮度有关，而不是它的色彩。黑瓷的烧制成功，不仅打破了青瓷的一统天下，丰富了单色釉瓷器的装饰内容，而且它那深沉明亮、含蓄端庄的釉面，看似平凡，却有一种特殊的内在美。此外，它利用铁分子的结晶和釉的流动，在本色上还能够烧出各种奇妙无比的色调，也堪称一绝。同时由于烧制黑瓷的原料在全国各地随处可见，很容易大量生产，也为黑瓷在民间的普及提供了有利条件，致使它能够异军突起，迅速在全国范围内形成空前的规模，无论烧制何种釉色的窑场，几乎都兼烧黑瓷，这在我国陶瓷发展史上也是绝无仅有的。

（一）建阳窑的油滴盏、兔毫盏

福建建阳窑以盛烧黑釉盏闻名于全国，其黑釉制品又因含量高，被称之为"乌泥窑"或名"黑健"、"乌泥健"。它盛烧于北宋而衰落于元末。北宋时建窑烧制的黑釉盏，一度成为宫廷御用茶盏。在建阳黑釉盏中以"油滴盏"、"兔毫盏"最为名贵。所谓"油滴"，是指在黑色釉面上散布着许多具有银灰色金属光泽、大小不一的小圆点，圆形似油滴，故得此名。"油滴"之状又如夏季夜晚，天空繁星闪耀，令人目不暇接。《格古要论》谓之"滴珠"，更形象生动。"兔毫"又分"金兔毫"、"银兔毫"和"灰兔毫"三种，它的特征是因其在绀黑发亮的釉面上，并排闪现出一种带金属光泽的丝状条纹，形似小兔的毫毛筋脉，又如细雨霏霏，垂流自然，故称"兔毫"。兔毫、油滴这种釉质的形成，都是利用含铁釉的结晶原理烧出的，它们既不施加艳丽的色彩，又不需要彩绘的雕饰，仅以其本质的美感，即产生震撼人心的强大艺术魅力，真可谓技高一筹。宋代著名文学家苏东坡曾有诗云："道人晓出南屏山，来试点茶三昧手。忽惊午盏兔毫斑，打出春瓮鹅儿酒。"（《送南屏谦师》）杨万里云："鹰爪新茶蟹眼汤，松风鸣雪兔毫霜。"（《诚斋集》卷二十）蔡襄云："兔毫紫瓯新，蟹眼清泉者。"（《茶录·试茶诗》）都是对建阳黑釉盏的高度评价。

建阳兔毫盏在北宋时就已经十分珍贵，连主管茶事的蔡襄也仅有几只兔毫盏，相传盏内兔毫四射，凝然作双蛱蝶状，十分精致。《福建统制》一书中记载："兔毫盏，盏价甚高，显难得之。"政和二年在大清楼，徽宗以内府所藏珍用之器和四方美味，召崇臣蔡京赐宴。以惠山泉，建安兔毫盏，烹上好的太平嘉端茶，赐给蔡京饮用。皇帝赐饮是无上光荣的事，所用茶器是建盏，也说明建盏在宫中的位置。

"油滴"、"兔毫"这类黑釉茶盏，虽有大小不同规格，然其胎重釉厚是其共同的特征。 **图 57** 这些器物的造型还由于口大底小，腹壁斜直，因而在浑厚中又不失秀巧。在实用功能上它不仅便于饮茶和倾倒茶叶，其胎体厚重也有利于斗茶的效果，可以说这种黑釉茶盏的造型和特殊的实用功能相结合，是内容与形式的完美统一。难怪连宋徽宗赵佶也曾爱不释手，并且在他所著的《大观茶论》中多次加

图 57　建窑兔毫盏

以赞赏。建盏的衰落是随着北宋的灭亡而开始的。南宋时世风日下，无人鉴赏建盏，饮茶风气也逐渐转变，朝廷御前赐茶也改用白瓷了；加之建安地区连年民变，百业俱废，所以建盏不再成为贡器。建盏由盛转衰，终于走完了它曾经辉煌过的一段历程。

　　建阳黑釉茶盏在宋代的鉴赏地位很高，它使得当时饮茶的功能超出了一般的生活习尚，进而成为一种超乎止渴的风雅活动，丰富了人们的精神生活，仅就这一点看，建阳黑釉茶盏的价值就不仅仅是器用一项而已。我国饮茶风尚具有悠久历史，至少可以追溯到西汉时期。从有关的历史文献记载来看，当时人们对饮茶的认识，主要还只是限于解渴、解酒、佐餐、祭祀、养生等功用性方面，而饮茶风尚真正盛行则始于唐代。据唐朝人杨人所撰一书《膳夫经手录》的记载，在开元、天宝年间，饮茶之风还是"稍有蔓滋"，到广德、大历年间"则遂多"，而至建中时"已后盛矣"。唐朝大诗人卢仝、陆龟蒙、白居易、柳宗元等人都写过不少咏茶的诗。如"弹琴阅古画，煮茗仍有期"；"落日平台上，春风啜茗时"等佳句，即道出了唐朝文人士大夫们喝茶品茗的意境。卢仝的一篇《走笔谢孟谏议寄新茶》诗文，更将一连痛饮七碗茶而后成仙的感觉，描写得惟妙惟肖。诗文曰："一碗喉吻润，两碗破孤闷，三碗搜枯肠，惟有文字五千卷。四碗发轻汗，平生不平事，尽向毛孔散。五碗肌骨轻，六碗通仙灵，七碗吃不得，惟觉两腋习习清风生。"

　　唐代饮茶风尚的一个重要特征，便是饮茶方式的改进，即由过去那种粗放式的豪饮，而转变为品尝式的烹饮，从而使饮茶成了一种优游岁月、寄情托意的"雅举"。唐朝人陆羽还专门写了一本有关"茶"的书，书名为《茶经》。其书有三篇十节，对当时各地的茶品种，以及茶具和烹茶方式，都作了详细介绍。陆羽的这本《茶经》，可谓开一代饮茶之风，使一种精烹细品的饮茶方式，在历史上被确定下来，"并使天下益知饮茶矣"，所以后世卖茶者均将陆羽奉为"茶神"。随着饮茶习俗的逐渐形成，人们自然对饮茶所用的茶具渐渐讲究起来。陆羽在《茶经》一书中这样评价茶具："碗，越州上，鼎州次，婺州次，岳州次，寿州次，或以邢州处越州上，殊为不然。邢窑类银，越窑类玉，邢不如越一也；邢窑类雪，越窑类冰，邢不如越二也；邢瓷白而茶色丹，越瓷青而茶色绿，邢不如越三也。"陆羽在这里首推越盏，是因为唐朝时茶色以绿为贵，所谓"茶好碧于苔"。越窑青瓷那犹如千峰翠色的釉色，能使茶色益发显得碧绿，所以陆羽认为最适宜饮茶用。而与越窑青瓷齐名的邢窑白瓷，却因其洁白的釉面不易衬托绿色茶水，被陆羽定为"邢不如越"。

宋代饮茶风气更为普及，茶与盐、酒等同列为国家公卖，并且设置茶马司。宋王朝以茶作为与西北诸藩交易的物品，并作为边防之备。茶在宋代不仅成为家家户户人手一碗的日用饮料，亦即宋人笔记《萍州可谈》里所说："茶味苦而转甘，今世俗客至则啜茶，此俗遍天下。"此外，讨论茶事的著作也大量问世，品茶也作为一种理论的兴趣为人注目。诸如宋子海的《东溪试茶录》、黄儒的《品茶要录》、赵佶的《大观茶论》、蔡襄的《茶录》、熊蕃的《宣和北苑贡茶录》等，都是当时盛极一时的品茶专著。在讲究生活情趣的文人雅士中，还追求另一种品茶的境界，其程式也日趋工巧繁缛，于是产生了诸如"分茶"、"斗茶"等趣味性的品鉴游戏。它不仅代表了宋代烹饮艺术的一种特殊水准，也成了士大夫们闲暇中的一种娱乐活动，建阳黑釉茶盏由此得到人们的赏识。

今天人们饮茶都是喝叶茶，而我国古代饮茶方式或煮、或沏，不止是叶茶一种，除饮叶茶之外，也饮末茶。宋朝人饮茶以散茶（茶叶）和片茶（末茶）两种为主。饮用末茶是将茶叶制成半发酵的膏饼，饮用前需先把膏饼碾成细末放在茶碗内，再沏以初沸的开水，随后水面就会沸起一层白色的泡沫。而所谓"斗茶"就是观看茶盏内壁留下的白色茶痕，先退去者为负。它最精彩的部分集中在初沸时汤花的显现上，因此斗茶的着重点在于其观赏性而非饮用性，它既是一种扣人心弦的游乐方式，又是一种妙趣横生的观赏艺术。这种斗茶之风在五代时即始于福建建安一带，在建安东三十里的凤凰山麓，那里土壤和气候非常适宜种茶。五代时当地人张廷晖曾上表奏闻，并将所产的茶运至官府，从此有了"北苑"之名，建安时北苑成了当时最负盛名的茶区。南唐时李氏灭闽后，令陈履掌建阳茶局，经营北苑茶厂。宋朝时太宗太平年间，又开始北苑官焙建茶的经营，所产茶叶以充岁贡和邦国之用。供奉朝廷的茶饼，是以特制的龙凤模而制，即将团茶做成龙凤饼，专供御用，终北宋之世，贡茶皆出于此地。建安一带所产的茶饼，由于是供奉御用，所以制作非常精致，焙茶设备也非常讲究。据说在制茶前要先剃去发须，洗净双手，换上干净衣服，才可以开始制作，这是其他地方焙茶时做不到的。所以建安所产的团茶，价值高达二两黄金，即便如此，还常供不应求。宋徽宗时建安所产的"龙凤胜雪"、"瑞之翔龙"等品种，都是品质精绝的"圣品"。

由于建茶色白，民间以为这种茶是茶之祥瑞，因此斗茶之风在建安兴起。斗茶的整个过程大致是这样的，首先要把茶饼碾成极细的茶末，再将茶碗和沸水预备好。冲茶时把茶末先倒入炙热的瓷碗里，再注入一点沸水将茶末调匀，然后徐徐加水，再用有重量的匙子使劲搅和，将茶末和水调和成乳状。如果茶末和水没有搅和均匀，茶与水就容易离解产生游离现象，这样会在碗壁周围形成一圈水痕。斗茶时往往以水痕先现者为输家，而茶面鲜白著盏无水痕者为赢家。斗茶中最精彩的部分，集中在初沸时汤花的显现时，它是比试中的第一关，也就是要求茶末浮在水面上，如果茶末沉在碗底就是输家。其次是比色，宋人司马光和苏轼曾将建茶和墨二者进行谈论，他们认为建茶和墨共同之处在于两者都带着香色，而不同的地方是墨愈黑愈好，建茶却是愈白愈好。所以斗茶的着重点在于观赏性而非饮用性，它既是一种扣人心弦的游戏方式，又是一种妙趣横生的观赏艺术。

建安一带的斗茶之风，之所以能在北宋盛极一时，与宋仁宗的赏识，宋徽宗的参与以及丁谓、蔡襄等人的大力推广分不开，丁谓为此曾写过《建安茶录》三卷。蔡襄以擅长书法闻名于世，为南宋四大书法家之一。蔡襄任福建路转运使时，正值宋朝社会升平之日，造茶乃是他职责范围以内之事，加上他对茶的品鉴精通，所以颇受宋仁宗的赏识。蔡襄秉承帝旨写成《茶录》一书，将建安斗茶的民俗作了详细介绍。蔡襄的书出来后，朝中上下相随效法，一时成为风尚。苏轼曾写过一阕"行香子"词，词中写道："……酒阑时，高兴无穷，共夸君赐。初拆臣封，看分香饼，黄金缕，密云龙。斗赢一水，功敌千钟。"将当时人们比试斗茶的兴趣，描写得活灵活现。词中所写"密云龙"是宋神宗时建安所产的一种团茶，这种茶是为皇室特制的，它以黄金色袋封装，比喻帝王的服饰，故曰"黄金缕，密云龙"。北宋时期除文人士大夫热衷斗茶外，皇室内也盛行斗茶之风，特别是宋徽宗赵佶酷爱斗茶之事，常与上层臣僚"斗茶"一试身手。蔡京在《延福宫曲宴记》一书中，记载了宣和二年徽宗在延福宫赐宴，表演斗茶之事。先是徽宗令近侍取来茶具，然后亲自注汤击拂，一会儿见汤花浮于盏面，呈疏星淡月之状，接着便自得地对诸臣说"这是我亲手施予的茶"，诸臣接过品饮，一一顿首谢恩。宋徽宗并著有《大观茶论》等专著多篇，专门论及斗茶之事，其曰："天下之士励志清白，竞为闲暇修索之玩，莫不碎玉锵金，啜英咀华，较箧笥之精，争鉴裁之别。"熊蕃在其《宣和北苑贡茶录》一书中说："今上亲著茶论二十篇。"《晁公武郡斋读书志》也曰："圣宗茶论一卷，右徽宗御制。"由于徽宗的倡导，一时上行下效，文人、士大夫们都以斗茶为高尚嗜好，每年建安一带岁贡建茶达21.6万斤，如此大的消耗量，可想而知当时人们嗜茶的程度。斗茶之风至南宋渐衰，这一方面由于南宋时期国势一蹶不振，偏安一隅的南宋君臣经靖康之难后，亦无心情作啜英咀华、粉饰太平的雅事，优游消遣斗茶之事，耗时费事自然不合时宜。另一方面也因为新兴的一种饮茶方式，即茶叶泡法的推行，更加简洁便利，益于被大家接受，所以斗茶之风也逐渐随之消失了。

宋代由于盛行斗茶之风，福建建阳生产的黑釉兔毫、油滴茶盏，也随斗茶之风流行到京师，摇身一变成为受人礼赞、珍视的艺术品，享有贡器的特殊地位。在一些茶盏的底足上甚至刻有"供御"和"进琖"的字样。《建瓯县志》上也提到建盏有刻字款的，其曰："时见进琖二字，是阴字模印、楷字苏体，亦偶有供御二字者，似刀划。"《陶雅》上也提到此事："兔毫琖……底上偶刻有阴纹供御楷书二字。"这些书体风格很有些宋徽宗"瘦金体"味道。宋徽宗赵佶虽然是历史上有名的昏庸性懦的皇帝，但他酷爱书画艺术，对书画艺术有很高的造诣和独特的风格，在历代帝王中首屈一指。徽宗的字，瘦劲锋利，如屈铁断金，又好像只有筋骨而无肉，所以人们称其为"瘦金体"，就是寓含"瘦筋"之意。实际上徽宗的字并非一味趋于瘦劲，在挺拔劲健的笔画中，也有几分温婉的意味。建阳黑釉茶盏上所刻的"供御"、"进琖"字样，与徽宗的"瘦金体"非常接近。后代曾有人推断，当年建阳黑釉茶盏上的字模，可能是徽宗亲笔所写，若果真如此，足见其身价百倍，也不难想象徽宗酷爱建盏之情。

宋人斗茶为何偏爱建阳黑釉茶盏呢？这是因为宋代茶盏虽有千千万万，各种釉色诸如黑釉、酱釉、青釉、青白釉、白釉几乎应有尽有，但是若以斗茶的效果而论，诚如《大观茶论》所说："盏色以青黑为贵，兔毫为上。今按建盏胎骨既厚，宜于久热，且釉色黑，水痕易验，故最宜斗试。因此斗茶竞尚建盏。"它说明建阳黑釉盏由于釉色黑亮，对白色茶痕有一种极鲜明的衬托，故而受到斗茶者的爱重。建阳黑釉茶盏又由于胎体较其他茶盏厚重，保温效果好，斗茶时则水痕退去的速度慢，被公认为是最宜斗茶的茶具。当时河北曲阳定窑也生产一种黑釉茶盏，色黑如漆、胎质缜密均较建阳盏为优，且地距北宋京都汴梁又近，但徽宗舍近求远，斗茶时一定要选用建阳盏，可能也与定窑黑釉盏胎薄保温效果差、茶易冷则水痕易退、不适合斗茶的要求有关。

建窑的仿制品目前市场上多有流传，它们制作得十分逼真，兔豪、油滴等品种比比皆是，特别是兔豪仿制得很成功。

图 58 由于建窑窑址留存十分丰厚的标本堆积，仿制者有丰富的参考品，只是新品的釉面比较光亮，口沿处的鬃眼不明显，圈足修饰得过于规整，才显现出它是现代人的所为。

图 58 新仿建窑兔毫盏

（二）吉州窑剪纸贴花、树叶纹瓷

　　宋代除建窑黑釉盏享有盛名外，江西吉州窑的黑釉盏也久负盛名，特别是它的黑瓷装饰风格别开生面，令人耳目一新，甚至可与建阳黑釉盏媲美。

　　吉州窑在江西吉安水和镇，自隋至宋吉安称吉州，故名"吉州窑"。又因烧造地点在永和镇，也称"永和窑"。它创烧于唐代晚期，发展于五代，南宋是它的极盛期，由于其悠久的烧瓷历史，故民间俗有"先有永和，后有景德"之说。吉州窑是一座极具特色的窑场，它烧造的品种相当复杂，既烧建窑系的黑釉，也烧定窑系的白釉。磁州窑系的白地黑花以及景德镇的青白瓷，还仿烧哥窑的开片瓷等等，真是五花八门，无所不烧。其中以受北宋王室斗茶之风影响而烧造的黑釉茶盏最为著名，它以独特的装饰风格著称于世。例如，在黑色釉面上，不仅能烧出建阳茶盏的"兔毫釉"，而且还能烧出形似海龟身上斑驳的"玳瑁釉"，以及貌似鹧鸪鸟胸部灿烂羽毛的"鹧鸪斑釉"等等。

　　吉州窑黑釉茶盏，不仅仿烧建阳窑黑釉茶盏惟妙惟肖，同时创造性地将剪纸、树叶纹饰装饰在黑色釉面上，也独具神韵。较之建阳黑釉中"兔毫"、"油滴"毫不逊色，到南宋时期几乎能与之抗衡。宋代文人杨万里因此有"鹧鸪椀（碗）面云萦（萦）字，兔褐（毫）瓯心雪作泓"的评论（《诚斋集》卷十九），可见影响之大。

　　所谓剪纸贴花，是在黑色釉面上以一种特殊的工艺手法浮现出鸣鹊、飞蝶、奔鹿、鸾凤对舞，以及梅、兰、竹、菊等各种不同花卉、珍禽的剪影，称得上巧夺天工、生趣盎然。剪纸是我国民间广泛流行、深受人民喜爱的一种手工艺品，浓郁的民族色彩和旺盛的生命力，使它得天独厚。 **图 59** 剪纸一般用作窗花、壁纸，或者作为鞋面、枕面上的花样，然而宋代吉州窑的工匠们却把这种剪纸技艺巧妙地移植到瓷器装饰上，真可谓创世之举。不仅如此，他们还用各种不同形状的树叶，经过特技处理来装饰器面，使之更富自然天成的情趣，远远望去，恍惚之间好像空中飞舞的彩凤，又像大海中飘浮的一片落叶。它与笔墨所绘、竹刀所刻的图案风格迥然不同，与官窑中某些规矩得近似呆板乏味的装饰题材，也形成了鲜明对比。

　　在现代陶瓷装饰中，有不少盘、碗、杯、盒上的花纹，也是用贴花技法烧成

图 59 吉州窑剪纸贴花双凤纹盏

的。有人误认为这种贴花技法是随着印刷技术的发展，在20世纪40年代传入我国的，其实若以我国宋代吉州窑烧制的这种"剪纸漏花"瓷器而论，贴花技术不仅是我国制瓷艺匠的发明，而且在我国已有近千年的历史了。

（三）熠熠生辉的曜变天目瓷

"天目"一词源自日本，在我国古代文献中未见有记载。天目一词，一方面是日本古陶瓷界对我国南北方黑釉瓷器的通称，如"油滴天目"、"禾目天目"、"河南天目"、"柿天目"、"玳玻天目"等，另一方面则专指建阳黑釉盏。宋代，浙江天目山一带佛教寺庙林立，山中有许多名刹，其中一座径山寺是禅寺的代表，被称为"禅林之冠"。相传日本佛教高僧大应禅师和圣一禅师等皆于此结庐憩息，并将径山茶的碾饮之法(末茶法)和茶具(建阳黑釉盏)传到日本，所以日本人就将这种黑釉茶盏称为"天目盏"，并曾风靡一时，许多日本人都以能得到一件我国宋代建阳黑釉盏而引以为荣。据说一位名叫加藤四郎的日本陶工，在1223年曾作为道元禅师的随员专程来到我国，在天目山附近的窑场学习制作天目瓷的技艺。五年后当他返回日本时，就在濑户(现在爱知县濑户市)开始烧制天目瓷，但是由于原料的关系，制作天目瓷的努力虽然一直未成功，然而他却烧出了一种真正的黑釉瓷器，史称"濑户黑瓷"。相比之下，"天目釉瓷"只能算作是一种釉色很深的绀黑色瓷，甚至多少带些褐色光泽。

所谓"曜变"一词，本是指一般烧瓷时出现的窑变之类而言，并非专指某一件建窑黑釉瓷器。如明代谢肇淛《五杂俎》内曾有记载说："传闻初开窑时，必用童男女一人，活取其血祭之，故精气所结凝为怪耳。近来不用人，故无复曜变。"而日本人习惯于把它作为黑釉中最名贵的一个品种，也可能是因为这种黑色釉面上，所浮现的大小不同的结晶斑周围，带有日晕状的光环，含有光辉照耀之意。在世界陶瓷史上，这种"曜变天目"也被奉为至高无上的珍品，因为它是从数万件或数十万件黑釉中偶然产生的稀有品种。据目前所知，存世的几件"曜变天目"均在日本，分别被东京静嘉堂文库、大阪藤田美术馆、京都大德寺龙光院和镰仓大佛次郎私人收藏馆收藏。以日本东京静嘉堂文库收藏的一件曜变天目瓷为例，它外表并无惊人之处，但里面在黑色釉面上环列着大大小小的圆形斑点，迎光而视这些结晶的斑点周围，晕散着蓝绿色的光环，恰似漆黑的夜空中满天闪耀的繁星，熠熠生辉，令人眼花缭乱，真是奇妙无比。可以设想，倘若用这种色釉的茶盏注满清水，定当银光粼粼，若注入浓茶则金光闪耀，实乃天下一绝。日本人将此碗列为国宝级的文物。令人遗憾的是，在我国目前还未见到一件，足见其名贵的程度。

在我国悠久的陶瓷史上，许多陶瓷品种的名称均来源于陶瓷产地，如"钧瓷"、"定瓷"、"汝瓷"、"龙泉瓷"、"耀州瓷"等等，唯有此"曜变天目"既非指产品的产地，也非我国古代文献中的称谓，虽产自中国，但名称却是日本人起的，这在中日文化交流史上堪称一段佳话。近代日本著名陶艺家长江物吉用了28年时间，成功地仿制出"曜变天目"碗，在北京举行的"第二届国际古陶瓷讨论会"上，受到中外学者的交口称赞。另一位日本陶艺家安藤坚先生花了五年时间，经过反复试验，也将"曜变天目"碗仿烧成功，且几可乱真。安藤坚先生于1981年从日本专程到我国，特意将这件仿制品送给福建省博物馆，以示纪念。从以上这些事例中，不难看出日本人对黑釉瓷的喜爱和珍重。目前在世界各国中以日本收藏的天目盏最多，可以说是天目瓷的宝库。据日本《大正名器鉴》一书记载，目前在日本所藏天目瓷精品约有34件之多，其中被指定为国宝级的就有五件，其他均被定为"重要文化财"。日本人不仅把来之不易的许多中国古代"天目瓷"保存至今，而且还把从中国学来的斗茶、饮茶技艺发展成日本特有的茶道艺术。

吉州窑的仿制品数量也比较多，但是仿品的剪纸贴花图案显得十分呆滞。木叶纹图案的制作，由于制作者对其工艺了解甚少，要么采用描画的技法，要么木叶纹图案不清晰，给人以呆板的感觉。 图 60 收藏者在鉴赏和购买时要多加小心，以免将新工艺品当作真品收入囊中。

黑釉瓷器在我国陶瓷发展史上，具有鲜明的民族特色，它是特定社会风尚下的产物，反映了当时社会人们的一种审美观念。此外，在对外文化交流史上，它也曾起过重要作用。

图 60 仿吉州窑剪纸贴花凤纹盏

七、磁州窑篇

　　磁州窑是我国北方最负盛名的民间瓷窑。它那淳厚质朴、粗犷豪放的艺术风格，精湛独特的制作工艺，在我国陶瓷发展史上，占有极其重要的地位。但是千百年来，磁州窑器物一直没有得到应有的重视，对磁州窑系各窑场的研究也很不深入。仅以目前国内藏瓷最为丰富的北京故宫博物院为例，磁州窑器物均为20世纪50年代的收购品，清宫旧藏物很少，几乎没有，国内各大博物馆的收藏情况也大致如此。然而从传世品及出土物看，仍以北京故宫收藏的磁州窑器物较为丰富，特别是一些典型器物，具有极高的艺术欣赏价值。

　　在我国历史上河北南部、河南大部分地区，古代习惯称之为中原地带，它是中华民族的发祥地，历来也是我国政治、经济、文化的中心，磁州窑的主要产区就在这片美丽的土地上。据考古发掘证实，早在七千多年前我国新石器时代早期，我们的原始先民们就在这里大量制作和使用陶器，从而创造了灿烂的磁山文化。大约在公元前12世纪商代中期，当地优秀陶工在烧制白陶和硬纹陶基础上，也终于完成了从陶向瓷转变质的飞跃。魏晋南北朝时，青瓷也在这块土地上问世，唐代则开始烧制以白地黑花为主的瓷器，至宋代达到高峰，并以"磁州窑型"器物著称于世。明代曹明仲在《格古要论》中说："古磁器出河南彰德府磁州，好者与定器相似，但无泪痕，亦有刻花、绣花，素者价高于定器，新者不足论。"由此可见，磁州窑在当时颇有影响。元、明、清时当全国各地许多著名瓷窑销声匿迹的时候，磁州仍然窑业兴盛。据清代《磁州志》记载："明时曾在彭城滏源里设官坛厂四十座，岁造瓷坛，舟入京，纳于光禄寺。"当时也曾有"千里彭城，日进斗金"之说，也足以见其盛烧的规模。时至今日，磁州窑仍是全国十大陶瓷产区之一，可以说古今中外，有如此旺盛生命力的窑场实属罕见。

如果说白瓷的制作成功，在我国制瓷工艺上具有划时代的意义，那么磁州窑则是在白瓷装饰上，为瓷器的发展又开创了一个新纪元。它的丰功伟绩不仅仅是在青瓷、白瓷盛烧时期突破了历史局限，将单色釉瓷器发展到了彩瓷装饰阶段，更重要的是它创造性地运用了中国绘画中的写意画法和图案装饰法，生动地将花卉、人物、鸟兽、虫鱼、山水风景等自然景物描绘在瓷器上，并且结合运用诗词与书法手段，极大地丰富和繁荣了我国瓷器的装饰技法。这一成就绝不在宋代当时享誉全国的"汝、官、哥、定、钧"五大名窑以下。此外，磁州窑那种黑白对比强烈的白釉黑花装饰手法，对元代青花瓷的出现也毫无疑问奠定了坚实基础，这也是磁州窑最卓越的贡献之一。

磁州窑古属燕赵之地，历来民风淳朴，气质豪爽，自古即有"燕赵多慷慨悲歌之士"的赞誉，这些都为磁州窑粗犷豪放、雄健浑厚的艺术风格提供了肥沃土壤。在磁州窑瓷器上以一种白地绘黑花装饰，最能体现这种风格，中外古陶瓷专家习惯上将这种风格称作"磁州窑型"。它最基本的特征，是在白度不高并且比较粗糙的胎体上施一层化妆土，以达到粗瓷细作的效果，然后在这层化妆土上，以赤铁矿绘画图案。在此基础上，窑工们还创造了一系列装饰手法，诸如白地绘黑花、白地画花、白地剔花、白地酱彩、白釉珍珠地画花、白釉红绿彩、白釉绿斑、褐斑，以及绿釉黑花、铁锈花等等，多达十几种。 图 61 它们都能在视觉上造成一种对比强

图61 磁州窑刻花盘

烈的明快效果，因而形成了磁州窑特有的风格。

　　磁州窑装饰艺术的兴起，正处于民间艺术繁荣的唐宋时期，受当时绘画、雕塑、织绣、剪纸以及金银器的影响非常明显。例如白地剔花工艺，是为了突出图案的艺术效果，使之具有浅浮雕效果的一种装饰手法。它是在图案画好后，将四周的白色化妆土剔掉，使之露出黄褐色的胎质，以达到烘托白色主题纹饰的目的，进而形成黑白、灰白、褐白等对比强烈的地方特色。这种技法又明显受我国漆器制作的影响，漆器在瓷器未能普及到人们日常生活之前，就在人们的生活中占有重要地位。随着汉代丝绸之路的开通，漆器还曾与丝绸一起最早远销中亚、西亚及朝鲜、日本等地，深受世界各国人民的喜爱。磁州窑中这种白地剔、画花工艺所取得的艺术效果，正与漆器中的雕漆工艺如出一辙。此外，珍珠地画花技法也明显地继承了唐代金银器上錾花工艺的风格，它是在器物中心部位的主体图案刻画完成后，又在其周围画出细密的小圆圈纹，像珍珠一样把主体纹样烘托得熠熠生辉。至于铁绣花技法更是将中国绘画中大写意的技法，用以构成图案，巧妙生动地绘制在瓷器上，也就是说将中国绘画的表现方法运用于图案设计中。再以磁州窑器物上常见的牡丹花纹样而论，它不仅色调鲜明，且表现手法也多种多样，如刻花的牡丹，线条流畅严谨，线面对比明显，生动表现出牡丹的秀丽雅洁；画花的牡丹，线条疏朗有致，以简练的线条表现出牡丹的高傲洒脱；而画花的牡丹，则以勾、拓、点、染一气呵成，充分表现出牡丹的富贵华丽。虽然在这里没有"魏紫"、"姚黄"、"赵粉"等名贵品种，但它的确是独具磁州窑艺术风采的佳作。 **图 62** 这些都充分说明磁州窑瓷器装饰上那种鲜明独特的艺术风格，一方面是源于中华民族鲜明的民族性，另一方面也是善于学习和吸收其他工艺美术之所长，旁收博取而最终形成的。

　　融绘画、书法、诗词于一体，是磁州

图 62　磁州窑绿釉黑花梅瓶

窑装饰艺术上又一个显著特征，也是它之所以成为宋代民窑代表的重要原因。在装饰题材上，它们大都取材于民间生活小景，不仅有精工细刻的花鸟鱼虫，也有千姿百态的飞禽走兽，还有绘画生动的山水人物；结构严谨的几何纹样；取意吉祥的"吉祥图案"；以及"唐僧取经"、"八仙庆寿"、"云鹤游天"、"牛郎织女"等脍炙人口的神话传说故事，就连诗词散曲、名言警句等，也是这个时期磁州窑装饰的主要内容。这些极为丰富的装饰题材， 图63、64 既保存了宋、金时期民间绘画的详细史料，也保存了许多风土人情的民俗资料，它与唐宋时期诗词、书法、绘画等各种艺术的繁荣兴旺有着密切联系。

图63　磁州窑白地黑花梅瓶

图64　磁州窑白地黑花人物枕

作为磁州窑绘画艺术的代表作，以白地绘黑花最具典型性。在形态各异的磁州窑器物上，常以白釉为地，以黑彩绘画各种图案，常见题材如下：

动物画：在磁州窑画工的笔下，常选用老虎、狮子、熊、鹿、兔、鱼、鸟、龙、凤等动物形象作瓷器的装饰画面，其中以老虎形象表现最为生动。画面上熟练随意的笔触，仅需寥寥数笔，即能将一只只威风凛凛、虎视眈眈、咄咄逼人之态的猛虎，形象生动地表现出来，具有极高的艺术观赏性。虎纹常出现在瓷枕上，或整个枕形就做成一个老虎形状，这是金代磁州窑瓷器上最常见的一种装饰。北京故宫博物院藏有一件虎形枕，猛虎作伏卧状，其威严的形象好像随时准备一跃而起。枕面绘一池残荷，水面上游鸭在水草中游弋，天空上一行大雁向南飞去，一幅略显凄凉的秋日景色。我国民间自古以来认为猛兽可以避邪，老虎是百兽之王，这件以猛虎为造型的瓷枕，显然含有为人们祈求逢凶化吉之意。另外一件白地黑花猴鹿纹瓶，也绘画得相当精彩。瓶身两侧为两组画面，一面为猴与鹿相嬉戏，另一面为天空上俯冲欲落的双雁。画面构图简洁，动物形态写实生动，极富自然情趣。

植物花卉画：常见的花卉主要有牡丹花、梅花、荷花、菊花、竹子等，其中以牡丹花的绘画成就最高，也最有代表性。磁州窑的匠师们，以豪放洒脱的笔法，将牡丹花的形象表现成介于写实与图案画之间的一种装饰画，并根据植物向上生长的动势，使花蕾与叶脉保持一定的平衡状态。特别是在花瓣、花蕾、筋叶内，加饰细腻的划线，使花、叶、茎、枝清晰呈现出来，具有白描勾勒的艺术效果。在磁州窑器物上，除牡丹花外，墨竹也绘画得相当成功。"墨竹"是以墨彩绘画的竹子，是花卉图案中绘画较多的题材。在瓷器上墨竹往往绘在枕面，或在枕的四周，它们或整幅画面仅以一丛墨竹作为主体纹饰，或配以鸟兽、孩童组成辅助纹饰，其流畅自如的笔墨，将墨竹郁郁葱葱、挺拔坚贞之质表现得淋漓尽致。北京故宫博物院收藏有一件八方形枕，枕面上绘画一丛幽静淡雅的墨竹，虽着墨不多，但生机盎然之色跃然纸上。竹、兰、梅、菊，自古以来常被人喻为"四君子"，并以竹喻君子高风亮节，墨竹画不仅是民间常用的题材，也是宋、金时期文人、士大夫画中最早流行的题材。唐宋以来的我国绘画作品存世不多，目前传世最早的一幅"墨竹图"，相传为北宋时期著名画家文同所绘。文同一生酷爱画竹，他画风严谨，笔墨潇洒自然，其墨竹画开创了"湖州竹派"之风，在当时北宋画坛上占有重要地位。磁州窑瓷枕上的墨竹图，与文同的墨竹画有异曲同工之妙，他们之间存在着深刻的相互影响作用，足以见磁州窑艺术影响之大。

人物画：在磁州窑瓷器上，人物画数量较多，比起唐代长沙窑的釉下彩绘瓷，显然是一大发展。人物画中以婴戏图绘画得最为生动，画面上的儿童各个天真活泼，极富童趣。如"赶鸭图"作者将手持荷叶、在荷塘边追赶鸭群的小童，刻画得入木三分。"蹴鞠图"一个小童将长衫卷起，双手后背，一足仅微抬，藤球即翻滚在空中，形象地再现了流行于宋代的蹴球运动。北京故宫博物院收藏有一件"双童嬉戏图"枕，绘画更加生动。画面上两个小童在嬉戏玩耍，当一只小鸟落在一个小童头上时，小童表现出惊讶之态，而站在一旁的另一个小童则拍手嬉笑，孩子们天真无邪的内心世界，与惟妙惟肖的神态得到充分表现。此外，"骑马图"、"打陀螺图"、"放风筝图"、"马上倒立图"等，也都是极为成功的宋代婴戏人物小品图。现藏于河北省博物馆的一件"儿童钓鱼枕"，可称为磁州窑婴戏图的代表作，它以极为简练的笔法，生动刻画了一个双目凝视、垂手弓背、聚精会神，正准备提竿而起的小童钓鱼之景。那随风飘动的鱼线，与水中啄食的游鱼，以及河岸边几丛摇曳的水草，形象再现了小童在河边垂钓、鱼儿争食鱼饵的刹那间，显示了画师极为高超的绘画技巧。除儿童画外，表现历史人物故事的绘画作品，也极为生动。《宋史·赵抃传记》中有一段记载赵抃为政清廉，赴蜀上任时，仅以一琴一鹤相随。赵抃之事曾在民间广为流传，磁州窑瓷枕上即有以此事绘画的图案。此外如"单鞭救驾"、"黄袍加身"、"王羲之爱鹅"等也是瓷枕上经常绘画的题材。

人类从开始装饰器物起，文字就成为一种常用的装饰素材，从原始社会彩陶时期就开始了。如大汶口文化的黑陶、仰韶文化的彩陶上面都有类似象形文字或记事的符号，唐代长沙窑也出现了题写诗句、民谚的器物。磁州窑继承了这一传统，并使陶瓷上的书法装饰，无论在规模和质量上都达到了空前水平。

磁州窑器物上文字装饰主要分为两大类，一类是在瓶、罐、枕上书写大段文字，多者数十字乃至上百字；另一类是在小件器物碗、盘上书写富有吉祥含义的单字，如福、寿、清、龙等。磁州窑器物上的文字内容十分丰富，有民谣、词曲、古诗、警世格言、广告语等。下面分别介绍如下。

（1）广告语：即在器物上直接写明用途，如写"梨花白"、"醉乡酒海"、"清沽美酒"、"风吹野外十里香瓶"等话语，让人一望而知是装酒的酒瓶。题"招财利市"明显属于商人的广告用语，而题"牛羊千口"则是为了炫耀其财富。

（2）警世格言：属于警示世人、明哲保身的处世哲学之话有很多，如"众中无语，无事早归"、"有客问浮世，无言指落花"、"高枕无忧"以及单题一个

"忍"字等，充分反映了宋、金时期人们的一种思想情绪。一件藏于河北省彭城响堂山文管所的白地绘黑花枕，枕面上更明确写道："常忆离家日，双亲拂背言。遇桥需下马，有路莫行船。未晚先寻宿，鸡鸣在看天。古来冤枉者，尽在路岐边。"不仅描写了一位背井离乡的游子思念双亲的情景，同时也描述了出门在外的人生体验。

（3）诗词散曲：一些按宋、金两代流行词牌、曲牌填写的诗词、散曲，在磁州窑器物上常见，如《满庭芳》《小桃红》《朝天子》《行香子》《如梦令》《山坡羊》等等。在北京故宫博物院收藏的一件瓷枕上，枕面所题一首《小桃红》，词中写道："幸逢家诞笑声喧，喜贺今辰宴。馥郁馨香小庭院，昼楼前，祥云冉冉分明现。南极老人手持丹诏，寿赐一千年。"这是一首祝寿词，写在枕上是取其吉祥之意，它体现了人们祈求平安吉祥的心态。另一件如意形枕，枕面如意形开光内，对仗书两行诗句："春前有雨花开早，秋后无霜叶落迟。"此外，在彭城磁州窑遗址还曾出土过两件一大一小长方形枕，每件上面都按曲牌"朝天子"题写相同内容的词："左难右难，枉把功名干。烟波名利不如闲，到头来无忧患。积玉堆金无边无岸，限来时，悔后晚，病患过关，谁救得贪心汉。"词曲内容显得消极悲观，使人感到好景不长，青春易逝，表现的是隐逸逃世的心态。磁州窑瓷器上的书法还有很多，在这里就不一一列举，这些诗词、散曲不仅弥补了文学史上的不足，而且充分反映了社会各阶层人士的生活心态。

磁州窑器物上的书法字体多为风格豪放、龙飞凤舞似的行书，气韵生动又俨然如米芾书法一般，可以说是民间书法家留下的珍贵墨宝。此外，宋代书法界杰出的"四大书家"苏、黄、米、蔡，一洗唐人拘谨的书风而独创豪迈遒劲、洒脱飘逸的笔法，也深刻影响到磁州窑的书法风格。例如，在磁州窑遗址中，曾出土一件写"思齐"二字的残片，字态端凝、笔笔中锋，一望便知是颜家书法的风格。而另一种双钩线式，箆划成字的"忍事"、"家国永安"、"春花秋月"等字体，更形同魏碑字体或如飞白书法，凝重严整、生动流畅，足见作者功力非同一般。北宋末年宋徽宗所创"瘦金书"，乃至元代昙花一现的八思巴文字，也在金、元时期磁州窑制品上出现过，可见磁州窑器物上的书法装饰是集历代大成之作。

书法装饰之所以在磁州窑形成规模，是有其历史原因的。其一，磁州窑地处中原地区，自古文化比较发达，宋代当我国政治文化中心转移到东部的中原一带时，对磁州窑艺术的发展自然产生了极大影响。其二，唐宋文化的繁荣，特别是"唐诗"、"宋词"所取得的卓越成就，在客观上也助长了社会上喜爱文学、研习书画之风。这些都为磁州窑书法装饰的发展提供了有利条件，使它既有可以欣赏并接受这种装饰的广大市场，同时使一些擅长书法的中下层文人和民间艺人，也在磁州窑的书法艺术中，有了用武之地。

（一）遍及南北各地的窑场

广义上磁州窑又称作"磁州窑类型"，它包括具有同样装饰风格的我国南北各地一大批民窑，如陕西、山西、河南、山东、东北、内蒙古以及江西吉州窑、广州西村窑、广西合浦窑、四川广元窑也都曾受其影响。东北地区的辽瓷，有很多技法则更是直接取法于它。由此可知，磁州窑在宋代形成了一个贯穿大江南北的庞大窑系，甚至远至朝鲜、日本、越南、泰国、缅甸的部分陶瓷器也直接或间接受益于它。狭义上磁州窑则专指河北古磁州境内的窑场，主要有两个烧造中心，一处是在滏阳河流域，以彭城镇为中心；另一处是在漳河流域，即以今磁县观台镇为中心的几处窑场。

在属于磁州窑系的其他窑场内，其烧窑历史也同样悠久，虽然总体风格大相一致，但又各具特征，下面分别介绍几座著名瓷窑的烧造情况。

（1）当阳峪窑：位于河南北部修武县，由于距焦作市六公里，又称"焦作窑"或"修武窑"，北宋至金是其盛烧期。此窑装饰手法虽不及磁州窑丰富，但受其影响很大，其剔刻几何纹饰具有独特风格。北京故宫博物院收藏一件剔刻花瓶，可以作为其代表性器物。此瓶采用留花剔地的手法，在涂有化妆土的胎体上，将纹饰以外的釉面剔掉，露出黄褐色胎质，与白色纹饰形成褐白对比，使之具有浅浮雕的装饰效果。当阳峪窑器物上常见的图案，主要是由剔刻的各种方块形组成几何图案所构成，这些方块组合排列的图形虽然很简单，但构图严谨、规律性强，有方格纹、回纹、几何纹等。这种装饰图案一般呈带状形，主要装饰在瓶、罐、壶一类器物的颈肩处及足胫处，用以衬托主要装饰带，使腹部主题花纹更为突出。此外，白釉绘画黑花、纹胎等器物也较其他各窑同类产品更为精致。

（2）登封窑：窑址在河南登封县曲河村，始烧于唐，北宋是其盛烧期，以珍珠地刻花为其代表性装饰，有瓶、罐、枕、碗等器物，以瓶的数量居多。北京故宫博物院收藏有一件双虎瓶，制作非常精美。此瓶在釉面上先刻画出一幅双虎在草丛中搏斗的场面，然后在双虎周围以小圆筒戳成大小一致的小圆圈，细密均匀的密布。这些散布在花丛中的小圆圈，好似鹅卵石般光滑坚硬，又像珍珠般闪闪发亮，在其衬托下双虎形象更显生动清晰。这种珍珠地刻画方法，使器物装饰层次鲜明，较之剔刻方法更觉精致细丽。除此件双虎瓶外，以珍珠地刻画花为装饰的器物，故宫还收藏有六管瓶以及各式枕等。在这些藏品中，有一件腰圆形枕也甚为奇特。此枕上部以戳印的珍珠为地，其上刻折枝牡丹花，下部菱形开光内，剔刻乾隆戊子仲夏月所题御制诗一首，诗后钦"宋朝辰翰"一方印。在故宫藏品中，这是少数几件清宫旧藏磁州窑系器物，也是唯一一件题乾隆御制诗的属于磁州窑系器物。珍珠地刻画花技法，晚唐时期最早出现在河南密县窑，北宋时在磁州窑系各窑发展很快，目前已发现的有河北磁州窑，河南密县、鲁山、宝丰、修物、新安，山西介休、河津、交城，在这些窑中以登封窑的珍珠地刻画器物不仅产量大，而且质量好。

（3）扒村窑：窑址位于河南禹县城外西北方，目前从出土及传世品看，见有宋、金、元不同时期的制品。产品以白地绘黑花为其代表，与磁州窑中心窑场的同类器物相比，不仅其白色釉地更显洁白如玉，黑色花纹更显漆黑光亮，而且图案装饰效果更强。故宫博物院收藏有一件白釉画黑花大盆，可看做是扒村窑的代表性器物。此盆器型较大，口径达52厘米，在以莲花为绘画主题的同时，采用同心圆方式，又分层绘画了莲花瓣、莲花以及花叶等五组纹样，使器身布满花纹。这种追求饱满的构图方式，不仅体现了宋代民间装饰的意趣，而且多层次布局给元青花的装饰以深远影响。此外，在窑址曾发现大量与此盆相似的残片，说明仅就工艺制作来看，已达到相当高的水平。因为这样一件大盆，要做得光滑平坦，毫无变形之处，是非常不易的。除大盆外，扒村窑中白地黑花梅瓶制作得也相当精致。以北京故宫博物院所藏一件梅瓶为例，细长纤细的瓶身、瘦削流畅的肩部，犹如少女亭亭玉立，给人俏丽、娴静的美感。满绘缠枝花卉的纹饰，疏密相间，色调对比十分鲜明。

（4）吉州窑：窑址位于江西吉安永和镇，是宋代江南地区著名民间瓷窑。自隋至宋因吉安地区称吉州，故名"吉州窑"，又因烧造地点在永和镇，也称"永和窑"。此窑烧瓷历史始于唐晚期，五代是其发展期，南宋至元是它的极盛期。在南北各地瓷窑中，吉州窑是一座极具特色的窑场，它烧造的品种非常复杂，既烧福建建窑系的黑釉瓷，也烧河北定窑系的白釉、磁州窑系的白地黑花以及江西景德镇窑的青白瓷，还曾仿烧过哥窑的开片瓷。可以这样说，宋代各地瓷窑中的著名品种，吉州窑都曾仿烧过，其中白地黑花与黑釉器物成就最高。

吉州窑的白地绘黑花器物，在绘画方法上虽受磁州窑影响，但在艺术上却一反磁州窑豪放粗犷的风格，代之以一种清新秀丽的格调。特别是其纤细的线条，犹如工笔画一般细腻、严谨，充分体现出江南水乡的独特风情。吉州窑器物喜欢用开光形式作装饰，使主题纹饰更加突出。北京故宫博物院藏一件白地黑花小罐，器身腹部绘画两个菱形开光，开光内绘画一枝花草，开光外绘画海水纹饰。南宋嘉定二年（1209年）墓曾出土一件海棠花瓣形开光奔鹿图盖罐，可以作为断代标准器。吉州窑器物在胎体上一般不施化妆土，纹饰色调以黄褐色为主，与磁州窑器物相比，更显自然柔和。

（二）流失海外的艺术珍品

磁州窑不愧是我国北方民窑的杰出代表，它所取得的艺术成就，在我国陶瓷史、文学史以及美术史上都应占有光辉的一页。但是自古以来，由于是一座民间瓷窑，磁州窑尽管取得过辉煌成就，为中国陶瓷的发展作出过巨大贡献，但是它那散发着浓郁乡土气息的装饰题材，粗犷洒脱的艺术风格，以及鲜明生动的造型，都因历代封建统治者对民间艺术的偏见，而从未得到应有的重视和公正评价。磁州窑产品除少数"贡瓷"供官府宫廷使用外，多数"供用于肆店庶农"，难登"大雅之堂"。各时代的陶瓷收藏家也对此不屑一顾，所以磁州窑历代传世精品佳作，大多散失在民间或流落海外。

在世界许多国家名声显赫的博物馆内，大多藏有珍贵的磁州窑瓷器。英国大英博物馆陈列着一件"白地熊戏纹瓷枕"，枕面上绘画一只被铁索拴住的黑熊，熊的神态逼真，憨拙可爱，具有极高的艺术欣赏性，是磁州窑众多瓷枕中一件具有代表性的作品。在英国另一家维多利亚阿尔次特美术馆中，也陈列着一件相当精美的磁州窑铁绣花大梅瓶，瓶身那典雅端庄的造型，宛若少女亭亭玉立、顾盼生辉之貌。美国波士顿美术馆内，磁州窑器物更是应有尽有。日本对磁州窑产品的搜集和数量之大，品种之丰富，也令人瞠目结舌，它几乎包括我国磁州窑历代珍品，一些稀世之物在我国甚至也无收藏。例如，最能代表磁州窑风格的世上唯一一件"白地墨龙大梅瓶"，就收藏在日本白鹤美术馆内。此瓶高40.5厘米，造型高大伟岸，古拙质朴。最令人称道的还有瓶身上那一条飞腾的墨色巨龙，它须鬣飞动，脊甲怒张，利爪刚劲，双目圆睁，尤其是那个近似于夸张的龙头更显得与众不同，它硕大无比，似乎只有天地之间才能容纳得下，让人望而生畏。此外，瓶身大面积留白，既无常见的火焰云珠纹，也不见一丝水浪波纹，但巨龙那威风凛凛具有强大威慑力的神态，却使人强烈感到画面上波涛汹涌、浪花凌空飞溅的气势，这正是磁州窑艺术魅力之所在。

图65　新仿磁州窑龙纹梅瓶

磁州窑的新品制造，由于其自从宋代以来一直窑火未断，生产有一定的延续性。解放后的20世纪50年代，开始恢复继承生产。其工艺制作水准相当高，

图 65　现在由于工厂化生产由个体作坊代替，复古仿制的品种也比较丰富，有些可以以假乱真，给鉴赏带来了一些困难，但是抓住要领，掌握住它的历史特性，是不难看出破绽的。

八、辽、金、西夏瓷篇

　　我国是一个统一的多民族国家，自古以来，各族人民就在这片中华大地上繁衍生息，并且创造了璀璨的中国古代文明。悠悠几千年，许多少数民族，虽然受到中原文化的影响，但其文明发展的主流，却始终保持着本民族的传统风格。这一点在少数民族的陶瓷制作上，表现得非常突出，无论在造型或装饰上，它们都具有鲜明的民族风格和地域特征，但又与中原器皿存在着不可分割的继承关系，在中国陶瓷发展史上书写下重要一章。

　　宋代堪称是我国陶瓷制作的鼎盛期，除涌现出享誉中外的"定、汝、官、哥、钧"五大名窑外，各地方窑场林立，并且初步形成北方地区的定窑白瓷系、耀州窑青瓷系、钧窑窑变瓷系、磁州窑白地绘黑花瓷系，以及南方地区的龙泉窑青瓷系、景德镇窑青白瓷系、建阳窑黑釉瓷系等七大瓷窑系，使中国瓷业呈现出前所未有的"百花齐放"局面。同时由于宋瓷追求的是釉色与质地之美，陶瓷美学也在此时开辟了一个新境地，那灿若晚霞的钧瓷、莹润如脂的汝瓷、玲珑如玉的青白瓷、葱翠欲滴的龙泉瓷，以及建阳与吉州黑瓷上状似滴珠、流星，美若兔毫、鹧鸪斑，或妙似玳瑁的结晶釉，都令人叹为观止。而在这其间带着浓郁草原游牧民族特色的辽代白瓷、辽三彩，西夏黑地剔花瓷，以及金代钧窑系月白釉红斑瓷，定窑系白地印花瓷，耀州窑系青釉印花瓷，磁州窑系白地绘黑花瓷、金三彩器等，也以其鲜明质朴、粗犷豪放的风格，共同构成宋代我国陶瓷宝库中的珍贵遗产。

　　从960年赵匡胤陈桥驿兵变，建立宋朝开始，到1279年陆秀夫在崖山身背宋代最后一代国君赵昺投海而死，其间天下从无宁日。北宋初期大宋朝为北方强邻辽国所困扰，北宋后期以至南宋，又为代辽而兴的金国所欺凌，在其西部又有大夏王朝始终与其相对峙。然而，政治和军事上的困窘，并没有扼杀宋人在文学和艺术上的创造力，相反由于这种特殊的时代背景，使各民族文化得以相互交流与融合，这一点充分体现在与人民生活息息相关的陶瓷制作上。

辽国是10世纪初契丹族的首领耶律阿保机，在平定中国北方后建立的王朝，它的辖境东到日本海，西到阿尔泰山，北至克鲁化河，南至今日河北西北部，以内蒙古的西楼(临潢府亦称上京)为都，它兴起于太祖，灭亡于第九代天祚帝，前后共历二百多年。

大夏王朝是一个以党项族为主体的政权，因其在我国西北部地区，包括现在宁夏、甘肃、陕西北部、内蒙古自治区西部，所以历史上习惯称之为"西夏"。西夏自1008年立国，前后历经190年，前期它与宋和辽对峙，后期与南宋和金鼎足而立。它窥视各国强弱以为向背，纵横捭阖于一时，在我国历史上写下了颇具特色的一章。

金王朝则是女真族于12世纪初在我国东北与华北地区建立的政权，它与南宋政权形成南北对峙之局。

辽、金、西夏这些少数民族政权在我国历史上虽然历时不算很长，但却盛极一时，在我国北方地区更可谓称雄一地，影响很大。特别是那些风格独特的陶瓷器皿，更给人留下了深刻印象，它们从各方面反映了少数民族文化与中原地区汉文化之间，存在着源远流长、相互融合、彼此借鉴、共同繁荣的关系。

宋代各民族之间相互接触和交往，极大促进了宋代社会、经济、文化的发展。然而少数民族文化在与汉民族文化的交融中，除了积极接受汉民族较高的文化，以及各种手工艺的制作方法外，还非常注重保持自己的民族特色，这一点以辽瓷、西夏瓷以及金代瓷器的制作为例，就可以充分说明。

辽代瓷器的造型，基本上是在本民族原来使用的皮革容器和金属容器造型基础上，吸收了中原地区陶瓷制作工艺和装饰方法后，逐步形成自己的风格。特别是它与生活息息相关、实用性能较强这一点，即使在接受了汉文化的影响之后，作为民族性格的特征，依然能在陶瓷上反映出来。 图 66、67 例如，在辽瓷中可供背负或携带的器物所占比例相当大，以最负盛名的"鸡冠壶"又称"马蹬壶"而言，其本身就是模仿契丹族传统使用的，各种便于在马上携带的皮囊容器而烧造的。它不仅模仿皮囊壶的形制，甚至把皮件缝线、皮扣、皮条、绳环等物件也都逼真地仿制

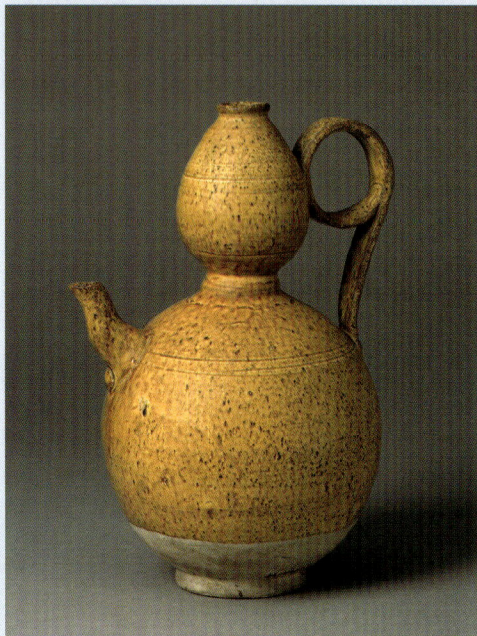

图66 黄釉葫芦式执壶

图67 白釉刻花鸡冠壶

出来。虽然作为瓷器已非马上主要携带之物，但鸡冠壶上部的提系和环梁并没有去掉，依旧保持有游牧生活的痕迹，堪称一绝。此外，还有如"盘口瓶"、"鸡腿瓶"等，有着高大细长形体之器，也是契丹族专用的一种贮藏器。它置于帐中能够少占空间，且便于提拿抱取，颈足间的系带还可以背于身后，也是妙不可言，民族特色十分鲜明。

西夏瓷中有一种独具特色的扁壶，它的正反两面中间均有一圈足。圈足一方面可起放置平稳的作用，另一方面则可起对称和加固胎体的作用。在壶身两侧还各有两孔便于穿绳携带，这种更适合游牧民族使用的器物，为西夏境外其他窑址所不曾见。此外，在西夏瓷中各种造型的瓷埙、瓷铃是游牧民族喜爱的乐器，瓷骆驼、马、羊等瓷塑作品，则更直接反映了这些草原动物，与游牧民族的生活休戚相关。

金代陶瓷与辽、西夏陶瓷制作有所不同，它是在金人先后灭辽侵宋、继承了辽与宋的衣钵后发展起来的。但它仍然形成了自己鲜明的特色，如金代瓷器中一些瓶、壶、罐等多配有双系、三系和四系耳等，这种便于提拿的造型特征，很可能与女真民族早期的游牧、渔猎生活有密切关系。在烧造工艺上，金代普遍采用一种"砂圈叠烧法"，即在一个匣钵内叠烧多件器皿。虽然这样做在碗或盘心内往往形成一圈无釉的状况，不甚美观，但在大量满足人民群众日常生活所需，降低成本，迅速恢复战后生产方面，可以说起过相当大的作用。从而也形成金代陶瓷一种极特殊的风格，这也是金代陶瓷工匠对我国陶瓷艺术的发展所作出的积极贡献。此外，如"金三彩"的出现，也为后世陶瓷的装饰开拓了一条新途径。

先后与宋王朝并存的辽、金和西夏王朝，虽然都有其较为发达的制瓷业，但是近半个世纪以来，学术界通过对宁夏灵武窑、内蒙古赤峰缸瓦窑、辽阳江官屯窑等窑址的考察，发现这些窑场没有一个从低级向高级缓慢发展的过程，而是突然兴起。相反，在各窑址中不只发现带有鲜明民族特色的器皿，还有相当数量的中原器皿，以及一些明显受中原文化影响的器物。它说明当时很可能是有大批中原地区制瓷匠人移居此地，因此带来了先进的制瓷技术。

辽、金、西夏这些少数民族建立的地方王朝，虽然具有极强的民族特性，但它们始终与中原文化保持着密切联系。例如，党项族在长期与汉族人民生活往来中，自觉或不自觉地受到汉文化即唐宋文化的影响，所谓"得中国土地，役中国人力，称中国位号，仿中国官属，任中国贤才，读中国书籍，用中国车服，行中国法令"（李焘《续资治通鉴长编》），最终促成了西夏封建国家的建立。由于汉族封建文化的熏陶，西夏瓷器的制作也明显受中原地区制瓷工艺的影响。例如，在宁夏灵武窑出土了一件黑釉剔刻鹿衔花纹瓶，造型古朴清秀，瓶体腹部主体纹饰为黑釉剔刻白地开光体，开光内剔刻一只幼鹿，鹿口衔牡丹花，四周衬托以花叶，幼鹿作回首观望状，神态机警敏捷，栩栩如生。鹿纹早在汉代铜器上即已出现，唐代金银器上鹿纹更是随处可见，宋代定窑、磁州窑、吉州窑等器物上鹿纹运用得更多，此瓶构图纹饰显然受磁州窑影响，而且线条简练流畅，堪称艺术佳作。灵武窑内还曾出土一件褐釉凤形"倒灌砚滴"，造型十分奇巧，它的注口在底部，有圆孔与器内管状芯相连，注水时砚滴倒置，使用时水从凤嘴流出。这种倒灌砚滴实际上与北宋耀州窑著名的青釉"倒流壶"有异曲同工之妙。此外，灵武窑瓷器大量使用了白色化妆土，在黑釉、褐釉和茶叶末釉的器物上剔刻花纹，使之形成釉色与胎地的鲜明对比，造成一种强烈的装饰效果，也与磁州窑系瓷器的装饰风格相一致。

如果说西夏瓷的发展是在与中原进行榷场贸易中发展而来，那么辽国瓷业的发展则是另一番景象。辽政权统治的南部地区，恰与宋朝北方地区的定州、磁州、邢州等制瓷业较为发达的地区相接近。因此，契丹统治者每次南下入侵中原，都把当地具有各种手工业技术的汉人有意俘虏回国，用这些人建立新的州县，并用他们原来所属的州县命名，这样对辽代手工业，特别是制瓷业的发展无疑起了巨大作用。例如，在我国陶瓷史上占有一席之地的著名"辽三彩"瓷器，就是在辽国攻打河南洛阳和开封时，带回洛阳附近烧造唐三彩的陶工，让他们在内蒙古的上京(林东)附近烧造的。因此，辽三彩基本上取法于唐三彩，也多用黄、绿、白三色彩釉，色彩斑斓极具自然情趣。同时，由于使用其本民族喜闻乐见的牡丹、芍药花作主题纹饰，足以媲美于唐三彩而毫不逊色。另外辽瓷中常见的"凤首壶"，多作伸颈敛翼直立的凤鸟形，凤首张目曲喙，环纹长颈，宽肩瘦足外展，形象优美逼真，也可与唐代凤首壶相媲美。

金代瓷器是沿袭北宋制瓷业发展而来的。金在1127年灭北宋后，就占据了黄河以北的大部分地区，它统治中国半壁河山达百年之久。特别是当金代统治者迁都开封后，其政权在中原得到进一步巩固，这时作为主要手工业的陶瓷业，也因此得到了较快恢复和发展。实际上北方地区磁州窑、定窑和钧窑等著名瓷窑，其窑系的最终形成是在金代，其产品在金代与北宋时期同样处于艺术发展的顶峰，在继承的基础上，部分产品甚至超过了北宋。如北宋时磁州窑以剔、刻、划花为代表的装饰技法，在金代开始衰落，取而代之的是金代大量流行的白地绘黑花技法，也即外国学者称之为"磁州窑型"。一件现藏于上海博物馆题"金大定二年"款磁州窑鹌鹑图枕，就堪称为金代磁州窑瓷器中的珍品。枕呈虎形状，虎口微微半合，双目圆睁，正是虎视眈眈、咄咄逼人之态。虎背为枕面，其上绘画一只鹌鹑鸟，悠然自得地在水边作回首观望状，远处天空中两只大雁自由飞翔，近处几丛水草疏疏朗朗。画面构图虽着墨不多，但生趣盎然，寥寥几笔就把鹌鹑在瞬间的动态，表现得淋漓尽致。在传世的古代绘画作品中，宋、金时期的名作存世不多，但这件虎枕上所绘的图画，实际上就是一幅绝妙的绘画作品。虽然其画风不能与宋代格调高雅的院体画、工笔画相提并论，但其别具一格的画风，简洁明快的构图，潇洒自如的笔法，以及富有浓郁乡土气息的黑白两色，就是典型的北方民俗画作品，具有雅俗共赏的特殊艺术魅力。

金代定窑窑址，仍在北宋时期的河北曲阳县涧磁村及燕山村一带，所制定瓷胎质细白，釉色光润，多呈乳白色光泽。其装饰技法以印花为主，图样丰富多彩，如常见的双鱼、荷花、回纹等尤具时代特色，可称是北宋定瓷的继续和发展。金代耀州窑也还在陕西铜川黄堡镇及陈炉镇一带继续烧造，以宋、金两代耀瓷相比，宋瓷釉色翠绿肥厚，釉面呈半透明状，金代耀瓷的釉色则呈姜黄色，釉面薄而不润。宋瓷在装饰技法上丰富多样，刻、画、雕、印无不具备，而金瓷装饰则趋向简练，主要以印花为主，刻花次之，其中以婴戏牡丹、犀牛望月纹饰最为著称。至于钧窑虽然在宋、辽、金三方对峙时，因战事频繁窑场曾一度荒废，但当战事稍息后，当地民众便迅速重建窑业。金代钧瓷的产地也不仅仅在河南禹县一地，河南、河北、山西、山东、内蒙古的许多窑场都烧制钧釉产品，可见其发达兴旺，有增无减。

从辽瓷、西夏瓷以及金代陶瓷的生产规模上看，以金代瓷业最为发达，在我国东北、华北以及中原等地都有窑业生产。从釉色品种和烧造工艺以及装饰技法上看，金代瓷器也都较好地继承了我国宋代制瓷业的优秀传统，并形成一定的时代风格。例如磁州窑系的虎形枕，定窑系的浅圈足盘，钧窑系的板沿洗，耀州窑系的蔗段洗等，都具有非常鲜明的时代特征。它们充分反映了金代女真民族，与关内以汉民族为主体的传统陶瓷文化之间存在着密不可分的渊源关系。

就辽、金、西夏瓷器的仿制品而言，辽瓷的仿制品在市场上流传得比较广泛，皮囊壶、凤首壶、摩羯壶、印花盘碗等皆有出现，但是印花图案比较死板，或者不成比例，这些需要收藏者细心地揣摩才能准确地把握其真伪。

九、彩瓷篇

　　彩瓷是我国四千多年来，陶瓷艺术集大成的一个总结，它运用了青瓷、白瓷胎釉烧制工艺的全部优秀技法，同时融入我国传统的绘画艺术，极大地丰富了陶瓷艺术的内涵，使我国陶瓷装饰从原有的阶段开始进入新的发展时期。

　　如果说陶瓷的造型犹如人体，那么釉彩就好比衣着，紧紧地依附于人体，把人体装扮得艳丽多姿。它们或华丽典雅，或质朴无华，或红妆素裹，或淡雅宜人，充分展示出神奇的魅力。

　　陶瓷釉彩装饰大体可分"釉上彩"和"釉下彩"两大类。所谓釉上彩是指在已烧好的瓷器上进行彩绘，然后入窑经700~800度左右的低温焙烧而成。由于是在釉面上作画，所以色彩格外鲜艳夺目，称得上缤纷绚丽。所谓釉下彩则是指在釉下进行彩绘，即在未施釉的胎体上，用色料彩绘后，再罩一层无色透明釉，以1250~1300度左右的高温一次烧成。它的特点是色彩光润柔和，深沉雅致，同时由于彩在釉下，使得瑰丽的彩饰可望而不可即，犹如"水中月"、"镜中花"一般引人入胜。此外，由于色彩不暴露在器物表层，在使用过程中也就不会被磨损掉。

（一）长沙窑彩绘瓷

　　我国是世界四大文明古国之一，曾经在世界上享有崇高声誉的彩陶艺术，在彩绘装饰上也充分体现出中国人民的聪明才智和伟大创造力。早在六七千年前的新石器时期，我国原始先民们就已经用一些天然的富含铁、锰等金属氧化物的矿物作颜料，以红、黑、褐等色，在陶器上描绘出各种各样的图案花纹，这也许就是人类利用彩料装饰器皿的开端。唐代长沙窑具有历史意义的首创之功，就在于它继承了这一优秀传统，它突破了以往瓷器装饰上主要采用贴花、印花、刻花、画画等技法的局限，借助毛笔将彩料涂在瓷器坯体上，然后施加一层透明釉，在高温中一次烧成。

我国古代陶瓷器釉彩的发展，大体说来是从无釉发展到有釉，又由单色釉阶段进入多色釉时期，然后再由釉下彩发展到釉上彩，并逐步形成釉下与釉上合绘的五彩、斗彩，这是一条发展的总规律。唐代陶瓷工艺的主要贡献之一，就是釉下彩绘瓷的出现。虽然我国釉下彩瓷以江苏南京长岗村出土的六朝早期釉下彩盘口青瓷壶为最，但由于此时期的釉下彩器仅发现一件，实属偶然现象，所以唐代长沙窑青瓷釉下彩绘的大量出现，在陶瓷史上仍占有重要位置。

在陶瓷史上釉下彩瓷主要有三大类：

（1）以氧化钴为主要着色剂的釉下蓝彩，以元、明、清时期景德镇青花瓷为代表。

（2）以氧化铁为主要着色剂的釉下褐彩和黑彩，以宋、金时期磁州窑类型的白地黑花瓷为代表。

（3）以氧化铜和氧化亚铜为主要着色剂，在氧化焰气氛中呈现的绿彩，以唐代长沙窑釉下彩瓷为代表，以及在还原焰气氛下呈现的红彩，以元、明、清时期景德镇釉里红瓷为代表。

本篇主要讨论的是以氧化铁和氧化铜为主要着色剂的唐代长沙窑青釉釉下彩绘瓷。

长沙窑位于湖南省长沙市望城县铜官镇，也有人称之为"铜官窑"，窑址于1956年被发现，1964年进行了重点发掘，1983年再次进行发掘。从目前国内外出土的长沙瓷器（据初步统计国内十几个省、市，国外十几个国家均出土有长沙窑釉下彩瓷）以及长沙窑唐代窑址地层出土瓷片来看，长沙窑青瓷釉下彩绘至迟在唐宪宗元和年间（806—820年）开始烧造，一直延续至晚唐五代时，盛行了140年之久。

长沙窑早期继承岳州窑的特点，以烧青釉瓷为主。至盛唐以后，逐步烧制白釉、绿釉以及釉下彩绘瓷。其彩瓷装饰由烧制青釉褐彩，发展到烧制青釉褐绿彩，以及白釉绿彩和白釉褐绿彩，其器物种类之丰富，式样之多，在唐代瓷窑中可算是首屈一指。

早期长沙窑的产品，以碗、盘、壶、罐、盂为主，品种比较单一。后期除增加洗、枕、盏托、盒等日常用具外，还烧制镇纸、滴砚、笔洗、砚台等文房用具，以及鸟、狗、猪、羊、马等玩具。其器物造型，前期丰满端庄，线条柔和圆润。后期除保持前期那种气势和规范外，形态趣于秀丽。以壶（长沙窑典型器物）为例，前期腹体圆浑，短颈、短流，呈棱柱状，单曲柄，显得丰腴稳重。至晚唐五代时期，其腹部变为瓜棱腹，颈部细长，流呈圆管状，柄为双曲柄，表现出一种线条艺术的韵味和意境。其他碗的变化，主要表现在底足和口沿上，造型和同时期的越窑器一样。值得注意的是，在窑址曾出土的一件玉璧底碗，碗心上书釉下褐彩"茶碗"二字。"茶"即茶，在《说文》中有"茶，苦茶也"的解释。"茶"字取代"荼"字，一般认为始于中唐，依此推断这件玉璧底碗的上限年代，不会晚于唐肃宗上元二年（761年），也即此时釉下彩绘已初露端倪。

在长沙窑青瓷釉下彩绘中，罐一般为长圆形，鼓腹，腹的最大直径在中部，肩部与颈部间，往往对称有条形或半圆形系，另有一种罐，肩部装饰模制穿孔竖耳。江苏扬州博物馆藏有一件1973年扬州唐城遗址出土的长沙窑釉下褐蓝彩双耳罐，罐高达29.8厘米，口径16.3厘米，硕大的形体，可称作长沙窑器物之王。此罐釉呈青黄色，釉下以褐、蓝两色圆点，排列组成连珠状旋涡云纹，构成一幅云朵与莲花相衬的案图，画意飘逸，气势博大。

枕在长沙窑青瓷釉下彩绘中也具有典型性，器形较小，有方形、长圆形、腰圆形和兽形等。湖南省博物馆藏有一件椭圆形褐彩鹰纹枕，画面上鹰作展翅飞翔状，线条刚劲有力。北京故宫博物院藏有一件腰圆形枕，图案取法于蜡染工艺，淡绿色圆点组成四块菱形花纹，呈几何状分布其间，色彩雅洁亮丽。山东省济南市博物馆藏有一件犀牛形枕，长圆形枕面上施四块绿色斑彩，其上绘画一只口衔蚯蚓的鹅，形象极为生动。枕面下塑一头独角犀牛，跪卧在底座上，双目炯炯有神，是长沙窑枕中极具特色的佳作。

长沙窑青瓷釉下彩绘器物中，还有相当数量的彩绘儿童玩具，有狮子、骆驼、大象、老虎、猪、狗、兔等。除动物形象外，在玩具中人物形象也非常丰富，有头戴尖帽手击腰鼓的人物，有手拿果品和双手抱球的人物，还有骑狮子、骑马的人物等等。另外，一些器物也常做成动物形状，如龟形水注、猪形水注、狗形水注、鸡形水注等，以及可以吹奏的小鸟、小鸡、猫头鹰等形状的口哨，还有鸟形系、龟形系、鱼形系和兽头系等，这些塑像虽信手捏来，但形象生动可爱。

长沙窑青瓷釉下彩绘，早期色彩比较单调，只有釉下褐彩，或釉下绿彩，其后出现褐、绿两彩，或褐、绿、红多种色彩并现的情况。这几种色彩因交替或重复运用，使彩色产生多变效果，并利用釉料在高温中与瓷胎相互渗透的原理，形成深浅浓淡的层次。纹饰也由以斑点组成的简单几何图案，变成描绘花鸟、人物、山水以及诗文的画面。**图 68、69** 这些画面虽然简单，但意境协调，充满勃勃生机，它融唐代花鸟画与书法艺术于陶瓷装饰之中，融自然生态于图案程式中，为后世瓷器的彩绘装饰，开辟了广阔途径。

长沙窑青瓷釉下彩绘图案非常丰富，包括人物、花鸟、花草和各种动物。人物图案中有竹林七贤图、金发女郎图、异国情侣图；动物图案中有狮子、豹、小鹿、獐、羊和龙；鸟类图案有雁、长尾鸟、凤鸟、雀鸟、鹤和鹭鸶；花草图案有莲花、宝相花、菊花、石榴、菠萝和兰草等。在各种图案中以动物、花鸟画最具特色，尤以鸟的画法最具艺术性。据不完全统计，在1984年的窑址挖掘中，共有176件器物上画有鸟纹。这些雀鸟的头部一般较大，颈粗，短尾，大部分在草丛中作跳跃状。其中长尾鸟的形

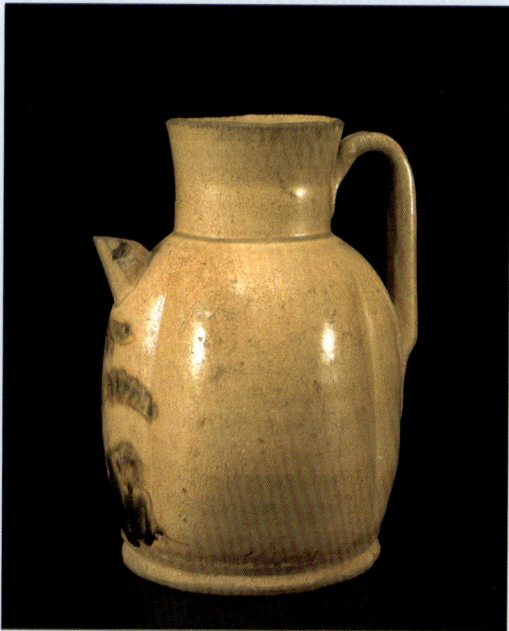

图 68 长沙窑青釉加彩带柄壶

图 69 长沙窑白釉绿花枕

状形似唐代铜镜中的鸾鸟，雉鸡、凤鸟往往口衔绶带，头上有冠，作展翅飞翔状，其旁常书有"飞凤"二字。除以上所举这些图案外，在长沙窑器物上还有界画出现，在唐代瓷绘上非常少见。如现藏湖南省博物馆的一件四系壶，流下方绿彩绘七级方塔，上有宝顶，构图严谨、细腻、逼真，可谓开瓷绘上界画之先河。

在绘画技巧上长沙窑青瓷釉下彩绘，常以粗线勾出大体形态，然后用铁线（细线）描勾细部轮廓部分，小草、枝叶则采用没骨画法。以在长沙窑出土的一件青釉褐绿彩壶为例，腹部花鸟图案为一只昂首翘尾的小鸟和几枝疏朗的花叶。鸟用绿彩粗线勾画出轮廓，嘴、翅膀和羽毛则施褐彩细细描绘。花叶以没骨画法由褐彩作轮廓，中间填绿彩，整个画面虽草草几笔，但小鸟的神态栩栩如生，颇得写意画之妙。在窑址出土的另一件双耳罐，一侧腹部采用褐色单彩铁线描手法，绘两位头戴高冠、身穿褒衣宽带的儒士相对而坐，人物神态超凡脱俗。另一侧书七言绝句"七贤第一祖"，诗曰："须饮三杯万士（事）休，眼前花攧四枝荣（桑）；不知酒是龙泉剑，喫入（肠）中别何愁。"笔法遒劲流畅，诗与人物共同入画，画意颇为清新。中国历史博物馆藏一件龙纹执壶，为突出龙的形象，在流的下方，先在坯上刻出龙的轮廓，在用褐彩填绘龙须与鳞片，并衬以云纹，然后施釉烧成。龙在云间呈奔腾跳跃状，动感极强，此龙纹形象在长沙窑釉下彩中实属罕见。

用诗文、书法艺术作为瓷器的一种装饰，也是唐代长沙窑釉下彩绘的一大特色。在1983年的窑址发掘中，题诗、题字和题有款识的器物共有248件，其中写有诗文短句的就有60件之多。这些诗句一般多写在壶流的正中处，或书于枕面和碗碟内。每个器物或只题一首诗，或单一句，或一联句，四言、五言不等。其中有古老的民谣、谚语、格言、警句，也有成语或俗语，字体多为行书，也有少量草书。

长沙窑瓷器上的诗文内容非常丰富，有题咏自然景色的诗句；有抒写游子归乡的情思；有描写离别之情的话语；有表现酒楼妓馆烟花柳巷生活，还有反映商贾经营活动，以及描写边塞征战场面的诗句，总之题材相当丰富。例如一首离别诗中写道："日日思前路，朝朝别主人；行行山水上，处处鸟啼新。"一首描写春天景色的诗曰："春水春池满，春时春草生；春人饮春酒，春鸟弄春声。"一首描写离别情景的诗这样写道："道别即须分，何劳说苦辛；牵牛石上过，不见有啼痕。"另一首表现同样心情的诗写道："一行别千里，来时未有朝；月中三十日，无夜不相思。"一首反映边塞征战的诗，将军旅生活作了细致描写，诗曰："一日三战场，曾无奖罚为；将军马前坐，将士雪中眠。"在另一首诗中，反映的是一种对世态炎凉的感叹，诗中写道："街下满梅时，春来尽不成；□中花易发，荫处苦难生。"而"上有千年鸟，下有百年人；大夫具纸笔，一世不求人"这首诗的主题则是劝人勤奋学习，努力向上。

长沙窑瓷器上的诗文，除了表达一种感情、反映一种生活外，还有一些具有商业功能，类似今日生活的广告性质，它对瓷器的实用功能起到一种宣传和补充说明的作用。如在一件器物上写道："买人心惆怅，卖人心不安；题诗空瓶上，将与买人看。"还有的器物上写道"酒醅香浓"、"关家小口，天下第一"等，明显具有自我炫耀的意思。除此之外，长沙窑器物上还有一些俗语、谚语，如"慈鸟反哺之念"、"悬钓之鱼，绘不高飞"、"忍辱成端政"、"屋漏不盖，损失梁柱"等等，语言言简意赅，寓意深远。

长沙窑器物上所题诗句，有些能在《全唐诗》中找到相同或基本相同的字句。例如，在一件壶的腹部，题有一首五言诗，诗曰："去岁无田种，今春乏酒财；恐他花鸟笑，伴醉卧池台。"《全唐诗》中张氲（一作张蕴）有《醉吟三首》，其中第一首诗"去岁无田种，今春乏酒财；从他花鸟笑，伴醉卧楼台"，与此壶上的题诗大致相同。张氲为一名道士，字号洪崖子，为唐武后和玄宗时人。另一件执壶的腹部所题"万里人南去，三秋雁北飞；不知何岁月，得共女（汝）同归"的诗句，与《全唐诗》中盛唐武后至开元天宝时，诗人韦承庆的《南中咏雁》一诗"万里人南去，三春雁北飞；不知何岁月，得与尔同归"，也是大同小异。

长沙窑瓷器中，除釉下彩绘外，还采用模印、贴花等手法装饰器物，也就是将纹样贴在器物的腹部，并涂以褐色彩斑烧成。模印的纹样有人物、狮子、葡萄、西域舞女和力士等，贴花的部位多见于壶流、罐系的下方和洗的腹部。此外，还有刻画花、镂空和印花等装饰。刻画花常用在瓶、壶、匜等器物上，镂空主要用于烛台、熏炉、器盖和器座等部位，印花多用在盘、碗的内底与壶、罐的耳和柄上，还有的以阴刻方式戳印纹饰。

长沙窑的瓷器产品，在唐代主要用作外销，它输出的时间虽然晚于越窑和邢窑，但由于器物的造型和装饰，能适应销往国家的需要，所以在唐代成为外销瓷的主要品种。

长沙窑器物具有非常明显的时代特征，前期器物的胎质较粗松，胎色为暗红色，后期的胎质细密，胎色多呈灰白或灰青色。釉色前期黄中带青，黄的成分略重，胎釉结合不好，常有剥离现象。后期釉色青而微黄，色调稳定，胎釉结合紧密。长沙窑器物的胎质，由于所用原料含铁量较多，烧成后胎质所呈现的这种青黄色或灰白色调，实际上并不利于彩画，但为了在这种胎色上绘画，窑工们往往先施一层化妆土，然后绘画，最后罩釉烧成。这种装饰方法，在南方青瓷中较为少见。长沙窑瓷器的烧成温度，一般在1150～1200度之间，由于其主要着色剂是铁和铜，所以在窑内还原焰气氛下，铜易生成红色，而在氧化焰气氛下，铜则易生成绿色。而当铁元素浓度（含量）较低时，在还原焰气氛中呈青色，在氧化焰气氛中呈黄色。但当铁元素的浓度（含量）高于3%时，则成褐色或酱色，当浓度（含量）为7%～8%时则成黑色。长沙窑釉下彩瓷常常是几种颜色同时出现，也说明其烧制水平之高。

长沙窑新品的出现，是在改革开放以来的事情。新品的胎质过于尖质，颜色较白。釉质与胎体结合紧密，烧成温度比较高，图案死板呆滞，很少有活泼、自然、流畅的感觉，鉴定者是不难发现其工艺和装饰上的纰漏。

（二）五彩

五彩是釉上彩中的一种，它是在已烧成的素胎瓷器上，用多种彩料绘画图案花纹。五彩是在宋、金时期红彩、绿彩基础上发展起来的。

明代五彩器一般以红、绿、黄三色为主，蓝彩则以釉下青花代替，这种以青花作为五彩中的一种色彩，又称为青花五彩，以嘉靖、万历时期的五彩器为代表。

清代康熙时期，由于发明了釉上蓝彩，所以蓝彩代替了釉下青花，使釉上的红、绿、蓝、黄、紫等五种彩料得到充分发展，极大地丰富了瓷绘的表现力，"青花五彩"一词也逐渐被"五彩"一词所代替。

明代青花五彩与清代五彩，在艺术表现上明显不同。明代五彩器线条苍劲有力，釉色以红、黄色为主，画面透视感较差，图案大色块涂抹现象严重。而清代五彩器色调比较柔和，以淡绿色为主色调，画面透视感增强，在同一种颜色中还有深浅之分。

清代康熙一朝为五彩瓷器兴盛发展期，自雍正以后，因为粉彩瓷器的飞速发展，五彩瓷器被粉彩瓷取而代之，仅留下的一些五彩品种，也多为仿古器，生产数

量极少，因此又称作"古彩"。 图 70-1、70-2

　　五彩器物的作伪目前市场上流传的比较多，大多数是一些不入流的作品。要么在五彩中加入粉彩，要么图案画面粗糙，要么造型不是那个时代的产物。总之，给人以不合实际的印象。

图 70-1　康熙五彩花鸟纹盘

图 70-2　康熙胎民国挂五彩花鸟纹盘

（三）斗彩

中国古代陶瓷历史中的一枝奇葩——斗彩，是由江西景德镇窑烧制的一种彩瓷。斗彩这种陶瓷的装饰方法，既不同于釉下青花的装饰，也不同于釉上五彩、釉上粉彩、釉上珐琅彩和素三彩等釉上彩绘的装饰，它是将釉下青花和釉上五彩相结合，一同装饰于同一件瓷器表面，形成釉下青花与釉上五彩相互争奇斗艳的艺术表现力。

根据目前文物调查和考古发掘的结果，斗彩瓷器最早出现在明宣德时期的景德镇御窑厂。斗彩是预先在高温（1300度）下烧成的釉下青花瓷器上，用矿物颜料进行二次施彩，填补青花图案留下的空白或涂染青花轮廓线内的空间，然后再次入小窑经过低温（800度）烘烤而成。斗彩以其绚丽多彩的色调、沉稳老辣的色彩，形成了一种符合明人审美情趣的装饰风格。

1．斗彩的称谓

斗彩工艺发展到今，已有五百余年的历史，但是称之为斗彩，却只有二百多年的时间。从现有的历史文献资料来看，明、清两代彩瓷中的斗彩一直与五彩相混淆。那时将青花与其他釉上彩合绘于一器之上的器物皆被称为五彩。直至乾隆时期的《南窑笔记》中才出现"斗彩"一词。《南窑笔记》中记载："成、正、嘉、万俱有斗彩、五彩、填彩三种。关于坯上用青料、画花鸟半体，复入彩料，凑其全体，名曰斗彩。填彩者，青料双钩花鸟人物之类于坯胎，成后复入彩炉填入五色名曰填彩，其五彩则素瓷纯用彩料填出者是也。"

在此之前，对于"斗彩"的称谓基本上是用"五彩"或曰"青花间装五色花"为名称，没有"斗彩"一词。在历史文献和一些研究文章中出现的斗彩，有的是"豆彩"，有的是"逗彩"，也有的称之为"填彩"，或者是"青花斗彩"。在雍正、乾隆时期的清宫的档案中，斗彩与五彩是没有区别的，将现在我们称作斗彩的器物皆叫做"五彩"。随着对"釉下青花和釉上五彩"这种陶瓷装饰研究的不断深入，人们才把这种釉下青花和釉上五彩相互争奇斗艳的陶瓷装饰，固定地称之为"斗彩"，并且沿用至今，成为一种正式的称谓。

2．宣德斗彩

明代的宣德时期，是江西景德镇瓷业发展的黄金时代，制瓷技术日趋完善，精益求精，出现了许多新的发明和创造。釉下青花与釉上五彩相结合的彩绘方式就是此时景德镇窑厂创新的新工艺，为单一的陶瓷装饰增添了反响非凡的新品种。它弥补了青花色彩单一的不足，亦为明代宫廷生活平添了几分丰富的内容。

1988年，在江西景德镇珠山明代御窑厂遗址的发掘中，出土了明宣德青花五彩鸳鸯卧莲纹盘等。它们虽然经过修复粘合，但是仍然弥足珍贵，它揭示了传世器物的渊源和起始时间，为传世器物的研究提供出不可多得的实物材料。据研究，这种图案画稿可能出自于明代浙江画派画家的手笔，它的形成与宣德皇帝的绘画修养和对颜色的洞察力有着密不可分的关系。宣德皇帝朱瞻基酷爱绘画，常亲笔作画，其作品在故宫多有收藏。这种对艺术的追求也促使御窑厂为皇帝烧制一种绚丽多彩的瓷器，斗彩就此应运而生了。在西藏的一次文物普查中，于萨迦寺发现了一件明宣德青花五彩鸳鸯卧莲碗，它与出土的器物图案相同，这两种器物的发现得到了相互印证。它们的饰彩方式有填彩，也有作为点缀的陪衬，这种局部纹饰采用在青花轮廓线内填彩的装饰手段，对宣德官窑瓷器来说，虽然是一种不太复杂的尝试，但其毕竟开创了陶瓷装饰中的一个门类，这不能不说它开始了一个伟大的创举。斗彩工艺正是在其母体"宣窑五彩"中孕育、成长起来的，最后脱离母体而成为一种相对独立的陶瓷装饰中的名贵品种。它也证明了明代沈德符《敝帚斋余谈》所记"本朝窑器用青花间装五色，为古今之冠，以宣窑品最贵"是可信的。

3．成化斗彩

成化斗彩是在宣德青花五彩的基础上发展起来的，并取得了超越前代的艺术成就。此时的斗彩已经发展成为独立的彩瓷品种，成为成化时期著名的彩瓷。它是将原只有局部勾线填彩的工艺方法，进一步拓展成为器物整体纹饰的装饰方法。即每一件成化斗彩器基本上都是用青花勾绘轮廓线，然后在线内施填多种釉上彩，构成一种独具特色的彩瓷。它不但保持了青花幽靓雅致的特色，还增加了浓艳华丽的釉上色彩，釉下青花与釉上五彩相互衬托，争奇斗艳，形成了一种绚丽多彩的新型彩瓷品种，逐步地发展成为彩瓷之冠。成化的官窑斗彩瓷器流散在外的非常稀少，绝大部分被北京故宫博物院和台湾故宫博物院收藏，大约有二百五十多件，四十多个品种。它们是专门为明代成化皇帝烧制的一种精细的瓷器。

成化斗彩瓷器的造型小巧玲珑、娟秀，以小件器皿为主。成化斗彩卷草纹瓶是少见的大件器物，传世品只有两件，一件收藏在北京故宫博物院，它高18.7厘米、口径5厘米、足径8.5厘米；另一件被上海博物馆保存。成化斗彩罐大者也不过19.7厘米高，小者只有8.3厘米的高度。它们皆为短颈、圆肩、圈足，具有一种圆润、娇小、朴实的特质。成化斗彩瓷器中，久负盛名的是斗彩小酒杯，它们包括鸡缸杯、三秋杯、高士杯、夔龙杯、莲花杯、团龙杯、凌云杯、葡萄杯、花鸟杯、如意团云杯、雀鸟登枝杯等，图案千姿百态、娇小娟秀。有敞口、撇口、直口；有圈足、卧足和高圈足；有直腹、斜腹、深腹、浅腹之分。这些成化斗彩小杯薄如蝉翼，轻似绵纸，细腻透体，秀丽轻盈。这种小酒杯的出现，说明当时蒸馏酒已经出现并且成熟。饮酒量从米酒的低度、大碗，转向使用小杯、度数高的蒸馏酒，这种社会需要是成化斗彩小杯出现的重要因素。天字罐、团菊罐、海水异兽罐、团蝶罐、海水龙纹罐、莲花盖罐、缠枝莲花罐等，更是成化斗彩中不可多得的佼佼者。

成化斗彩的图案，以鸡缸杯最为有名。画面以子母鸡为主，雄鸡引吭而啼，母鸡呵护着子鸡在觅食，正背两面分别为一组相似的画面。清乾隆唐衡诠《文房肆考》中记载："成窑以五彩为上，酒杯以鸡缸为最，上画牡丹，下画子母鸡，跃跃欲动。"成化斗彩高士杯以陶渊明爱菊和王羲之爱鹅为主题画面。陶渊明喜欢饮酒，他常言"我醉欲眠卿且去"。在其身旁一个童子替他背着他那张无弦琴，当他与朋友饮酒谈论音乐时便抚琴言道"但识琴中曲，何劳弦上声"。婴戏杯则通过童子放风筝的画面，表现出壮志凌云的寓意。三秋杯刻画的都是秋景、秋花和秋虫。花鸟杯鸟鸣枝头。葡萄杯上葡萄紫熟藤间。海兽罐上海水澎湃、异兽奔腾。花蝶罐上花香四溢，彩蝶恋花。莲花图中的莲花出污泥而不染。这些图案表现出安逸、恬静的生活情趣，也是被历代追捧的重要因素之一。

成化斗彩瓷器当时由于使用的是景德镇的麻仓土烧成的，其胎体形成了一种特有的牙黄色。这种烧制瓷器的原料，到明代的弘治初年就已用绝，使成化斗彩瓷器更增添了几分神秘色彩。

成化斗彩瓷器的施彩方法，是以填彩为主，除此之外还有覆彩、点彩和染彩等。填彩是在青花双钩线中填入以矿物原料为主的色料，此法恰如国画中的白描填色。覆彩是在青花绘画的基础上覆盖一层色料，给人以色彩浓厚的感觉。点彩是在青花留白的空间点绘上色料，形成一种拾遗补缺的风格。染彩是通过点染描绘的方法将釉下的青花或釉上的五彩渲染出浓淡的效果。成化斗彩中有的全器填彩；有的以覆彩为主；有的填彩结合青花绘画；有的填覆结合；还有的青花绘画，结合填、点、覆彩作为点缀。每一件成化斗彩器都离不开釉下青花和釉上五彩，青花纹饰多用于勾线与渲染绘画，它构成了画面的主要轮廓。此时的青花使用的是"平等青"又称"陂塘青"，它的颜色淡雅，是其他时代青花所不能比拟的。五彩则是在青花图案与轮廓线的基础上，增加色彩的烘托与点缀的效果。成化斗彩器物的装饰讲究浓淡搭配，以平涂为主，画面缺乏层次，即"人物一件衣"，具有"花无阴阳向背之分"的特色。成化斗彩的饰彩方法，已经开始根据画面进行设色安排，尽量发挥画匠的创作才能，去完成这种瓷器画面的图案与色彩的搭配。它表现出明代陶瓷匠师为使器物装饰更加具有美感，而追求饰彩方法上的多样化，使陶瓷工艺逐步与绘画相结合，在成化时期斗彩得到了深入发展。《博物要览》云："若宣窑五彩，深厚堆垛，成窑用色浅深，颇有画意。"成化斗彩具有清雅富丽的色彩效果，它的色彩特征是："鲜红色艳如血，厚薄不匀；油红，色重艳而有光。鹅黄色娇嫩，透明而闪微绿；杏黄色闪微红；蜜蜡黄，色稍透明；姜黄，色浓而光弱；水绿、叶子绿、山子绿等色皆透明而闪微黄；松绿，色深浓而闪青；孔雀绿，浅翠透明；孔雀蓝，色沉；姹紫，浓艳却无光；赭紫，色暗；葡萄紫，色如熟葡萄而透明。"这些成化斗彩的呈色，具有鲜明的时代特色，其他任何时代都难以模仿。

　　成化斗彩瓷器一般都具有官窑款识，这种款识是用青花书写"大明成化年制"六字楷书，外辅以青花双圈或双方框。有的只书写一个"天"字，书写"天"也是成化斗彩独具特色的款识。成化时期的官窑款识被鉴定专家归纳成为六字歌诀："大字尖圆头非高，成字硬撇直到腰，化字'亻''匕'平微头，制字衣横少越刀，明日窑平年肥胖，成字三点头肩腰。"这是成化款识的总体风格。在书写中多用藏锋笔法，少有极细的笔锋，笔道粗，字体肥，柔中带有刚劲，笔触遒劲，力量中包藏着含蓄。其青花色泽深沉浓艳，将其在放大镜下观察，有一层或浓或淡的朦雾，并具有字色下沉的特征。它的字体沉稳，笔画粗犷，书写上宁拙勿巧，以拙取胜，充分地表现出工匠们淳朴的胸怀。成化官窑款还具有皇帝御笔书写、由工匠临摹的特质。在故宫收藏的书画上成化皇帝的题跋和御墨上款识，均出自一人之笔，与瓷器上的款识如出一辙。

　　成化斗彩瓷器体魄精巧而不失大气，图案细腻又不失雅致，疏朗之中偶得浓艳。其价值在当时就已很高，据《明史·食货志》载："成化年间遣中官邓登等在镇烧造御用瓷器最多最久，贵不资。"明代的万历时期更加斐然。明《神宗实录》曾记载："神宗时尚食，御前有成化斗彩鸡缸杯一双，值钱十万。"可见其弥足珍贵。嘉靖时期的《觚不觚录》也言："十五年来忽重宣德，以至永乐、成化价亦聚增十倍。"《万历野获编》也说："至于窑器最贵成化，次宣德。杯盏之属，初不过数金，余儿时尚不知珍重，顷来京时，则成窑酒杯每对博银百金，予为吐舌不能下。"在百余年之后，竟然升值到达官贵人不敢问津的地步。时至今日，它仍然是一朵鲜艳的奇葩，闪耀着迷人的异彩，具有无法比拟的艺术魅力，亦有价值连城的身价。

4．成化斗彩瓷器的鉴赏

中国古代名窑层出不穷，明清两代的官窑更加备受人们的喜爱。斗彩以其鲜艳亮丽的风格独步明清两代，它以青花加彩的形式初创于宣德年间，成化时期日趋成熟，完成了青花勾线釉上填彩的工艺。由于成化青花使用的是"平等青"料，呈色稳定，色彩淡雅，在其洁白细腻的胎釉衬托下，愈加温润可爱。加上釉上色彩的红、黄、绿、紫等色，形成了主次分明，交相辉映的和谐情调，进而将画意淋漓尽致地表现出来。

成化斗彩瓷器数量极为稀少，得之不易。成化斗彩瓷器，尺寸不大，小件器居多，高不会超过20厘米。其胎体由于使用的是"麻仓土"，迎光透影时为独有的牙黄色。釉色温润洁白，青花典雅，颜色浅淡。釉上五彩中的红色：色如鸡血，鲜艳夺目。黄色：娇媚透明，

图71　明成化洞石花卉纹罐

图72　清康熙仿成化洞石花卉纹罐

变化丰富，有鹅黄、娇黄、杏黄之分，杏黄闪红更是其特点。绿彩：虽有浓艳之分，但略闪微黄是鉴定的关键。姹紫浓艳却无光，是此时紫色的时代特征。在欣赏和鉴定成化斗彩时要把握造型、胎、釉、彩、青花以及官窑的款识的具体特征，结合画面、图案的布局细心揣摩，才能把握分寸和尺度，不被仿品所迷惑。

（1）明成化斗彩洞石花卉罐及清康熙时期的仿品 图 71、72

康熙时期的仿品，图案疏朗，笔触细腻，填彩不越边线，胎坚釉细，青花颜色青翠，红彩为油红色，黄色娇嫩，紫色透明，可谓精细有余，自然流畅不足，彩料的运用亦不具备成化时的特征。

（2）明成化斗彩鸡缸杯及康熙、雍正和民国的仿品 图 73、74、75、76

仿品的图案布局皆与真品有细微的区别，造型也经不住推敲，胎、釉、彩亦有天壤之别。青花颜色各时期是不一样的，成化青花淡雅，康熙、雍正青花青翠，民

图73　明成化斗彩鸡缸杯

图74　清康熙仿成化斗彩鸡缸杯

图 75　清雍正仿成化斗彩鸡缸杯

图 76　民国仿成化斗彩鸡缸怀

国青花颜色纯蓝。款识上虽然排列、样式、运笔、色泽等有异曲同工之妙，但皆无成化款识的那种自然、潇洒、苍劲的笔力，这是工匠们临写的结果。

（3）明成化斗彩缠枝莲纹高足杯及清雍正的仿品　图 77、78

雍正时追仿成化斗彩的作品，虽纹样相同，填彩准确，笔不出线，但略显拘谨，与成化时飘逸洒脱的风格迥然不同。

5．明中晚期斗彩

明代中期以后斗彩瓷器的生产走向平淡，数量减少，这与弘治皇帝下令减烧瓷器的禁令有关。《明史·食货志》载："自弘治以来，烧造未完成者三十余万件。"可见，弘治以后计划内的都未完成，精细的斗彩瓷器更加难以制作。在弘治时期的传世瓷器中，目前尚未见到一件斗彩器物。嘉靖以道教题材为主，万历则是以逐利为目的，仿制成化斗彩瓷器为主。明代的嘉靖、万历时期，斗彩的生产数量寥若晨星，这与此时青花五彩或五彩瓷器大行其道有关，数量的增加也造成这一时期装饰不能精工细做。粗犷的饰彩风格，简捷的装饰方法，代替了成化时期细腻的装饰风格。此时的斗彩瓷器，均用填彩和补彩的饰彩手段进行装饰，釉上色料比成化浓艳，青花轮廓线粗重，胎体也比较厚重，很难与成化瓷器同日而语。

图77　明成化斗彩缠枝莲纹高足杯

图78　清雍正仿成化斗彩缠枝莲纹高足杯

这一时期的款识，主要是以书写本朝的年款为主，有"大明正德年制"、"大明嘉靖年制"、"大明万历年制"等，笔法具有本朝的特点，以青花双方栏多见。

6. 康熙斗彩

清代的康熙官窑，对于陶瓷制作不惜工本，"动支内务府按时给值，与市贾适均"，为精美瓷器的出现创造了条件。同时康熙皇帝爱好科学、艺术，提倡文学，对瓷器的制作工艺产生了很大的影响。此时的斗彩工艺继承了明成化斗彩的优良传统，并且加以提高和创新，使它比以往的各朝各代有了明显进步。"吾华之瓷，以康熙为最"。

康熙斗彩在成化斗彩的基础上，将其更加规范化，生产出大量的以填彩为主的斗彩瓷器。造型上除了有杯、碗、盘、碟、瓶、罐、盒、笔筒外，用于观赏的花盆，成为这一时期特殊的品种。花盆的形式有六方形、四方形、椭圆形、长方形、菱花形等。这些花盆有的种植珊瑚树，有的培植玉石盆景，成为清宫装饰的一大特色。为了追求成化的风格，在装饰上出现了许多模仿成化纹样的作品，如鸡缸杯、葡萄杯等，特别是鸡缸杯虽然造型不尽相同，风格迥异，但图案均以成化斗彩鸡缸杯为蓝本。同时自己也创新发明了许多新的图案，有海屋添筹，落花流水，喜鹊登梅，携琴访友，雉鸡牡丹，过墙凤，缠枝桃等等。这些图案表现出人们对当时社会"国富民安"、"吉祥长寿"风貌的企盼，有些还是专门为给康熙皇帝祝寿特制的御用器皿。康熙斗彩在继承成化斗彩的优良传统方面做出了不可磨灭的功绩。

康熙时的款识大多是以书写"大明成化年制"为主，以书写"大清康熙年制"为辅。其主要原因是康熙时期对成化斗彩十分崇尚；另一方面康熙初年江山尚未牢固，皇帝害怕写有本朝年款的瓷器破损而带来不祥之兆。直到康熙中晚期以后，政权得到了巩固，才确立了官窑瓷器书写本朝年款的定制。

7．雍正斗彩

雍正一朝在位虽然只有短短的13年，陶瓷手工业的发展却在康熙的基础上有了明显的提高。图案规整秀丽，工艺精益求精，制瓷技术达到了历史上的较高水平。此时的景德镇御窑厂"每年要供御一万六七千件"，生产则要达"二万五千件"之多。现藏于故宫的雍正斗彩，在距今近三百年的今天看来，造型规整、线条优美、釉色匀净、色彩灿烂，在陶瓷史上有着较高的地位。

雍正斗彩瓷器无论从造型设计，还是纹饰布局、色彩搭配以及填彩工艺，均进入了一个崭新的阶段。此时的斗彩继续沿用了填彩的装饰方法，与从前的装饰所不同的是，青花线内所填彩料，填彩准确，工整细腻，不越边线，亦无漏填，在有限的青花框内，将彩料进行渲染和烘托，改变了明代双线平涂的局限，使纹饰更加清逸秀丽。

雍正斗彩的另一个贡献，是把粉彩运用到斗彩的装饰之中。此种填彩摒弃了传统五彩的填彩工艺，采用康熙晚期出现的釉上新彩——粉彩。粉彩是一种含有"玻璃白"的彩料。它是在进口珐琅彩料的基础上，由清宫造办处研制而成。"玻璃白"是一种乳浊剂，与其他着色剂配合使用，可以使各色彩料呈现出一种深浅不一、层次分明的多种色阶，给人以温文尔雅的装饰效果。通过"玻璃白"的渲染，可以得到"一色多变",因而大大地增加了色彩的品种。粉彩与青花拼色彩绘,其色料在烧成后,在瓷器的表面与传统的五彩相比有一定的厚度,粉润柔和、晶莹光亮并具立体感。这种一改青花与五彩搭配,转向青花与粉彩合绘的饰彩方法,将釉下青花与釉上粉彩融为一体,较之前代的斗彩瓷器更加清逸、淡雅。在雍正时期,斗彩瓷器最突出的成就是将青花与粉彩合绘于一身,使彩瓷进一步得到了发展,在此基础上不断提高制瓷工艺和绘画技巧,造型与装饰也有了许多新的开拓和创新,使斗彩瓷器更加繁荣兴旺。

雍正王朝的斗彩瓷器另一个特点,就是不惜工本、竭尽全力地模仿、仿制成化的斗彩瓷器。这些仿古瓷器在目前北京故宫博物院的藏品中,除个别品种外,都能与院藏的成化斗彩瓷器相对证。清代雍正《档案》中多次记载了雍正官窑为成化斗彩盖罐补配罐盖的事情,这些补配的罐盖与原器无论是色彩还是形状都十分接近。雍正斗彩仿成化斗彩鸡缸杯、天字罐、洞石花蝶罐等有些几乎可以乱真。

雍正斗彩瓷器除了一般的盘、碗、杯、碟外,还有瓶、壶、尊、罐等大型器皿,以及盒、花插、文具、盆洗等品类。瓶类大多仿永乐、宣德时期的梅瓶、天球瓶,仿正德时期的瓜棱瓶,仿嘉靖、万历时期的葫芦瓶。在这些瓶身上面加饰多层斗彩装饰,美丽端庄。新创的器类有天鸡盖碗、灯座、高足碗、折沿大盆、提梁壶等。

在雍正斗彩的纹饰方面,工匠们发挥出丰富的想象力,设计出"河图洛书"、"寿山福海"、"喜鹊登梅"、"松鼠葡萄"、"竹灵花鸟"、"折枝花鸟"等,以及云龙纹、云鹤纹、云福纹、鸳鸯纹、花蝶纹、团花、团龙、八仙、八宝、婴戏、仕女等象征喜庆、长寿、健康的吉祥图案。

雍正斗彩瓷器的款识,多书写"大清雍正年制"双圈六字楷书款。仿古器上书写"大明成化年制"楷书款,少数器物上面书写仿"大明宣德年制"或"大明嘉靖年制"以及"大明万历年制"等款识。

8. 乾隆斗彩

乾隆一朝60年,其斗彩瓷器五彩缤纷,千姿百态,极尽繁缛、华丽、奇巧,从一个侧面展示了乾隆经济繁荣、国家统一的盛世。谈到乾隆的瓷器,应该与雍正连起来看,这是历史原因所决定的。因为当时中国陶瓷历史上少有的风云人物、著名宫中的督陶官唐英从雍正六年起至乾隆二十一年去世,几近三十个春秋,总管景德镇官窑陶务,对当时的陶瓷生产、研究、发展及工匠的培养均付出了巨大的辛劳,使此时的官窑陶瓷成绩非凡。

综观乾隆时期的斗彩瓷器，充分显示出乾隆唐窑彩瓷生产无穷的生命力和繁荣景象。此时的斗彩瓷器，无论是造型、文饰、施彩等方面皆以繁缛华丽而著称。首先，在施彩上仍然继承了成化时期填彩技法，在填彩的同时适当地融入了渲染，并且加饰金彩、黑彩、珐琅彩、粉彩等合绘于一器之上。乾隆时期的斗彩突出特点是将粉彩的温润柔和与五彩的光彩艳丽，以及珐琅彩的凝重典雅综合运用于一器之上，达到一种绚丽多姿、丰富多彩的装饰效果。

乾隆斗彩类十分丰富，凡生活用品、陈设用具、文玩器皿、书房文具无所不有。在故宫众多的传世器皿中，有的是每年照例春秋两季入宫供御的品种，有的是皇帝亲自下旨制造的，有的是皇太后"万寿"时使用的奇珍异宝，因而工艺精巧，彩绘细腻。此时的斗彩大型陈设器是以前历朝历代都无法与其相比的，有高40厘米的格式贯耳瓶、象耳瓶、戟耳瓶、螭耳瓶、扁瓶、梅瓶、天球瓶等；更有高达70厘米以上的斗彩"蛮人进宝"图大瓶、缠枝莲八宝纹大瓶、洞石梧桐五蝠图大瓶、缠枝莲纹大箭桶、斗彩大缸等举世罕见的清宫御用器具；也有尊、瓶、罐、花盆、盏托、壁瓶，以及宗教用品僧帽壶、多穆壶、藏草瓶、高足碗和文房用具中的笔筒、笔洗等。

乾隆斗彩的纹样一般是以传统图案或者按照朝廷送来的图样和圣上的旨意设计，送交景德镇御窑厂进行烧造。在《乾隆记事档案》中对瓷器的样式画面都有具体的规定，对于那些不符合"圣旨"的画样随时都可能被修改或者被取消。此时的图案是以缠枝莲花、缠枝宝相花为地，加饰夔龙、夔凤、蝙蝠、螭龙构成一幅幅繁复的图案。同时也有八吉祥、八仙、岁寒三友、折枝花果、牡丹、菊花、荷花、子母鸡杯、婴戏，以及采用鱼、磬、戟耳组成的"吉庆有鱼"，仙鹤和梅花鹿组成的"鹤鹿同春"，丝带与万字、寿字组成的"万代长久"和"万寿无疆"，蝙蝠和寿字组成的"福寿双全"，以梧桐和蝙蝠组成的"万福攸同"，用"海屋添筹"图表示祝贺老人长寿。莲花和鹭鸶组成"一路连科"，以莲花图案表示其出污泥而不染情趣的"一品清廉"等。

乾隆时期的斗彩瓷器上面也经常出现书有"乾隆御制诗"，其高宗咏瓷诗多达二百余首。将楷书、行书、篆书、隶书四种字体分别书写在不同画面的斗彩瓷器上面，形成了书法、图案浑然一体的装饰效果。在欣赏中吟诗，给人以清新爽朗的感觉。

乾隆官窑斗彩瓷器的款识十分独特，凡尊、瓶、罐碗、碟等皆采用青花篆书，在器底书写"大清乾隆年制"六字款。据《清宫档案》记载,乾隆时期的篆书款是景德镇御窑厂按照皇帝批准的书写纸样,以统一格式、标准和大小写在瓷器上的,因此器物的大小决定了款识的规格,笔道粗细均匀,规整划一。

清代中晚期以后的斗彩瓷器又一次地步入低潮和停滞阶段。由于社会的动荡,经济的停滞不前,御窑厂也不被皇帝所重视,陶瓷生产任务逐年递减,品种也只是为满足皇宫内廷日常生活的需要,难有惊人的力作出现,生产工艺技术只是维持前代,图案更是以祈求平安、吉祥、富贵的内容为多。斗彩这种工艺繁琐、费工、费时、费力的复杂品种,已经濒临绝迹。从清宫旧藏的传世器物中看,斗彩瓷器的数量逐渐减少,品种也多是传统的样式。

斗彩在中国古代陶瓷装饰的历程中写下了重要的一笔。成化斗彩驰誉中外,明时即已身价百倍,清代康熙、雍正、乾隆三朝的斗彩,前能追溯成化,近能开拓创新,为斗彩的进步和发展留下了至关重要的经验。

(四)粉彩

清代景德镇是全国瓷器的烧造中心,官窑几乎都集中于此,清宫使用的瓷器大多来源于景德镇。作为装饰,粉彩是清代宫廷陶瓷的重要装饰手法。从康熙晚期开始出现,到雍正时期已经作为清代宫廷主要陶瓷装饰被广泛应用。粉彩是一种釉上彩的陶瓷装饰,它是在预先烧制好的施釉白瓷上进行彩画,然后入窑在700~750度左右的炉温下烧烤制成。以其绚丽夺目的色彩、温文尔雅的韵味、卓尔不群的格调融会出一种迎合清代社会习俗的装饰效果,并备受清宫内廷的帝王、宫妃和王公大臣们的青睐。

1.康熙粉彩

清代康熙皇帝玄烨勤奋好学,他认为:"虽古圣人,岂有生来无所不能言者?凡事俱由学而成。"他在学习中国传统历史文化的同时,还把学习范围扩大到外国传教士所带来的西方文化方面,亲自聆听西方传教士的讲课。在"学人之长"的思想主导下,使其很快地吸收西方文化艺术的营养,并将其很快发展成自己的艺术成就。粉彩是在中国古代的釉上五彩工艺基础上,结合西方引进的珐琅彩工艺技法,经过中国工匠的巧妙融会，形成了一种独具特色的陶瓷装饰技法。粉彩初创于景德镇御窑厂，盛行于清宫内廷，广泛流行于民间，也广泛流行于清代康熙时期（1662—1722年）。以粉彩作为装饰的瓷器，目前收藏在北京故宫博物院的只有粉彩花蝶盘、水丞等寥寥数件，世界上的收藏数量也屈指可数。这时期的粉彩多在白釉瓷器上施绘粉彩图案，色彩有胭脂紫（洋红）、矾红、湖绿、大绿、墨绿、赭石、白色、黄色、蓝色、黑色等，纹饰图案粗犷，色彩浓艳凝厚，黑彩与矾红彩除作装饰外有时也用来勾画图案纹饰的轮廓线。彩料研磨粗糙，器体表面有剥彩现象，这是在低温炉火中烘彩时，彩料与釉面熔融后结合不紧密所致，同时也反映出粉彩在初创阶段的特色。康熙官窑粉彩器的纹样采用五彩的绘画方法，即单线平涂法和无线涂绘法。图案的绘画内容比较简单，常以洞石、蝴蝶、花草、小鸟等题材为主，空间留白较多，彩绘只是一种装饰性的点缀，给人以充分的遐想空间。

器底部位的款识分别为青花双圈"大清康熙年制"和仿书"大明成化年制"六字楷书款。这种风格简朴，色彩浓艳，装饰简约形成了康熙粉彩的特色。

2．雍正粉彩

雍正皇帝统治时期（1723—1735年），处于清王朝康熙、雍正、乾隆三朝的鼎盛时期。雍正皇帝是一位促进清前期社会发展的政治家，他的政绩使陶瓷制造业在江西景德镇御窑厂有了长足的发展。此时的御窑厂继承了明代官窑的生产方式，皇帝派官督理陶务，实行御器生产专供宫廷使用的政策，将瓷器生产数量和工艺水平提高到又一个历史的巅峰。雍正官窑生产的瓷器不仅胎质细腻、釉色莹润、色彩绚丽、雕绘精工，无论是青花、五彩、斗彩、珐琅彩、粉彩，还是五光十色的单色釉，为宫中的生活与陈设提供了大量的陶瓷器皿。在雍正统治的短短13年中，将粉彩工艺推向到一种前所未有的高峰。雍正皇帝在其统治期间，很少出宫寻访，他的日常生活基本上以皇宫为中心。为了使他的宫廷生活更加丰富多彩，创造出更多的、更加完美、更加细腻的文玩观赏器物的装饰风格，就是他所追求的生活享受。他长期居住在宫中，深居简出，但对有关陶瓷生产却每必躬亲，当臣僚们提出新的陶瓷器皿样式时，几乎每必亲自过目下旨，这种记载在当时的《清宫档案》屡见不鲜。这就将皇家上层的审美情趣植入到当时的官窑生产之中，从而使瓷器生产的工艺水平和画样质量较康熙时期都有了很大的提高。粉彩正是在这种情况下，步入了它的兴盛时期。正如《陶雅》所云："粉彩以雍正朝最美，前无古人，后无来者，鲜艳夺目。"

雍正粉彩在康熙初创的基础上有了很大的发展，无论造型、彩绘技法、纹饰图案等方面皆达到空前的水平。官窑、民窑同时大量生产，尤其是官窑制品工艺精湛，可以与当时专供皇帝使用的珐琅彩瓷器相媲美。取得这样的成就，除了如前所述的原因外，其中一个关键的工艺因素是，雍正时期的白釉瓷器的白度已达到77.5%，为釉上彩瓷的制造提供了先决条件。此时的粉彩装饰图案笔法细腻、线条飘逸、色彩淡雅、色调温润柔和，较之五彩有强烈的立体感。同时，雍正粉彩中，盛行集诗、书、画、印于一身的表现技法，文雅俊秀。特别是此时的粉彩绘画，以花卉、雀鸟、山水、人物占主要地位，所绘花卉娇艳富贵，雀鸟形态逼真，山水清逸淡雅，人物文静儒雅。如勾线、平涂、渲染、没骨法、洗笔法、皴法、点笔法等画法的组合下，可谓写意、工笔一应俱全，极富中国绘画的神韵。在传世实物中花卉纹饰多达二十余种，并多与蝴蝶、草虫、飞鸟相配合，虽是工匠所绘，但其笔触恰似犹如恽寿平与"扬州画派"的花鸟风格。人物画面线条柔和，仕女体态修长，面目娇媚清丽，多衬以几案、棋桌、绣墩、博古架等，画面紧凑，留有较大的空白空间，突出了"神识风采"之美。山水画面情景交融，"外师造化，中得心源"将感受溶入到大自然当中。把平远、高远、深远巧妙地与山水的"开合起伏"相结合，形成了艺术的高度幻化。

雍正粉彩瓷器的款识官窑器，多以青花双圈"大清雍正年制"双行或三行楷书款为主。此款系由专人书写，字体工整有力，青花色调纯正。雍正粉彩民窑器有的无款，有的采用画押款，如青花蕉叶、银锭、杂宝、书卷、宝鼎等标记作为款识。

3．乾隆粉彩

乾隆皇帝在位60年（1736—1795年）曾经6次南巡江南名胜，体察风土人情。虽有其政治、经济等原因，也有他追求文人墨客、奇珍异玩的一方面。弘历是一位稽古右文、饱采人间之风情的皇帝。从清宫内务府造办处的记事档案中可以看出他也曾直接干预宫内制瓷事务。乾隆不仅对宫内粉彩器的用途、形状、纹样等屡屡过问，制作前须呈画样或木样，待亲自审定后，方可送交景德镇御窑厂烧制。乾隆关于粉彩瓷器的陪衬纹饰、款识以及题诗等谕旨在《清宫档案》中皆有案可查。此时的官窑粉彩器皿，一改康熙、雍正时期的清新典雅的风范，陷入了精工细作、华丽繁缛过甚之境地。

唐英是当时由清宫内务府派驻江西景德镇御窑厂的督陶官，他一方面按照乾隆的旨意制作精美的御用瓷器，另一方面在保留中国古代传统陶瓷艺术的基础上，刻意吸收西洋的工艺美术技法，不断创造出极具新意的粉彩瓷器。当时以粉彩作为装饰的官窑瓷器品种繁多，凡生活用品、陈设器皿、玩赏之物、文房用具等样式齐备，应有尽有。乾隆粉彩在造型方面，呈多样化的发展趋势。比较新颖的有：灯笼式瓶、镂空灯罩、带托爵杯、转心瓶、转颈瓶等，均独具特色。器身镂雕、凸雕工艺较前更加新奇精巧。据《陶冶图编次》中介绍，乾隆时制瓷有拉、印、雕、旋、镶、锥、拱、削、镂等诸多工艺，分工精细，形成了专业性极强的陶瓷工匠队伍，逐渐使成型工艺越加精湛。

乾隆粉彩在装饰方面有独特的表现技法。首先，从色地上看，在传统的白地粉彩以外，出现了各种不同的色地粉彩。它们分别有：红、黄、蓝、紫、粉红、金、酱色、豆青、粉青、窑变等釉、彩多达十余种之多，远远超出前朝的品种范围。其次，此时的用色和施彩工艺也有了新的发展。除以粉彩绘画为主外，还加用其他彩料，如在画面上加绘青花、黑彩，或与五彩、斗彩并施绘于一器之上。这种在一件器物上施有多种彩料，或同时以多种彩绘工艺制造的乾隆粉彩，甚为鲜丽娇艳，可以说集多种中国陶瓷工艺成就于一身，充分反映出乾隆朝制瓷工艺的精湛。乾隆各色釉大瓶即是一件典型之作。此外，乾隆粉彩琢器的器里及底部常施有松石绿釉的处理，使粉彩器更加绮丽。在用彩方面的又一种特色，是利用粉彩粉润柔和绮丽的质感生产出各种象生瓷器。在北京故宫博物院清宫旧藏的乾隆粉彩象生瓷中，诸如瓜、果、梨、桃、核桃、瓜子、荸荠、海螺、贝壳、螃蟹、鸭子、钟、炉、鼎簋、漆器、木器、竹器、假山石、火镰袋、翎管等皆用粉彩装饰，品种多达三十余种，其形态、质感、色泽几乎可以乱真，在制瓷装饰艺术上达到了超然入微的境地。

在装饰纹样方面，乾隆的色地粉彩经常借用珐琅彩的轧道工艺和"锦上添花"技法，并配以花鸟、山水、人物、百兽的通景画面或开光装饰。这种装饰方法综合了西洋铜胎画珐琅与中国传统粉彩绘画两种技法，它将西方美术中的洛可可风格，植入中国陶瓷装饰，形成极具时代特色的中西合璧的工艺技法。清代官窑器皿开光中的主题图案，按照不同的节气和时令有着严格的规定，必须按照"大内"送来的图样和皇帝的旨意设计，不能随便改动。如在乾隆八年十二月初九日，太监传旨，"年节用三羊开泰、上元节用五谷丰登、端阳节用艾叶灵符、七夕节用鹊桥仙渡、万寿节用万寿无疆、中秋节用丹桂飘香、九月九用重阳菊花之类、寻常赏花用万花献瑞，俱按时令花样烧造"。这里指的是乾隆官窑粉彩开光内的图案，其中，还包括配有乾隆的真、草、隶、篆及行书等不同种类的御题诗。乾隆粉彩另一个引人注意的地方是大量采用缠枝宝相花或一些洋花作图案的主体，并加饰夔龙纹、夔凤纹、鸳鸯纹、蝙蝠、八仙、暗八仙、八吉祥、岁寒三友、折枝花果、磬、双鱼、方胜盘肠、璎珞等寓意纹样，组成符合"圣意"寓意吉庆祥瑞、延年益寿、国泰民安的图案，形成了乾隆粉彩有图必有意，有意必有吉祥语的特色。

乾隆粉彩的款识，主要是用青花、红彩、金彩书写"大清乾隆年制"六字篆书款以及"乾隆年制"四字篆书款。款识不论大小皆为方形印章式，书体规整，样式划一。

4．清代中晚期粉彩

从嘉庆以后直至晚清宣统时期，由于社会经济的日渐衰落，景德镇瓷业也趋于萧条，许多著名的陶瓷品种已绝迹人间。在清宫旧藏的传世品种中，嘉庆以后的陶瓷生产技术已经远远不如清朝前期康熙、雍正、乾隆时的工艺水平。虽然在这期间还不乏精细之作，但多是沿袭旧制，缺乏创新品种。如不看款识，使人往往会将嘉庆器物与乾隆器物混为一处，咸丰、道光乃至同治、光绪的粉彩器物也会混淆。这说明自清代中晚期以后的景德镇官窑，由于经济上、政治上以及生产技术等方面的原因，使其难以摆脱前朝工艺水平的束缚，也难有更上一层楼的发展。嘉庆粉彩镂空帽筒，道光"慎德堂"款粉彩器等都在追随模仿前代装饰风格。嘉庆粉彩延续了乾隆时期的风格；道光粉彩多以婴戏图案、官带流船图案、龙舟竞渡等图案居多；咸丰粉彩在继续道光的基础上，喜绘蝴蝶、博古，多加饰金彩，其画法细腻。故宫旧藏的咸丰器物十分稀少，故咸丰粉彩器可谓弥足珍贵，已成为稀世之珍。

嘉庆、道光年间，民窑粉彩形成了突出的发展势头。风景瓷画有"庐山十景"、"西湖十景"、"萧山八景"等，常附墨书诗句，这种粉彩多作为游览风景区所出售的纪念品。人物画中出现了以《无双谱》人物或历史名人为主题的画面，多画在酒杯、盘或碗的内外壁，所绘人物数目不多，人物旁边均墨书人物的姓名和小传。道光民谣粉彩还喜绘小动物及飞鸟鱼虫，题材多达数十种，与各种花卉瓜果组成完整画面，有吉祥寓意，形成了各自的时代风格。

嘉庆粉彩的官窑款式基本上沿用乾隆时写法，以篆刻为主，用青花、红彩或金彩书写，字体规整，结构严谨。道光"慎德堂制"与"大清咸丰年制"款则多为楷款，用青花或红彩书写，侧锋运笔，字体工整清秀，风格独特。道光时期的红彩堂名款数量超越以前各代，有此种款式的粉彩瓷器多为皇亲贵族的定烧品。

至同治及以后，景德镇瓷业工业水平明显下降，但还有一定的时代风格，官窑所制粉彩瓷器中，大部分是御窑厂专门为皇帝和慈禧太后所烧制，多为各种碗、酒盅、匙羹，以及有9寸、7寸、5寸、3寸的盘及2寸半的小碟等全套共约140～148件的餐具，反映了宫廷用膳礼仪的繁复。据史料记载，同治七年皇帝大婚，由江西巡抚景福负责烧造"大婚礼造器"达七千余件，同治九年为慈禧特烧制了一批专用于陈设在"体和殿"的瓷器；光绪时为慈禧"万寿"烧制了数以万计的色地粉彩瓷器。这些宫廷用瓷装饰风格相同，除了少量用冷色地外，大都以浓重的暖色作地，上绘寓意万寿喜庆的花鸟、花卉等纹饰，纹样题材丰富。如为祝贺同治大婚而特制的粉彩红地开光龙凤圆盒、粉彩百子图大盘，又如光绪粉彩藕荷地花鸟圆盒等。其中光绪粉彩餐具特别喜用藤萝花鸟、葡萄花鸟、鸳鸯莲花等纹饰。这些御烧的瓷器都具有浓厚的宫廷色彩及一定的工艺水准，但缺乏艺术创造性，反映出当时宫廷对御窑厂的严格束缚，阻碍了工匠制瓷技艺的创造性发挥。晚清粉彩陈设瓷中有一些是大型器，如赏瓶、各式花盆、大地瓶及大缸等，反映晚清烧制大型瓷器有一定的技术水平，如光绪粉彩描金五伦图象耳大地瓶可谓光绪粉彩中的精品，光绪粉彩黄地凸雕博古龙耳大地瓶更是难得一见的佳品。宣统在位年限太短，传世官窑器可谓凤毛麟角，只是继承光绪余风。同治以来的民窑粉彩制作数量虽不少，但都比较粗糙，无甚可观之处。

晚清官窑粉彩的款式写法较为特殊，不同品类的器物书写不同款识，归纳起来有如下几种：一般用品的器底有青花楷书朝代款。同治大婚时宫内用品的器底用红彩楷书的"同治年制"朝代款或"长春同庆"、"燕喜同和"、"吉祥如意"四字款。光绪时陈设品的底部用红彩楷书"永庆长春"。另外还有多种室名款，如"乐寿堂"、"体和殿"、"长春宫"、"大雅斋"和"天地一家春"闲章款等，这都是以故宫中的宫殿名称所书写的款识，有的是专门供给这个宫殿使用的。

5．粉彩的工艺

粉彩是在五彩的基础上，借鉴珐琅彩的制作方法，在景德镇创制成功的又一釉上彩瓷新品种。初创于康熙晚年，盛烧于雍正、乾隆时期，延烧至晚清。官窑、民窑都有生产，传世品多，是清代雍正以后景德镇瓷业生产的主要品种之一。

其独特之处，是在彩料中掺入了一种名为"玻璃白"的白色彩料，玻璃白中含有"砷"，具有乳浊的效果，含有玻璃白的各色彩料，由于它的不透明性，给人以一种"粉"的质感，故被称作"粉彩"。粉彩的基本制作方法是在白釉瓷器的釉面上，运用玻璃白打底再在其上面用各种彩料进行渲染、涂绘、彩绘，形成图案，然后入窑二次烧成。

经过现代陶瓷工艺科学家的研究，玻璃白在粉彩瓷器上有如下几种用法。

涂粉为地：先用玻璃白在白釉瓷器上的彩绘部分打底，待干后施彩，经过稀释的彩料借助玻璃白的乳浊效果，可以形成浅淡而不透明的效果。彩绘时借助中国国画绘画中的渲染法、没骨法等，进行洗刷、涂染，在同一色块中控制彩料浓度，从而得到不同深浅的色调变化，表现出独特的画面立体感。这种彩绘方法，可以得到非常细微的变化，写实性极强，所绘花卉或叶面可以达到阴阳、向背、正反、翻转、仰卧等不同姿态的表现色彩和装饰效果，以达到"花有露珠、蝶有茸毛"的艺术感染力。它大大地超过了五彩平涂的装饰效果，也有别于珐琅彩厚重浓艳的表现方式。

用玻璃白掺入彩料中，将其粉化。粉化后的彩料可以形成浓淡、强弱的色阶，色阶增多可以使画面的色调更加丰富，如红色可以分为红、粉红、浅粉、淡粉等，绿可以分为墨绿、大绿、葱绿、浅绿、草绿等，变幻无穷。由此粉彩瓷器的颜色也变得既多彩多姿又清丽柔和。

在绘彩后的纹饰上另涂一层玻璃白，经过700～750度的温度烘烧后，色料熔化形成玻璃质，与釉面紧密结合，呈现出晶莹剔透、光亮夺目的色彩。

玻璃白也可以作为单独的声调使用，来描绘雪景或其他需用白色表现的画面。在釉上彩瓷中只有粉彩和珐琅彩有白彩。

从以上施彩工艺来看，粉彩瓷器具有极强的艺术表现力，比五彩更加丰富，比珐琅彩更加简单实用。因此，在陶瓷史上雍正粉彩最为精美绮丽，随着粉彩工艺的不断成熟，至乾隆以后，无论是官窑还是民窑皆有大量生产，直至今日，传世品常见。

广彩也是粉彩工艺的一种。它是在景德镇生产的白瓷上，由广州进行二次施彩、烘制而成。其时代流行于清乾隆以后的各个历史阶段。图案以"纹章瓷"和洋人的起居生活，以及繁缛的纹样为主题，从而达到满足外销的需要。

6．粉彩的纹样

装饰艺术是一种社会的需要，它也反映出一个时代的特征。粉彩的装饰图案，有色地粉彩、斗彩粉彩、轧道粉彩等作为辅助图案。并大量运用寓意图案，达到了"有图必有意，有意必吉祥"的境地。如"富贵千秋"、"万代封侯"、"必定如意"、"吉庆有余"、"五谷丰登"等具有强烈祈求平安、富贵色彩的装饰纹样。陶工在器身上构图称为"打图"，"打图"主要是为使装饰纹样布局合理，造型与图案和谐，起到锦上添花的作用。粉彩的装饰方法有开光法、对称法、分割法、多效法等诸多构图法，组成了灵活多变、丰富多彩的艺术画面。

粉彩的装饰题材十分广泛，其图案内容可以有花卉、山水、人物、飞禽、走兽、庭院、诗词、歌赋、吉祥用语等以及几何图案和缠枝纹样。

花卉中的牡丹花，"花之富贵者也"，寓意"连年富贵"、"富贵吉祥"。莲花寓意"一品清廉"、"连年有余"、"一路荣华"。菊花有"安居乐业"之意。桃花为"九重春色醉桃先"（杜甫）。三果图（石榴、佛手、桃）表示"三多"，即"多子、多福、多寿"。宝相花寓意富贵吉祥。缠枝花寓意连绵不断。松、竹、梅"岁寒三友"，象征坚毅、无畏、正气。

人物画面大致有婴戏图、仕女图、耕织图、历史人物、文学人物、神话人物、西洋人物等。婴戏图，祈求"国泰民安"、"天子万年"。仕女图妙笔传神，祈望安静祥和。西洋人物，来源于中西文化的交流，西洋画法在一定程度上改变了中国陶瓷纹样的固有题材。历史人物有"竹林七贤"、"周敦颐爱莲"、"陶渊明爱菊"、"孟浩然爱梅"、"无双谱"（图案中有司马迁、张良、孙权、班超、花木兰、武则天、文天祥、庞涓、李白等诸多文人墨客、节烈妇女和军事家，他们在不同历史时期曾经作出了一定贡献，成为举世无双的人物，习惯上称其为"无双谱"），以嘉庆、道光、同治、光绪各朝最为常见。文学人物多来自历史文学巨著，也有来自当时文学名著《红楼梦》的。

龙、凤图案更是皇权的象征。"三羊开泰"则表现出伦理道德观。蝙蝠被表现为"五福捧寿"和"福寿齐天"。雨燕、翠鸟、喜鹊，被喻为"喜上眉梢"、"喜从天降"。百鹿图，百猴图更是直言"禄位"与"封侯"敬主的主题。

文字图案主要有福、寿、喜、万寿无疆、佛日长明等。乾隆、嘉庆粉彩瓷器上多书写乾隆皇帝的御题诗。如"乾隆粉彩雾蓝描金四季花卉诗句瓶"上的御题诗文："锦绣堂中开画屏，牡丹花间老青松。日烘始识三春丽，岁暮尤看百尺亭。天矫孥空欣得地，辉煌散彩正当庭。一般都是生生意，坐对从知笔有灵。"从清宫档案查知，诗承皇旨，器烧于御窑厂。

边饰是粉彩瓷器上不可以缺少的部分。卷草纹、忍冬纹、回纹、如意纹、锦地纹、云气纹等，以及蕉叶、莲瓣组成丰富多样的边饰，与主题图案相得益彰。

7. 粉彩的称谓

粉彩成为陶瓷的装饰工艺出现在康熙晚期，成熟在雍正时期，发展于乾隆时期。但是清代对它没有固定的称谓，有时将其与"五彩"混淆，有时称其为"五色花"，有时称其为"洋彩"。刊行于清初的《南窑笔记》记有："迨我朝定鼎之后于镇厂仿作，诸窑必备，更得洋色一种，诚一代巨观。""粉彩"一词出现较晚，在成书于光绪三十二年（1906年）寂园叟所著的《陶雅》一书中，对其才有了解释。书中记载："康熙彩硬，雍正彩软。软彩者粉彩也，彩之有粉者，红为淡红，绿为淡绿，故曰软也。惟蓝、黄亦然。"此时对"粉彩"的解释还只是一种视觉上的感受。此后民国期间几乎所有有关陶瓷的著述，都是一种转抄和引申。如许之衡的《引流斋说瓷》："清代彩瓷变化繁迹，几于不可云物，康熙彩硬，雍正彩软……软彩又名粉彩，谓彩色稍淡有粉匀之也……粉彩易于剥落，惟其粉质软也。"《增补古今瓷器源流考》中述："白地而绘彩者谓之粉地彩，亦曰粉彩。"又云："粉彩者，为彩中掺以粉，其色柔软，故曰软彩……康熙以前鲜有粉彩，雍正始盛，至乾隆而极。"《瓷鉴》亦云："粉彩色，始于康熙末年，因未见粉彩之物有康熙款者，故皆以为始于雍正初年。"20世纪30年代，郭葆昌为参加在英国伦敦举办的中国艺术展览会的瓷器展品说明中写道："彩绘一门继往开来，益臻精到。粉彩则独开生面，无异写生。"

以上著述由于时代的局限性，还不能完全揭示"粉彩"一词的内涵，但他们终究提出了"粉彩"一词，使它成为陶瓷装饰的一种专门术语。

8．粉彩与"洋彩"

在清乾隆造办处《活计档案》中有大量关于"洋彩"的记载。所指"洋彩"与今日传世乾隆粉彩相同，因此有"洋彩"即是粉彩瓷器的说法。造办处《活计档案》中亦有所谓"五彩瓷器"，与今日传世雍正、乾隆粉彩瓷器品类相同。雍正十三年唐英著述的《陶成记事碑》记有："一洋彩器皿，新仿西洋珐琅画法，人物、山水、花卉、翎毛，无不精细入神。"乾隆八年，唐英在其所编的《陶冶图编次》第十七中云："圆琢洋彩，圆琢白器，五彩绘画模仿西洋，故曰洋彩……所用颜料与珐琅色同，其调色之法有三：一用芸香油，一用胶水，一用清水。盖油色便于渲染；胶水所调便于拓抹；而清水之色便于堆填也。"以上说明"洋彩"是唐英出任江西景德镇御窑厂总理陶务时，在珐琅彩基础上创造的一种仿西洋画法的新式瓷器。他对这种瓷器的彩绘内容、使用的颜料、调染色料的方法等都作了说明，即用珐琅色料、用西洋画法、仿西洋纹饰的瓷器称之为洋彩。但是雍正、乾隆粉彩传世品中还有许多是应用中国传统绘画方法的，而唐英在观念上仍然没有划分此类器物与现在所说"五彩"之间的区别，所以唐英在著书时从装饰的表现手法上提出洋彩与五彩的名称，将仿西洋画法的瓷器与珐琅彩瓷器区别开而别名"洋彩"，将具有中国传统绘画的粉彩瓷器取名"五彩"。在不断发展的历史长河中，人们对粉彩的认识不断加以完善，研究不断深入，观念不断更新，从美术、彩料和工艺的角度加以分析，结合粉彩的制作特点，把中国明、清两代的釉上彩瓷划分为五彩、斗彩、珐琅彩和粉彩，形成了比较科学的分类、定名。

9. 粉彩瓷器的辨假

粉彩瓷器自生产至今大约只有三百余年的历史。清代的光绪以后到民国间，国力日渐衰落，官窑生产也不再繁荣。居于京、津、沪等地的古玩商们，经常依照官窑粉彩瓷器的样式和流落在民间的官窑粉彩器，生产一些仿制品，以满足那些达官贵人以及洋人的需要，从中获利。仿冒的赝品纷纷登场，在鱼目混珠中使人难以辨别真假。

仿冒的手段主要有：旧胎绘新彩和新胎新彩书写前朝的款识。其实，这两种方法无非是利用雍正、乾隆时期粉彩的稀少和珍贵，依样制造，达到以假乱真的目的。旧胎新彩，是在书有雍正或乾隆青花款的白瓷上，进行二次施彩，实际上胎釉是真，彩绘是假。以弥补白瓷售价不高的缺陷。新胎新彩，是用当时景德镇生产的白瓷按照官窑的图案绘画，并且在此类瓷器上书写"大清雍正年制"或"大清乾隆年制"的款式，给人以假象。这类仿制的"假官器"有的图案粗糙，有些则图不达意，粉彩的彩绘或浓或淡和薄厚不一的现象，或者图案比例失调。新胎新彩者，还会出现造型不合适、胎体薄厚不同、器身轻重不一的情况。这些多是在鉴赏中应该注重和细致观察的地方。

款识也是在鉴赏中不可缺少的组成部分。后写的款识，由于是摹写，无论是"篆书"还是"楷书"，款识的大小、构字的间架、字体的圆润与方正、用彩的浓淡以及字体的转折之处都与真品有着天壤之别。只要加以细心观察是不难区分的。

以下将列举三对不同时期和不同制作方法的粉彩器物，敬请读者仔细揣摩。

清雍正款粉彩团蝶碗 图 79 和旧胎、民国加彩的清雍正款粉彩团蝶碗。 图 80

从对比中可以看出，它们图案虽然相似，但图80的彩绘过于浓重，彩料的研磨不细，花蝶的细微之处与图79也不尽一样，笔法略显粗糙，难以表现出雍正时期"花有露珠，蝶带绒毛"的精湛笔触。

图79 清雍正款粉彩团蝶碗

图80 清雍正款粉彩团蝶碗（旧胎，民国加彩）

　　清乾隆款粉彩百鹿尊 图81 和清光绪仿乾隆款粉彩百鹿尊。 图82 从对比中可以看出，图82的图案笔法生硬，几乎没有渲染，饰彩死板，山中林间的鹿群呆板，难有图81那种活灵活现、跃跃欲出的感觉。

图81 清乾隆款粉彩百鹿尊

图82 清光绪仿乾隆款粉彩百鹿尊

图83　清乾隆款粉彩九桃瓶

图84　民国仿乾隆款粉彩九桃瓶

清乾隆款粉彩九桃瓶 图83 和民国仿乾隆款粉彩九桃瓶。 图84 从对比中可以看出，民国时期的仿品构图死板，桃实饰彩浓厚，枝权与树叶没有立体感，难以形成乾隆时期那种叶有阴阳向背、树有老枝新芽的效果。款识方面，图83为篆书方形六字"大清乾隆年制"，而图84则写双圈楷书"大清乾隆年制"款，这是仿造者难以看见器物底部所形成的败笔。

由此可见，斟酌和揣摩对于鉴赏是十分重要的，参观和欣赏珍品也是必要的。只有把握住标准器，认识了真品的特征才能提高鉴别真伪的能力，不被赝品所迷惑，为欣赏打下良好的基础。

粉彩瓷器的出现，是中国古代陶瓷史的一大创造。它将中国传统工艺与西方艺术巧妙有机地结合起来，以"洋为中用"为宗旨，不断融会贯通，从皇宫御用发展成世俗百姓也能享用的釉上彩瓷。表现出中国古代劳动人民无穷的聪明智慧。

（五）珐琅彩

清王朝是中国封建社会最后一个王朝，蜚声世界的中国陶瓷业在清代臻于鼎盛。尤其是在康熙、雍正、乾隆三朝，我国制瓷业取得了前所未有的辉煌成就。康熙时期的红釉、青花、五彩、素三彩，雍正时期的粉彩、珐琅彩、单色釉和乾隆时期的特种工艺瓷，都是前所未有之佳作。这些辉煌成绩的取得，无疑是继承了前代制瓷成果，康熙、雍正、乾隆三朝皇帝对瓷器的特殊爱好和重视，起到了不容忽视的积极作用。特别是康熙晚期珐琅彩瓷的出现，就是在康熙帝的直接授意下创烧的。它一经问世就享受着由宫廷画师出具样稿，由景德镇官窑瓷厂烧制上好素胎，然后送往京城皇宫内造办处选胎，再经如意馆画师绘画填彩，最后入宫内彩炉烘烧等一系列殊荣，在清宫内独领风骚近百年。珐琅彩瓷以洁白细腻的胎质，莹润如玉的釉面，明快艳丽的色调，以及精湛绝伦的技巧，成为紫禁城内皇帝后妃们赏玩的御用瓷。据档案记载，雍正三年（1725年），皇帝赐给暹罗国王各色官窑瓷器共146件，其中仅有一件是珐琅彩瓷。内廷大臣中也只有年羹尧在多次恳请下，才赐给一两件，乾隆皇帝甚至赐御旨"庶民弗得一窥"。

1．康熙珐琅彩瓷

明代嘉靖三十年（1551年），当葡萄牙军队的隆隆炮声赶走了澳门海域的海盗，并将之占为己有之后，从此西方传教士便敲开了中国大门。康熙即位时全国天主教徒已达20万人，比明末增加了5万多人。随着大批传教士和商人涌入中国，西方的宗教、天文、历法、数学、物理学、医学、音乐、绘画以及各类工艺美术品也纷纷传入中国，对中国社会产生极大影响。面对这股来势汹涌的西学传入之风，康熙帝经过审时度势的研究后，决定对外来文化采取既不排斥，也不盲目推崇的态度，学习其先进的科学技术，并利用传教士的技艺，支持他们从事有益于中国文化发展的学术交流。在这种社会背景下，诸如铜胎画珐琅器、望远镜、钟表、洋酒、油画、鼻烟壶等物品，就在康熙时进入紫禁城宫殿。一位法国传教士洪若在康熙二十六年写信回法国，要求以"画珐琅器作为赠送官员的礼物"，并坚持不要裸体画，只要求小件珍玩器。珐琅釉是人类文化史上最早出现的装饰釉之一。远在公元前1800年的古埃及第十一王朝，就已出现用珐琅釉作装饰的器物。不过那时的珐琅釉还是一种相当粗糙的产品，它与我们现在所说的珐琅之间还有相当距离。近代画珐琅技法15世纪中叶起源于法国。17世纪初，法国工匠铮一世（译音）发明了画珐琅的新方法，即在一种较软的玻璃料内，加上不同的金属氧化物作为呈色剂，并用油调和之后，便成为珐琅料。以这种珐琅料装饰器物，能取得如油画般和谐的色泽效果。因此，当法国传教士将这种画珐琅器进贡康熙帝时，其优美的造型、绚丽的色彩，立即将康熙帝深深吸引。可惜的是现在没有实物传世，因此无法印证让康熙帝如此喜爱的画珐琅器究竟是什么样？但是从当时欧洲工艺品的装饰风格来推断，这种画珐琅器一定华丽无比，它与康熙帝推崇的博大清新、富丽华贵的皇室装饰效果相一致，它比当时宫中使用的五彩、斗彩瓷器可能更具魅力，所以康熙帝决定在宫中尝试制造这种画珐琅器，并将其移植到他最喜爱的瓷器上。

自从元代景德镇烧制官窑瓷器以来，宫廷所有制瓷事宜，都由景德镇官窑独立完成。然而至清朝康熙时期，为了便于研制珐琅彩瓷，康熙帝下令更改了宫中几百年的惯例，将珐琅彩瓷的烧胎与烧彩分两地进行。同时将珐琅作坊划归宫中造办处辖理，并由启祥宫南面的如意馆移至内廷的养心殿。养心殿是皇帝处理朝政的地方，宫内珐琅作坊与养心殿近在咫尺，使皇帝可以随时亲临作坊巡视督察。康熙皇帝这样做，是由于当时珐琅彩料均使用进口料，价格非常昂贵，在内廷烧制是为了不使烧制技术流入民间，可谓用心良苦。珐琅彩瓷在这种极特殊的条件下，于康熙二十七年（1688年）在宫中开始了不断试烧的艰苦历程。康熙二十九年为加强统辖管理，又增设笔帖式一人，以后又陆续增设技术和管理人员。康熙帝还责令当时在宫中的法国传教士马国贤（MatteoRipa）和郎世宁（CastigLione）督理试制。康熙五十六年传教士马国贤自圆明园内畅春园写信回国说："皇上变得醉心于我们欧洲的珐琅画，尽各种可能地将其介绍进宫中御厂。由于从欧洲带回了在瓷器上绘画所用的色料及数件大型珐琅器，使他相信可以做出某些物品，他（皇帝）命令我和郎世宁以珐琅绘画。"其他传教士也记载："清圣祖被美丽的珐琅画吸引，以后坚持马神父和郎世宁必须对中国画家教导这种技术。"

由于珐琅彩瓷是吸收铜胎画珐琅的技法，在瓷质胎地上用各种珐琅彩料进行绘画，它和在铜胎上施彩的画珐琅之间有相当大的距离。在瓷器上珐琅釉的绘画难度非常大，入窑后烧成时间也难掌握，所以珐琅彩瓷的烧制工作进展缓慢，以致康熙帝逝世前三年仍要求法国传教士返回欧洲时替他寻找最优秀、经过专门训练的画珐琅工人，特别是会烧窑的人。经过反复试烧，珐琅彩瓷终于在康熙五十九年烧制成功，了却了圣祖康熙帝长达近三十年的夙愿。在一次招待罗马教皇克来孟的使者嘉禄的盛大宴会上，康熙帝向他展示了清宫造办处所制的数种画珐琅彩瓷。这种既有铜胎画珐琅器的端庄秀丽，又有瓷器清雅明丽的风采、艺术特征极其鲜明的艺术品，使全场宾客赞叹不已。

康熙珐琅彩瓷的造型，以小型器皿为主，主要为瓶、盒、盘、碗、杯、壶等，其中以碗的数量较多，而瓶的造型则非常少见。北京故宫博物院藏一件紫地莲花纹瓶，是目前所见传世品中唯一一件康熙珐琅彩瓷瓶。此瓶长颈、扁圆腹、底平实。外壁通体以紫釉为地，颈部以黄料彩绘三组变形蝉纹，腹部绘变形莲花纹，底部方栏内刻"康熙御制"楷书款。此瓶高仅13.2厘米，但器形饱满稳重，小器大样，具有极高的观赏性。

珐琅彩瓷由于是在康熙晚期仿制铜胎画珐琅烧制而成，所以其釉色纹饰与同时期铜胎画珐琅器非常相似，色调一般浓重艳丽，多以蓝色、黄色、红色、紫色等色调为釉地，然后在其上绘画纹饰。纹饰以花卉纹居多，如牡丹、芍药、莲花、梅花、菊花、月季花、宝相花等，并常以开光技法绘画纹饰，使主题纹饰更加鲜明突出。如一件黄地花卉纹碗，外壁黄釉上以缠枝莲花纹，间隔出四个菱花形开光，开光内均以绿釉为地，绘画盛开的牡丹与芍药，釉色对比强烈，纹饰繁而不杂。此碗与铜胎画珐琅碗，从造型到纹饰都极为相似。此外在一些珐琅彩瓷图案中除花卉外，花心内还常篆书"万"、"寿"、"长"、"春"等吉祥用语。如一件紫地花卉碗，外壁紫色釉地上绘四朵缠枝宝相花，每朵花心内托一个篆书"寿"字，寓意"万寿无疆"。

康熙珐琅彩瓷的胎质，一般采用景德镇烧制的白瓷作胎，制胎时先在器内外蘸满釉，然后晾干，再用工具旋掉胎体外面所施的釉，造成外壁不带光亮的涩胎，最后送入窑内烘烧成反瓷，再进行描绘。这一点可以从北京故宫博物院收藏的一件康熙珐琅彩黄地牡丹纹碗上看出，此碗外部黄色珐琅彩下面即隐约可见胎体上的旋纹。康熙珐琅彩瓷有时也使用前朝所制白瓷作胎，台北故宫博物院藏一件康熙珐琅彩盘，就是在明永乐时期的白釉瓷盘上施彩的。另外还有一些是以紫砂作为珐琅彩瓷的胎。

康熙珐琅彩瓷的款识，多用胭脂色或蓝色珐琅料书写，一般为四字楷书"康熙御制"。个别器底为刻款，款识多写在方栏或双圈线内，字体结构严谨。

2．雍正珐琅彩瓷

1723年，45岁的胤禛即皇位，改年号雍正。雍正皇帝对宫中珐琅彩瓷的酷爱，与其父康熙帝一样，在某些方面甚至还超过康熙。他不但加强巡视和督察，还亲自参与珐琅彩瓷的设计和制作过程，对使用的原料、绘画图案乃至瓷器的样式、高矮尺寸都要一一过问。宫中档案中有不少关于雍正皇帝责令烧造珐琅彩瓷的记载：雍正七年八月十四日上谕："此瓶釉水比先虽好，但其瓶淡红地，深红花，淡绿地，深绿花，太碎小，不好看，嗣后不必烧造此样。或锦地或大些树叶花样，用心造就，钦此。"雍正十年六月十三日，太监传旨："今日呈进画珐琅藤萝花磁茶圆，再画珐琅时不必画此花样。其白蝶碗画的甚不细致，钦此。"雍正十年八月初八日上谕："画黄地珐琅夔龙磁碟红色太浅，再吹时用西洋大红吹做。再磁碗足嗣后不必再画回纹锦，钦此。""雍正十年八月十五日上谕：珐琅盘、碗、茶圆、酒圆俱烧造的甚好，嗣后将画水墨的多烧造些，钦此。"对于烧造得非常出色的珐琅彩瓷，雍正皇帝还常常要赏赐画匠及烧造人。档案记载：雍正八年三月初六日，当郎中海望呈进一对珐琅彩鼻烟壶时，上（雍正）问："画此壶是何人？烧造是何人？"海望奏曰："此鼻烟壶系谭荣画的，烧珐琅釉的是邓八格，还有几名太监帮助办理烧造。"圣旨下："赏给邓八格二十两，谭荣二十两，其余匠人等尔酌量每人赏给银十两，钦此。"由于雍正皇帝偏爱珐琅彩瓷中的水墨山水和青绿山水，擅长此技法的画家汤振基、邹文玉也曾多次受到皇帝嘉奖。档案记载：雍正十年十二日二十八日，内大臣海望传谕："邹文玉所画珐琅数次皇上夸好，应遵旨用本造办处库银赏给十两，钦此。"并于雍正十一年每月给邓文玉的钱粮加赏一两。档案中还有一些"赏给好饭吃"一类的温和话语。一位君临天下政务繁忙的皇帝，对珐琅彩瓷的制作关心到如此程度，甚至对烧珐琅的匠人也体恤入微，这在中国历史上恐怕是绝无仅有的。它进一步说明珐琅彩瓷在当时皇室中的位置。

为了更好地督造珐琅彩瓷，雍正在亲自过问的情况下，又命其弟怡亲王统管造办处。怡亲王允祥是康熙诸王子中少数几个没有政治野心而醉心于艺术的皇子。在允祥的直接领导下，造办处珐琅作坊的生产达到鼎盛期，其中自炼珐琅料的成功，就是一个划时代的创举。康熙时的珐琅料都是依赖进口，往往供不应求，同时进口西洋料颜色至多只有七八种，而此时珐琅彩瓷的绘画，已从康熙时规矩的装饰画面，发展到几乎与国画中的工笔重彩画日趋一致的艺术效果，单一的色料已经不能满足多层次的色调对比和丰富多彩的画面需要。虽然自炼珐琅料一事，早在康熙时就已开始酝酿，但正式指定专人、拨专款研制是在雍正初年。在怡亲王的亲自督促下，雍正六年（1728年）珐琅料终于在宫中自炼成功，除了有9种与西洋料颜色相同外，还增加9种新颜料，共达18种之多。

雍正珐琅彩瓷的造型有盘、碗、杯、碟、茶壶、瓶等，仍然以小型器物为主。纹饰早期沿袭康熙珐琅彩的特点，如色地上绘花卉的技法。后期形成自己的风格，即在白色釉地上，以山石、花鸟作装饰题材，其精湛的绘画技法，达到了雍正谕旨中注重的"内廷恭造之式"排除"外造之气"的要求。雍正珐琅彩瓷的款识，一般以蓝料彩书写，多为四字楷书"雍正年制"，写在双方栏内。青花所书"大清雍正年制"的六字楷书款非常少见。

雍正珐琅彩瓷的胎与康熙时有所不同，不再使用"反瓷"，而是大量使用景德镇烧制的精细白瓷。这种白瓷胎体轻薄，胎质细密，在白度或透明度上都超过明代永乐时期的甜白瓷。如北京故宫博物院藏一件松竹梅纹橄榄式瓶，胎体轻薄达到半脱胎状，迎光透视可见器壁上所绘松竹梅纹饰。雍正珐琅彩瓷在这种白瓷上绘画，使山之皴法，水之波纹，鸟之羽毛，甚至花叶边缘之芒，月季枝干之刺，都表现得更加细腻。在另一件白地雉鸡牡丹纹碗上，外壁绘画花丛中雌、雄二只雉鸡。栖于石上的雄、雌鸡身绘各色鲜艳羽毛，若细分有十多种色彩，一翎一羽无不细致描绘，竭尽绚丽夺目之势。珐琅彩瓷发展到雍正时期，应该说达到了它的极盛期，它能将层峦叠嶂的整幅山水浓缩在小碗的内心，又可以将万紫千红的满园春色再现在一件小瓶的外壁。如一件蓝料彩山水纹碗，胎体洁白剔透，外壁蓝料彩绘通景山水画。画中崇山峻岭、苍松翠柏、仙台楼阁、茫茫沧海等景色栩栩如生，宛如一幅工笔山水画。海天之上墨彩又题七言诗两句："翠绕南山同一色，绿园沧海缘无边。"句首句尾分别钤"寿古"、"山高"、"水长"等印章。此碗在章法布局上融诗、书、画、印为一体，不仅绘画布局得当，笔意细腻流畅，而且诗中有画，画中有诗。后人评价雍正珐琅彩瓷有四绝："质地之白白如雪，一绝也；薄如卵幕，嘘之而欲飞，二绝也；以极精之显微镜窥之，花有露珠，鲜艳纤细，蝶有茸毛，且茎茎竖起，三绝也；小品而题极精之楷篆各款，细有蝇头，四绝也。"

雍正时珐琅彩瓷之所以能取得如此高超的技术成就，画工精湛是其根本原因。我国瓷器的彩绘装饰，在吸收了传统绘画的技法之后，即由以图案绘画形式为主，一变而成为以写实绘画形式为主。这对于描写现实生活，扩大装饰题材和表现技巧都具有重大意义。特别是在明、清彩瓷中，举凡可以描写的事物，无一不可作为陶瓷装饰的内容，甚至还有名家的书画作品。如清初画坛上的"四王"——王时敏、王鉴、王原初、王翚的山水画；恽寿平、邹一桂的花鸟画；仇英、费晓楼的人物画；他们的笔法也都能在陶瓷画面上找到踪迹。这对于提高陶瓷装饰技术水平无疑起着积极的影响，这一点在珐琅彩瓷上表现得最为突出。据档案记载，当时供奉宫廷提供画稿及画珐琅的人有戴恒、邹文玉、唐岱、汤振基、余秀、焦国俞、贺金昆、宋三吉、张琦、邝丽南、谭荣、周岳、吴士琦等。他们大都是翰林出身，书画功底极其深厚。其中唐岱是以"山水沉厚深稳"著称画坛的画家。戴恒是长于画花鸟的画家，也是画水墨珐琅的高手。邹文玉是康熙五十六年奉敕和冷枚等人合绘"万寿图"的画家，也是数得雍正皇帝赏识的画珐琅人。贺金昆是《万渠宝笈续篇》上有绘画作品的著录人，他以"善画人物花卉"、"笔底丘壑颇富"著称，也是雍正皇帝指名要其画珐琅器图案的画家之一。这些人在他们以画家身份闻名画坛之前或同时，都曾供奉宫廷画过珐琅彩瓷。此外，专门在珐琅器上写字的人戴临、徐正国等人，虽不是著名画家，但其字体娟秀而不纤弱，气静神闲与珐琅瓷的画风相得益彰。其中戴临是武英殿侍诏，在宫中档案中曾不止一次见到雍正指名要戴临在珐琅瓷上题字的记载。雍正珐琅彩瓷由于著名画家和名匠的参与制作，在雍正皇帝的喜爱和直接指导下，成为一种极特殊的宫廷艺术。

3．乾隆珐琅彩瓷

珐琅彩瓷发展到乾隆时代，又进入了一个辉煌时期。乾隆皇帝儒雅好古，对于康熙、雍正时期遗留宫内的珐琅彩瓷更视为珍宝。除承前制继续在宫中烧制外，并为每件器物配制楠木匣钵，专门储藏于乾清宫珐琅彩瓷的专库内。档案记载：乾隆六年正月初八日，太监于丙森来说："太监高玉等交瓷胎珐琅红地锦上添花茶碗一对，黄地锦上添花五寸碟一对。传旨：着配匣入乾清宫珐琅器库内，钦此。"乾隆还诏令翰林院的翰林们为这批珍宝整理编目。

乾隆时期珐琅彩瓷在数量上远远超过了康熙、雍正两朝，器型更加丰富，仅瓶类就有蒜头瓶、双连瓶、葫芦瓶、双耳瓶、纸槌瓶等多种造型，茶壶、酒盅、方盒、盖碗、圆盘、碗、碟类器皿数量也明显增多。此时珐琅作里，群英荟萃，人才济济，有专攻花鸟鱼虫的画家余省，攻人物楼景的画家张廷彦，攻人物花卉的画家金廷标，形成乾隆珐琅彩瓷"取材多样"、"装饰华美"的艺术特色。乾隆珐琅彩瓷的纹饰与康熙、雍正两朝明显不同，大致可分为以下几类：一类是仿雍正时融诗、书、画为一体，但题材更为多样化，不仅有山石、花鸟，还有山水人物和仙山楼阁图。北京故宫博物院收藏一件豆青地开光山水诗句纹瓶，腹部装饰四个圆形开光体，开光内绘景州开福寺塔全景，及乾隆御制《登景州开福寺塔》七律诗一首，诗句后钤"乾隆宸翰"、"惟精惟一"篆印两方。此瓶在构图设计上可谓别出心裁，它以多种色调的珐琅彩料与粉彩料合绘纹饰，不仅画面丰富、层次鲜明、画工精致，而且诗与画共同入画，极大丰富了瓷绘的表现力。此外，在装饰工艺上它集彩绘、描金、轧道、凸印、开光等多种工艺于一身，充分反映出乾隆时期高超的制瓷工艺水平。另一类是婴戏人物纹饰，如一件婴戏纹双连瓶，瓶体为双连式。双连瓶是乾隆时期流行的器型，又称合欢瓶。此瓶腹部白地上绘两组婴戏纹：一组为四婴戏三羊图，意寓"三羊开泰"。另一组为九子嬉戏图，画中儿童形态迥然不同，手持各种吉祥物，意寓"事事如意"、"福在眼前"等。此婴戏图底本出自供奉内廷的宫廷画家金廷标，人物神态逼真、生动活泼，甚得人爱。乾隆时期的珐琅彩婴戏纹饰，常通过儿童活动，将吉祥之意寓意其中。在一件黄地花卉开光婴戏纹瓶上，通体以黄釉为地，以各种色料通体彩绘缠枝花卉，三面开光内所绘婴戏图，分别寓意"竹报平安"、"吉庆有余"、"官带流长"。此瓶在色地上彩绘花卉，明显具有铜胎画珐琅效果，所绘人物画法写实，线条流畅，设色精丽。乾隆时期在珐琅彩瓷上，还出现了一类临摹西洋人物和景色的纹饰，其用笔光滑平柔，几乎看不到笔触，色彩绚丽丰富，并运用焦点透视方式，使画面上的人物及背景上的建筑物，具有光线明暗的立体效果。这些都是制瓷匠师将西洋画法掺入珐琅彩瓷绘技艺中的结果。一件黄地小葫芦瓶，上部椭圆形开光内绘西洋景色，下部海棠花式开光内绘西洋妇女和婴儿，画面中人物面部明暗分明，装束华丽，背景建筑物清晰可见。整个图案从题材到画法都是西洋风格，是乾隆珐琅彩瓷受西洋画风影响的典型之作。在乾隆珐琅彩瓷中，还有一类非常特殊的方法，即在珐琅色地上，用一种像针一样的工具，画出凤尾状纹饰，俗称"轧道"，在轧道地上再绘画纹饰，构成一种十分华丽的锦地花卉纹饰，清宫内务府记事档中称其为"锦上添花"。如一件蓝紫地花卉双连瓶，通体采用轧道工艺，并在轧道地上用黄、白、绿、红等色料绘缠枝花卉。此瓶造型优美，设计奇巧，绘画细腻，明显具有铜胎画珐琅效果。这种轧道工艺自乾隆以后就很少见到，嘉庆时在粉彩器上，虽然偶有运用，但精细程度远非乾隆珐琅彩所比。乾隆珐琅彩瓷的胎，也同样为景德镇烧制的白胎瓷器，其款式多以蓝料彩书四字楷款"乾隆年制"，外围方栏。个别器物用青花、金彩或黑料书写款识。

乾隆皇帝以他的艺术鉴赏力，将宫中珐琅彩瓷发展到一个新的阶段，然而此时却是珐琅彩瓷由盛转衰的开始。《饮流斋说瓷》说："故乾隆一朝为清极盛时，变为一代盛衰之枢也。政治文化如此，瓷业亦然。"从乾隆中期以后，所谓"康乾盛世"已出现由巅峰下滑的趋势，社会经济状况每况愈下。在这种社会大背景影响下，宫廷中奢华之风，也必然受到影响，而不得不有所收敛。珐琅彩瓷由于造价昂贵，且费工费时，在当时国库财力无法支付的条件下，必然难以维系它的存在。而此时景德镇御窑厂最得力的督陶官唐英，由于提任淮安关税职务，不能亲临窑厂督陶，使御窑厂烧瓷质量下降，很难有大批可供画珐琅选用的上好素胎进呈。没有精良质坚的薄胎瓷为基础，珐琅彩瓷本身也失去了存在发展的先决条件，其生产必然受到极大制约，所以逐渐销声匿迹。关于珐琅彩瓷在宫中停烧的确切时间目前尚无资料充分证明，不过从乾隆中期以后的档案中，已经看不到有关珐琅彩瓷烧制的记载。

珐琅彩瓷纯系宫中皇帝后妃们把玩的御用瓷，它的发展完全取决于皇帝的兴趣和爱好，皇帝不仅亲自参加图样设计，而且准烧什么，不准烧什么，都由皇帝钦定。宫中造办处珐琅作坊内更是分工明确，画师、烧造匠师各负其责。在器物烧成之后，每件物品还要经皇帝过目品评。最后造册登记，定名入账，配匣收藏，甚至藏于何处，皇帝都有十分具体的安排。此外，由于珐琅彩瓷烧制难度极大，加之成本昂贵，更使它身价倍增。如档案记载：雍正七年四月，皇帝传旨烧一件珐琅小瓶，直至八月才烧成，其间历时四月有余。依宫中造办处的优越条件，烧造一个小瓶尚用一百余天，可见珐琅彩瓷的烧制工艺何等复杂。难怪从康熙中、后期至乾隆中期这六七十年间，流传于世的珐琅彩瓷不过五百余件，而且绝大部分收藏在北京故宫博物院和台北故宫博物院，可谓弥足珍贵。

4．珐琅彩的仿制

由于珐琅彩瓷是康熙、雍正、乾隆三朝皇帝的把玩之瓷，一直秘藏宫中，加之传世品的数量极为稀少，所以后世仿烧珐琅彩瓷一直不断，在民国时期达到高潮，并具有一定水准。目前所见仿康熙、雍正、乾隆三朝珐琅彩瓷的传世品中，主要是民国所仿，其特点大致如下：

①民国期间仿康熙珐琅彩瓷，主要是仿其纹饰，其次是仿其造型。但仿制的纹饰过于拘谨，色彩不够浓艳，器里釉面泛粉白色，显得光润有余，坚硬不足。另有一种是在康熙旧素白釉器上，后加绘珐琅彩画，有黄、蓝、红、紫等色地。纹饰多

绘牡丹、"寿"字，或九秋花蝶图案，这类仿品很难分辨。但如果从整体效果看，纹饰层次不清，画意呆板，绝无康熙珐琅彩瓷的挥洒自如之感。 图 85、86

　②民国仿雍正珐琅彩瓷，多数也是在雍正白釉瓷器上加绘纹饰，目前见到的

图 85　清康熙珐琅彩花卉碗

图 86　民国仿康熙珐琅彩花卉碗

143

图87 清乾隆珐琅彩花卉纹小瓶

图88 民国仿乾隆珐琅彩花卉纹小瓶

有白地、蓝、紫色地等品种，也有全新仿制之器。但釉面和胎质的精细程度不如真品。 图87

③民国仿乾隆珐琅彩瓷，主要是仿白地珐琅彩，造型及纹饰完全仿效，其胎质甚至比真品还要细润，纹饰也非常细腻，其中精细之作，完全可以乱真。 图88

下面以北京故宫博物院藏一件康熙时期的"红地珐琅彩花卉纹碗"，与一件民国时期所仿的赝品对比详细叙述，真伪之间惟妙惟肖、难断真假之处便一目了然。

康熙"红地珐琅彩花卉纹碗"：高5.6厘米、口径１０.７厘米、足径4.6厘米，敞口、深腹。器形虽娇小玲珑，但不失端庄秀丽的气质。碗内光素无纹饰，在外壁抹红地上，姹紫嫣红的桂花、菊花、秋葵、鸡冠、芙蓉、秋海棠等秋季开放的九种花卉争奇斗妍，构成一幅秋季美景。此图又名"九秋图"，或

"九秋同庆图"，这是清代官窑瓷器上较为常见的一种装饰题材。由于瓷胎珐琅器是受铜胎画珐琅器的影响而产生的，康熙珐琅彩瓷又属于初创阶段，因此铜胎画珐琅器的施彩工艺、绘画技巧以及装饰风格，在康熙珐琅彩瓷上表现得最为突出。如此碗外壁作色地装饰，浓艳深沉的抹红地与红铜胎质的珐琅器有异曲同工之妙。不仅如此，其纹饰也与珐琅器不尽相同，都具有明显的图案画效果。又由于堆料较厚，多种色阶深浅不同的料彩，使得画面层次格外分明，立体感强，用手触摸还有一种凹凸不平之感。碗底圈足内的款识也仿铜胎珐琅器款识的效果，作四方边栏双线款，书青花"康熙御制"四字楷款，笔力顿挫，挺拔工整，不失为一件宫苑御用之器。

民国所仿的这件赝品， 图 89 造型略大于真品，它高6.4厘米、口径12.3厘米、足径5厘米，胎体也较真品厚重。而两件器物最大的区别，是在施釉工艺上的不同。康熙珐琅彩料均由国外进口，这些彩料在烧成后都呈本来的颜色，蓝得湛蓝，绿得青翠，红得深沉，黄得娇艳，并有一种透明的玻璃质感，形成了珐琅彩瓷特有的艺术效果。到民国时此种珐琅彩料早已不复存在，但为了追求这种效果，只能堆加粉质，因此色调晦暗，施彩浓厚不均，画面层次不分明，用手触摸也无凹凸不平之感。特别是在真品中占有相当比例的蓝料彩，在赝品中却被一种褐色代替，使得画面黯然失色。此外，在花纹图案上，赝品因刻意模仿，线条过于细腻，绘意拘谨，虽笔笔填彩精确，但全无真品挥洒自如、粗犷豪放的勃勃生机。在款识上也明显不同，赝品为胭脂彩双线围方款。此外，赝品最失败的一笔，是在碗内另绘有桃、苹果、花生、瓜子、栗子等秋果图案，看似华丽热闹，却失之偏颇。

图89　民国仿康熙红地珐琅彩花卉纹碗

十、青花瓷篇

在我国陶瓷发展史上，最具民族特色的器物就是青花瓷。所谓"青花"，一般是指应用"钴"这种原料，在胎上绘出花纹，然后施加透明釉，在高温下一次烧成的"釉下彩"瓷器。青花瓷器的烧制成功，是我国陶瓷发展史上具有重大意义的事件，它打破了以往青瓷、白瓷等只靠釉面装饰，或在胎体上刻、划、印、剔花的装饰局限，以其雅洁深沉的蓝色，通过线条的粗细疏密来描绘图案，青白相映、幽靓苍翠，与我国传统水墨画有异曲同工之妙，并给人以恬静舒适、赏心悦目的感受。

（一）元青花瓷

从现有的历史实物来看，青花瓷器早在唐代已初见端倪。1975年在扬州唐城遗址出土的青花瓷片，是迄今为止我国发现最早的青花瓷器。但这些瓷片出土数量极少，胎体瓷化程度不高，釉面青料色泽灰暗，画面也是极为简单的点划纹饰。宋代青花瓷器也有极少量出土，花纹图案同样十分简单，这些都可以算作是青花瓷器的原始阶段，只有到了元代当成熟青花瓷出现后，青花瓷才成为蜚声中外、驰誉艺林的杰出品种。

青花瓷器经元、明、清三代直至现在，七百多年来盛烧不衰，并且受到全世界人们的喜爱和赞赏。它的流传之广与评价之高、影响之大，在中国陶瓷史上是任何一类名瓷难以相比的。1929年，英国人霍布森在我国北京一座道观中买去一对带有元"至正十一年"铭款的青花云龙纹象耳瓶，使世界为之震惊。因为在此之前，人们一直认为成熟的青花瓷出现在明代，以永乐、宣德青花瓷为代表。而如此精美艳丽的青花瓷，不会出现在以器物厚重粗糙著称的元代。20世纪50年代美国的一位波普博士，以这对青花瓶为依据，对照伊朗阿迪比尔神庙及土耳其伊斯坦布尔博物馆所收藏的大批元代青花瓷器进行了对比研究，把凡是与之相似的景德镇在14世纪生产的成熟青花器，均称作"至正型青花"，从而使元青花瓷的研究进入了一个新阶段，在全球范围内掀起了一股热潮。在此之后，在我国内地一些元代居住遗址、元代窖藏和元末明初墓葬中，也陆续出土了一些元代青花瓷器，例如北京元大都后英房遗址、北京旧鼓楼大街窖藏、河北省保定市窖藏、江苏省金坛县窖藏、湖南省常德市元墓、江西省波阳县元墓、江西省高安县城窖藏、南京市明初墓等。这些出土的器物，进一步丰富了元代青花瓷器的研究。

在造型上，元青花瓷首先给人一种高大、庄重、浑厚、质朴的感觉。常见的器型主要有梅瓶、四系扁瓶、玉壶春瓶、兽耳衔环瓶、塔式盖瓶、蒜头瓶、戟耳瓶、葫芦式瓶、连座瓶、八棱形罐、执壶、盖罐、凤流壶、大碗、高足碗、大盘、鼎、匜、水注、器座等。其中八棱形器物在元青花瓷中最具典型性，有八棱形梅瓶、八棱形玉壶春瓶、八棱形执壶、八棱形葫芦瓶等。虽然八棱形器物在唐、五代的越窑中就出现过，如陕西扶风法门寺地宫中曾出土过一件八棱形长颈瓶，同时出土的记物账上称其为"秘色青瓷"，其精致的制作工艺，代表了唐、五代时期越窑青花瓷的最高水平。但是越窑青瓷中，这些八棱形器物的造型一般较小，与元代青花瓷中的八楞形器物根本无法相比。土耳其托布卡博物馆收藏有一件八棱形葫芦瓶，体高就达60.6厘米。在陶瓷工艺上，器形高大的器物在拉坯成型时难度很大，而要拉出八个棱面的高大器物难度就更大。元代制瓷工匠能够烧出如此线条流畅的八棱形器物，说明其烧制工艺水平已具有相当高的程度。

元青花瓷中不仅八棱形器物令人叹为观止，其大瓶、大盘、大碗、大罐造型之大，也令人惊奇。例如，前面提到的那对"至正十一年"款青花云龙纹象耳瓶（现藏英国大维德中国艺术基金会），体高达63.6厘米；1980年，江西高安县出土一件青花云龙纹兽耳盖罐，通高为67厘米；1964年，河北省保定窖藏出土一件青花海水白龙纹八方带盖梅瓶，通高为51.5厘米；另一件青花狮子绣球纹八棱玉壶春瓶，高31.7厘米；日本松岗美术馆藏一件青花孔雀牡丹纹四系瓶，高39.5厘米；土耳其托

图90　元青花云龙梅瓶

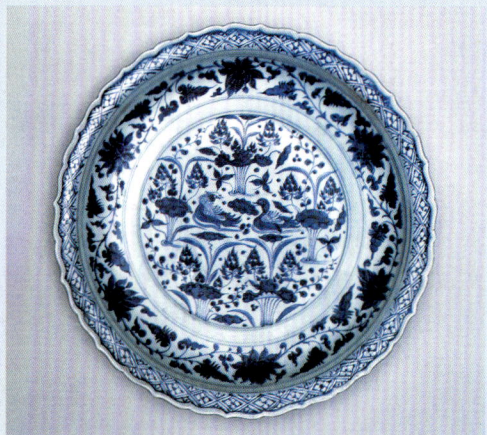

图91　元青花盘

布卡博物馆藏一件青花琛宝花卉花口大碗，口径为40.5厘米；伊朗阿迪比尔神庙藏一件青花花卉大碗，口径为31厘米。在这些元青花大型器物中，尤以各式大盘数量居多，如土耳其托布卡博物馆藏有一件青花云龙纹菱花口大盘，口径为48厘米；日本松岗美术馆藏一件青花双凤琛宝纹菱花口大盘，口径为47厘米；英国哈德大学佛格艺术馆藏有一件青花孔雀花卉纹菱花口大盘，口径甚至达到48.8厘米。

元青花瓷不仅在造型上风格独特，其丰富多彩的装饰题材及装饰技法，也与前朝风格迥然有异。元青花装饰题材中最具时代特色纹饰，有缠枝牡丹纹、鸳鸯卧莲纹、海水鱼藻纹、海水云龙纹、蕉叶瓜果纹、麒麟凤凰纹，以及戏剧人物纹等。**图 90** 元青花中一些动植物纹饰，常画在变形莲瓣或云肩内，形成一种非常特殊的装饰带，装饰在器物的肩部及足胫处。所谓"云肩"，即指器物肩部的"云头"或"灵芝头"图案，因它与当时元朝贵族服装上肩部的织绣纹饰相似，故而得名。**图 91** 在元代云肩图案都是出自同一画局匠师之手，元青花瓷上这种与丝织品相同的纹饰，说明古代工艺品在装饰艺术上的相互借鉴性。

元青花瓷上除动植物纹饰外，将文学作品和戏剧人物故事大量绘画在器物上，也是其鲜明特征之一。例如，美国波士顿博物馆藏一件青花罐，绘画"尉迟恭救主图"；另一件青花梅瓶，上面绘画"诸葛亮三顾茅庐图"；日本出光美术馆藏一件青花罐，绘画"王昭君出塞图"；江苏省南京市博物馆藏一件青花梅瓶，绘画"萧何月下追韩信图"；湖南省博物馆藏一件元青花玉壶春瓶，绘画"蒙恬将军图"；湖北省武汉市文物商店藏一件青花梅瓶，则绘画"四爱图"（"四爱图"指陶渊明爱菊、王羲之爱鹅、周敦颐爱莲、林和靖爱梅鹤）。

元青花瓷的装饰风格，主要采用的是一种饱满形装饰，器面往往画得较满，全器几乎全为青花所覆盖。以最具典型的英国大维德基金会收藏的元代"至正十一年"青花瓶为例，全器纹饰竟达12层之多。然而如此繁密的纹饰，却并不给人以繁缛之感，相反倒显露出一种壮美的情趣，这正是元代艺术匠师在构图上的高明之处，也是元青花在陶瓷史上获得辉煌成就的重要原因。在装饰技法上，元青花主要采用绘画、刻划、模印、雕塑等多种技法相结合的方式，充分表现了元代工匠们高超的制瓷技巧。在伊朗阿迪比尔神庙中，收藏有一件青花菱花口大盘，它采用印花、刻花和绘花等多种手法，充分利用青花色调与白色釉地的色调变化，既有蓝地白花的"凤穿花纹"、"缠枝牡丹花纹"、"杂宝纹"，又有白地蓝花的"缠枝莲花纹"，还有线描青花"海水纹"，艺术表现力极强。在北京元大都遗址出土的一件青花扁壶，将青花绘画与器物造型完美统一于一体，将扁壶的流塑成凤鸟头状，壶柄塑成凤尾状，壶身以青花绘画凤鸟的双翅，壶底足处绘画缠枝莲花纹，整件扁壶仿佛是一只在花丛中飞舞的凤鸟，器物的实用性与审美性，在这件元青花瓷上得到最完美的体现。

元青花瓷在我国陶瓷史上可谓一枝独秀，其高超的艺术造诣，使它既不同于唐代艺术那种雍容华贵之态，又别于宋代艺术的精巧秀丽之姿，而呈现一种雄壮浑厚、粗犷豪放的神韵。这些都与当时元朝统治者的审美情趣，以及元代社会所固有的多元文化特性有相当深刻的联系。由于游牧生活习惯，元朝贵族统治者把征伐、狩猎、宴飨看做人生三件最主要的事情，因此对武器、土地和各种奢侈品最感兴趣。如回回炮、折叠弩、如牙忽（宝石）、达纳（珍珠）、速夫（毛布）、纳失失（金锦）、阿剌吉洒（蒸酒）、舍儿别（果子露）等，都是元蒙贵族最喜爱的。自成吉思汗起兵那天起，连年不断的战争使中原地区社会经济遭到严重破坏，但是元朝统治者为了满足他们奢侈的生活享受和军事上的需要，却十分重视手工业的发展，使它呈现畸形繁荣的趋势。元代手工业有官办和民办两种，其规模和产量远在宋、金之上。官营的手工业作坊有的属于政府管辖，有的属于皇亲贵族经营，其工匠的来源，是元朝统治者在对外发动战争中所俘掠的各族工匠。在战争中，每当攻破一座城池后，在掠夺财物、屠杀人民之时，惟工匠得免于死。《静修文集》曾记载："保州屠城，惟匠者免。"另据元史记载：1276年元军取得杭州后，"籍（括入）江南民为工匠，凡三十万户"。1279年又"籍工匠四十三万，立局院四十余所"（《秋涧文集》）。这些工匠的地位是世袭的，子孙都不能脱籍，婚嫁之事也不得自由。元朝统一全国后，官营手工业的局院几乎遍布全国，各地由于官营手工业是官府皇亲贵族直接经办的，有无数工匠供其驱使，所以能生产出十分精美的工艺品。以元代瓷业为例，由于元朝政府的重视，建国之始即在景德镇设浮梁瓷局，专门管理景德镇的制瓷业。随着南北各地的制瓷名匠汇集到景德镇，使景德镇开始成为全国制瓷业的中心，一些优秀的品种也在这个时期相继出现。诸如"卵白釉"、"红釉"、"蓝釉"、"釉里红"等，这些品种在中国陶瓷史上都是杰出之作，青花瓷器也正是在这种大环境下脱颖而出的。

元代青花瓷的产生，虽然是在元朝贵族追求享受的基础上发展起来的，与元朝社会追求英武强悍的习俗相一致，但与同时代其他产品相比，无论是制作工艺，还是绘画技巧，青花瓷既略胜一筹，又有别于传统风格，特别是那些形体高大的器形，以及那种多层次密而不乱、空间极为狭窄的构图方式，具有非常浓郁的伊斯兰特色。例如，元青花大盘上普遍采用同心圆装饰，这是典型的伊斯兰风格，这种风格在14世纪早期伊斯兰金属器皿或陶器上都能找到原形。元青花器中以大盘居多，也与中西亚地区贵族崇尚的饮食习惯密切相关。明朝人马欢曾著《瀛涯胜览》一书，书中讲到"西域国人用大盘盛其饭，浇酥油汤汁，以手撮入口中而食。宴会则以大盘盛姜黄色而属于香味之饭肴，置于地上众人以手撮而食之"。土耳其托布卡宫殿收藏的一幅壁画，详细描绘了伊斯兰贵族们这种宴饮的盛况，画面上众人席地而坐，共食一个大盘或大碗内的食物。在另一幅15世纪穆罕默德山中宴饮图上（台湾唐内希普撰《中国与伊朗的艺术交流》），也生动描绘了人们在山林间席地而坐，以大盘大碗盛食物，以大瓶大罐盛酒的豪饮场面。

对于元青花瓷上这种特殊现象，一位英国人士玛格丽特·梅德雷在其所著《论伊斯兰对中国古瓷的影响》一文中指出："中国14世纪几乎专为近东市场而制作的青花瓷，其设计式样远非中国式的，实为伊斯兰的。"联系元青花瓷的出土情况来看，目前国内出土的地点主要是一些窖藏，元墓及居民居住遗址出土物非常少。以故宫博物院藏品为例，在清宫旧藏品中，无一件元青花瓷器。相反传世的元代青花瓷器，以伊朗阿迪比尔神庙和土耳其伊斯坦堡托布卡比博物馆收藏最丰富。这些是否能够说明在元朝社会，青花瓷器还没有成为朝廷或人们日常生活的必需品。元朝一位著名学者苏天爵在《元朝名臣事略·卷五"杨忠肃公"》中曾有这样一段记载，其曰："元太祖使用的盛酒器皿，是槽口镶金的金属制成品。"意大利人马可·波罗在他的《马可·波罗游记》一书中，也谈到"元代皇帝御用餐具，是漂亮的镀金金属制成品"，可见元蒙统治者在当时并不以青花瓷器作为宫廷用瓷，元代宫廷督办青花瓷器的目的，主要是为了中东地区贸易的需要，因此元青花瓷器在造型、纹饰上，也是为适应中东地区伊斯兰民族的生活习惯而制。

目前市场上和私下陶瓷交易中，仿冒元青花瓷的品种比较多，高仿品种与真品相差无几，同样采用多层装饰，但是往往不了解当时的生产历史背景和工艺过程，显现出画面的不完美，制作工艺的瑕疵，都给鉴定带来机会，只要细心观察是不难找到仿品的破绽。 **图 92** 仿品的下等货色更是四不像，它们胎体厚重、画面粗糙、工艺拙劣，对于那些对元青花瓷不了解的收藏者有极大的欺骗性。由于历史的动荡，使用过程的损坏，后世人们对元青花的不了解，都使元青花的传世数量比较少，收藏者千万不要出于猎奇，收藏那些仿制的元青花制品，免得后悔莫及。

图92 新仿元青花凤穿花玉壶春瓶

（二）永乐、宣德青花

青花瓷器发展到了明代，已经成为景德镇陶瓷的主流产品，由于绘画所用钴料和绘画题材、笔法的不同，明代各时期青花瓷器往往各具特色，呈现一种千姿百态之状。例如，明早期青花色泽浓艳凝重，中期转为浅淡秀雅，晚期青花又趋鲜艳且蓝中泛紫，末期则又改浓艳为淡雅。终明一朝，青花瓷虽各具千秋，但其鼎盛期非永乐、宣德莫属，其精品一向被列为青花之冠，时至今日仍珍同拱璧。

清代朱琰在《陶说》中叙述宣德青花瓷说："此明窑极盛时也。选料、制样、画器、题款，无一不精，……故论青花，宣窑为最。"朱琰在这里独崇宣德青花，是因为永乐青花瓷一般不书帝王年款，故识别较难，加之永乐和宣德两朝之间只隔着一个洪熙（为时仅一年），两个朝代几乎相接。帝王的更迭并不一定带来手工艺品风格的迅速改变，所以永乐和宣德两朝的青花器，具有许多共同的特点和风格，陶瓷史上的一般看法是"永宣不分"。永乐、宣德青花一改元青花那种繁密、雄健的格调，呈现出一种浓艳、凝重、古朴、典雅的艺术风采。胎体温润细腻，釉质肥厚，多有气泡棕眼，青花发色蔚蓝苍翠，线条间往往有晕散现象，很像水墨画在宣纸上所形成的墨晕，加上错落有致的晕点，就使画面越发显得气韵生动、浑厚华滋。

永宣青花所用的青料相传是郑和下西洋时从伊斯兰地区带回的所谓"苏麻尼青料"，这一点在明人笔记如王世懋《窥天外乘》、黄一正《事物绀珠》二书内都有记载。近代科学测试也证实，它即是名为Small的砷钴矿(CoAs2)。苏麻尼青料由于含锰量低，减少了青色中的紫红色调，在适当的火候下能烧出像蓝宝石一样鲜艳的色泽，然而由于含铁量高，又往往会在青料浓重处出现黑疵斑点，这些黑疵斑点呈星状点滴晕散，迎光侧视或用手触摸，还有凹凸不平之感。这种自然形成的现象，在工艺烧成上如果是一种缺憾，那么在艺术上则是它与众不同之处，它和浓艳的青蓝色相映成趣，被视为后世无法模仿的永宣青花瓷器的精华。**图 93、94** 现存于北京故宫博物院的一件宣德青花海水龙纹扁瓶，其青花呈色即为"苏麻尼青料"的典型色调。此瓶造型庄重挺拔，在一片苍茫无际波涛汹涌的海水中，一条矫健的白色行龙横亘于惊涛骇浪之间。匠师用笔洒脱奔放，犹如纸上挥毫，故游龙神采飘逸，大有腾云致雨的气势；海水连天翻涌，又有铺天盖地而来之感。其青料所绘深蓝色的海水波涛间，点点沉淀的铁质黑斑恰如滚动的海潮，与白色龙身呈现鲜明对比，充满力量和运动的美感。前人称永宣青花"开一代未有之奇"，如此看来并非过誉之词。

图93　明永乐青花桃竹纹梅瓶

永乐、宣德青花以其独特的艺术魅力，自问世之日起，就备受世人的推崇。明高濂《遵生八笺》

图94　明永乐青花云龙纹碗

一书评论明代瓷器时说："余意，青花成窑不及宣窑，五彩宣庙不如宪庙。"宣德一朝之后，永乐、宣德青花一直深受世人推崇，明代自嘉靖朝始即大量仿制，此后历朝都在仿效。至20世纪30年代，英、美、德、法、日人相继在中国各地掠夺文物，永乐、宣德青花大量流落海外，其身价也由此腾跃百倍。永宣青花独受世人青睐，主要是它充分表现出一种绘画的趣致，它所形成的这种独特的艺术效果，其青料具有较强的晕散性能有利于绘画，固然是一方面，但更主要的还是宣德皇帝的艺术修养，造就了明初宫廷艺术的蓬勃发展，终使宣德青花在艺术上取得的成就比永乐时期更为突出。

宣德皇帝朱瞻基为明朝第五位皇帝，史称"太平天子"。宣德一朝虽然仅持续

了短短10年(1425—1435年)，但是由于宣宗皇帝全力发展社会经济，提倡艺术创作，使社会在经济发展的同时，文化也有所发展，当时绘画、书法以及瓷器、漆器、铜器等各种艺术门类都有辉煌成就，并对后世产生了深远影响。宣德皇帝一生好作诗文，有御制诗集传世，尤爱绘画，工于书法。关于宣德皇帝擅长绘画的记载，最早见于明宣德时期韩昂所著《图绘宝鉴续编》一书，其云："宣庙御笔有山水、人物，有花果、翎毛，有草虫，上有年月及赐臣名。"明代姜绍书在《无声诗史》一书中也说：（宣德）"帝天藻飞翔，雅尚词翰，尤精于绘事。凡山水、人物、花竹、翎毛，无不臻妙。"传世的朱瞻基书画作品，据乾隆时编辑的《石渠宝笈》《秘殿珠林》两书记载有31件，另见其他著录者共达54件之多。其中《三阳开泰图》《戏猿图》《花下狸奴图》《子母鸡图》《瓜鼠图》《万年松图》都是精妙之作。现藏北京故宫博物院的一幅《瓜鼠图》，是朱瞻基书画的代表作，画面上一只毛茸茸的小鼠站在一块大石上，垂涎望着枝干上长出的瓜，瓜藤枝条曲折攀缘而生，笔意生动富含野趣。引首楷书"宣德丁未御笔戏写"，字上钤有"广运文宝"印。此画在清代乾隆、嘉庆、宣统时期也是皇帝的赏玩之图，并有御玺分别钤盖其上。宣德皇帝的另一幅画《万年松图卷》，风格上又与此画迥然有异，画面上双松并峙，虽横卧之木，却有高挺入云的气势。引首楷书"宣德六年四月初一日，长子皇帝瞻基敬写万年松图奉仁寿宫清玩"。宣德皇帝做此画时年33岁，正值年富力强之时。

宣德皇帝不仅在书画方面才艺可与宋徽宗媲美，明钱谦益《列朝诗集小传》评道："帝游戏翰墨，点染写生，遂与宣和争胜。"朱瞻基还以恢复北宋徽宗宣和书院为目标，吸收许多名家入宫隶属于仁智殿及武英殿供职，即后人所说的"宣德画院"。它一扫元人的影响，代之以南宋风骨。此种画风自然也促成了明初宫廷艺术的发展风格，并为宣德青花的发展提供了可以借鉴的艺术蓝本。仅以前面提到的宣德青花海水龙纹瓶为例，其海水汹涌澎湃之势，不禁使人想起宋人马远《水图卷》中那幅著名的"黄河逆流图"，而凶勇威猛的巨龙则使人看到宋人陈容《云龙图》中的墨龙形象。陈容是南宋时期的进士，是当时一位画龙高手。据画史记载，陈容画龙深得龙形变化之意，他泼墨成云，吸水成雾，画面上常乌云密布，雷电交加，将龙的雄奇和与云作雨的本领表现得非常充分。宣德青花瓷器上的海水龙纹图案，巧妙借鉴马远的"海水"与陈容的"龙"纹形象，最终形成一种具有时代特色的瓷绘图案。

宣德青花不仅海水龙纹极具时代特征，其花卉、果实、鸟虫绘画得也相当出色。以植物花果为例就有莲花、菊花、牡丹、苜蓿、灵芝、牵牛花、茶花、百合、葡萄、荔枝、枇杷、桃、石榴、西瓜等，几乎人世间的祥花瑞果都在其上。

图 95、96 那一幅幅青翠披离的画面，就是一幅幅写意花鸟画，从中不难看出宋人花鸟画的影响。例如，一件绘画枇杷绶带鸟纹的大盘上，一只拖着长翎的绶带鸟，正聚精会神啄食熟透的枇杷果，其鸟纹形象栩栩如生、生动传神，仿佛呼之欲出。另一件青花把莲纹大盘上，作者以简洁生动的笔线，勾勒出亭亭玉立的莲花出淤泥而不染的风采，画意十分飘逸洒脱。在一件牵牛花纹委角瓶上，其青花晕散的效果，浓淡相间更似水墨画的神韵。宣德青花瓷上的花鸟画，不仅以绘画生动著称于世，而且构图优美也堪称佳作。如北京故宫所藏一件青花竹石蕉叶纹梅瓶，画面上由山石、蕉叶、篁竹构成的景色，即依瓶体造型自然延

图95 明宣德青花盘

图96 明宣德青花海水龙纹扁壶

伸，其静谧、开阔的庭院景色令人产生无限遐想。此外，在历代文人墨客笔下常用的松、竹、梅"岁寒三友"图，在宣德青花器上也大量出现，无论盘、碗、瓶上，其松树的挺拔；篁竹的青翠；梅花的娇艳，都得到最完美的表现，其画风还颇有几

分宣德皇帝笔下松、竹、梅的韵味。

宣德青花中仕女人物画，数量之多，描绘之细腻，题材之丰富，也为明清青花之首。明人沈德符在《敝帚斋馀谈》一书中论其曰："宣窑不独款式端正，色泽细润，即其字画亦皆精绝。余见御用一茶盏，乃画'轻罗小扇扑流萤者'，其人物毫发具备，俨然一幅李思训画也。"宣德青花仕女人物画题材，常见的有"仕女赏月图"、"仕女琴棋书画图"、"仕女对镜梳妆图"、"仕女婴戏图"、"仕女骑凤图"、"侍女骑鹤图"等等。这些画面又从另一个侧面，反映了宣德皇帝戏游无度的宫廷生活。

永宣青花由于画面生动，后世仿冒者很难达到其流畅自然的效果。清朝的康熙、雍正、乾隆三朝是当时陶瓷生产的高峰，官窑多有仿制，但是很难达到其效果。现代的仿品更是难以达到永宣青花惟妙惟肖的境地。

（三）康熙青花

入清以后青花瓷器，仍然是景德镇瓷器最大宗的产品，其中以康熙青花最为卓越，它使用云南产的"珠明料"，青花发色青翠明艳，由于采用分水法，青花图案可以分出许多层次，可谓浓而不俗、清而不浊，给人以清新明快的感觉。康熙以后各朝的青花制品，因改用浙江及江西、福建一带的青料，青花发色渐趋灰暗，故《陶雅》评说清代青花器"雍、乾两朝之青花，盖远不逮康窑。然则青花一类，康青虽不及明青之农美者，亦可以独步本朝矣"。 图 97

康熙一朝前后共61年，在如此漫长的岁月里，青花瓷器色调变化很大，其发展大致可分为三个阶段。

早期青花：一般指康熙二十年以前的产品，这个时期青花发色较灰暗，明显带有明末清初的风格，如釉面肥润，色调为青白色，青花发色迷混不清等。此时，虽然以珠明料绘画，但色调变化很大，大约在康熙十年以后，青花才逐渐出现浓淡相间，青翠艳丽的色调。

中期青花：一般指康熙二十年至四十年之间的产品，此时因为使用上等的珠明料，所以青花呈色青翠亮丽。又由于在绘画技法上借鉴了中国画"分水"、"皴染"等技法，突破了传统的"平涂"技法，所以使画面层次鲜明，达到了"墨分五色"的效果，故康熙青花又有"五彩青花"之称，成为历代青花之冠。这个时期青花品种繁多，如郎窑青花、蓝釉青花、哥窑青花、黄釉青花、豆青釉青花、青花釉里红和浆胎青花等，其中浆胎青花在康熙青花中也很有代表性。所谓"浆胎青花"，是指用瓷土淘洗后的细泥浆制成，胎体较薄，胎质为土黄色，釉面呈浆白色，在开有细碎片纹的釉面上，绘画青花纹饰。雍正、乾隆两朝也有少量烧制，民国和清末时期多以仿烧康熙浆胎青花为主。

晚期青花：一般指康熙四十年以后的产品，此时青花色调由中期的浓艳青翠，逐渐向浅淡灰暗过渡，青料有晕散现象。一些仿永乐、宣德时期的青花瓷器，多出于此时。

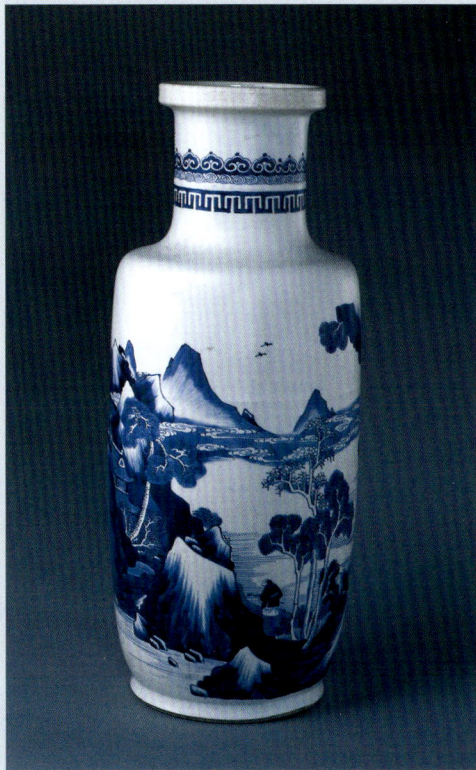

图97　青花山水人物棒槌瓶

康熙青花的胎釉可用一个"硬"字概括，胎质坚硬、细白，胎釉结合紧密，胎体分量较重。康熙青花的胎釉，也同样可以分成早、中、晚三个不同时期。早期青花的胎体厚重，制作工艺与顺治时大致相似。其釉面肥厚，白中闪青，呈现一种青白色。器物口沿处多施酱黄釉，底足有"跳刀痕"、"粘砂"和"火石红"等现象。中期青花的胎体与前期相比，虽略显轻薄，但拿在手中也有沉重感。胎质更加洁白细腻，釉色洁白光亮，呈粉白色。晚期青花的胎质仍旧保持细润的本质，胎体以薄胎瓷为主，釉面又变成青白色。

康熙时期青花造型的主要特征是古拙质朴，制作精细，多为直线形器物，大器有挺拔向上之感。此时造型品种多样，典型器有棒槌瓶、油槌瓶、凤尾尊、观音尊、双陆尊、琵琶尊、莲子罐、将军罐、斗笠碗和笔筒等。在康熙青花中笔筒的烧制非常有代表性，在清代陶瓷史上可占有一席之地。康熙青花笔筒的造型基本上以口足相若的直筒形为主，也偶见有撇口束腰式，或仿生式的竹节形状等。其形制大小有别，"大者径达六七寸，小者也二三寸"（《增补古今瓷器源流考》）。早期笔筒形体一般比较高大，大笔筒器高可达40厘米，口径也有40厘米大。中期以后器体变矮，口径与高度大体相等。笔筒的底足一般为宽窄不等的壁形底或二层台底，也有圈足或无釉平底式。笔筒的釉面装饰非常丰富，除青花外几乎康熙时期瓷器装饰的所有釉色，在笔筒上也都成其为装饰，如五彩、斗彩、釉里红、孔雀绿、洒蓝、霁红、乌金釉描金、釉里三色、素三彩、红彩描金、青釉、白釉等。

康熙青花笔筒不仅造型、釉色相当精美，其文字装饰图案也极具特色。早在唐宋之时，瓷器上就多以文字作装饰，并成为一种习尚。但这些文字仅限于在图案的一角，点缀以简短题句或书干支纪年款。从清代康熙二十年（1681年）以后，瓷器上书写长篇诗词歌赋的文字装饰非常盛行，特别是在青花笔筒上，常能看到以清秀规整的馆阁体小楷，或如行云流水般的草书整篇抄写诸如《圣主得贤臣颂》《兰亭序》《赤壁赋》《醉翁亭记》《出师表》《滕王阁序》《岳阳楼记》《四景读书乐》《西湖十景》《归去来辞》等文章。后人评说："青花绘山水人物笔筒及辞赋笔筒，以康熙一代为最多。画片有通景，有开光书写为赤壁赋、归去来辞、得贤臣颂。"这些书诗词歌赋的青花笔筒，从另一个侧面体现了康熙皇帝的文化政策，可谓开一代未有之奇，清初"举博学鸿词科"之风之兴盛，由此也可略见一斑。

康熙皇帝自1662年登上皇位后，直至1722年死，君临天下达61年之久，在中国历史上可算是在位时间最长的一位帝王。由于康熙一朝时间长、历史跨度大，所以康熙时期青花笔筒，早、中、晚期又有不同的时代风格。在北京故宫博物院的藏品中，以一件丙寅书（康熙二十五年）青花《滕王阁序》文字笔筒为年代最早的一件，年代最晚的是一件丁丑年（康熙三十六年）青花诗句文字笔筒（"成化年制"款），其余几件带干支款的器物分别为：

丁卯年（康熙二十六年）青花诗句文字笔筒

己巳年（康熙二十八年）青花书《赤壁赋》笔筒（"文章山斗"款）。

壬申年（康熙三十一年）青花书《滕王阁序》笔筒（"文章山斗"款）。

乙亥（康熙三十四年）冬月青花渔家乐图笔筒（"芝兰室制"款）。

从以上这些藏品中我们可以看出，在康熙一朝六十多年的时间中，青花笔筒的烧制几乎贯穿始终，而且烧造量是非常大。图 98 虽然目前发现烧制时间最早的笔筒，有确切纪年考的器物，年限仅为康熙十一年，但这应该是康熙时期官窑烧制的最早器物。因为史料记载，康熙初年江西景德镇由于处于南明抗清斗争的拉锯战地带，战乱一直延续不断，景德镇的制瓷业一度衰落不堪，直到康熙十年，景德镇御窑场才有奉旨烧制祭器的记载。所以说康熙官窑器物的出现，应该是在康熙十年以后，在此之前均是官搭民烧的器物，其烧制的品种也非常有限。康熙十三年由于吴三桂战乱，刚刚复兴的景德镇制瓷业再度受到破坏，直到康熙十九年朝廷派工部虞衡司郎中臧应选督理景德镇制瓷业，景德镇窑厂才进入了它的黄金时期，而青花笔筒的大量烧制应该从这个时期开始。

在康熙笔筒上带干支年款的器物，一般为青花题写诗文的一类，要对康熙时大量出现的笔筒进行一个大致的早、中、晚分期，仅仅依据这条线索远远不够，还应该参考同时期其他器物的装饰风格以及档案记载。从宫中档案记载中我们得知，从康熙十九年到康熙二十七年，即臧应选督理景德镇陶务时（世称臧窑），曾奉旨督烧了各种色釉的器物，它代表了此时景德镇御窑厂瓷器

图 98　康熙青花人物笔筒

烧制的最高水平，由此可以这样推断以下各种单色釉，如天蓝、洒蓝、豆青、孔雀绿、白釉等釉面装饰的笔筒，一般大量出现在这个时期。而康熙二十七年至康熙四十四年，则是彩瓷的大发展时期，无论是浓艳青翠、墨分五色的青花，还是色彩绚丽、绘画精细的五彩，以及线条纤细、呈色鲜艳的釉里红，淡雅宜人、雍容华贵的斗彩等，都取得了最佳艺术效果。所以在康熙笔筒上，以青花、五彩、斗彩、釉里红作装饰的器物，应以此时为盛。康熙四十四年至康熙五十一年，当江西巡抚郎廷极主持景德镇窑事时（世称"郎窑"），景德镇御窑场烧出了著名的"郎窑红"、"霁红"、"豇豆红"等红釉器，使自元代出现至明嘉靖后断烧了近二百年的高温铜红釉再现辉煌，因此郎窑红、霁红、豇豆红等红釉笔筒，应该是这个时期的产

物。此外，一些仿宣德青花、仿成化斗彩的笔筒，出现的时期也大致在这个时候，它们共同代表了康熙晚期瓷器制作的水平。

康熙时期青花瓷器的纹饰装饰，也极具时代特色，内容十分丰富，有写意画鸟、山水人物、各种图案化的纹饰，以及戏剧人物俗称"刀马人"和冰梅纹等。康熙青花瓷器上的纹饰，也可以分成早、中、晚期三期。早期纹饰与顺治时期青花风格相同，多采用平涂手法，粗犷与工巧并存，以怪兽、怪石图案居多，多见纹饰与题字相配的画面。中期纹饰呈现多样化风格，画风明显受明末清初画家风格影响，特别是在耕织图案，以及以戏剧人物、文学著作中的人物为瓷绘题材的画面上，人物绘画得相当生动。康熙二十年以后，青花瓷器上流行书写大篇诗赋，如《前后赤壁赋》《滕王阁序》《岳阳楼记》等。关于康熙时瓷器上的题字，经历了一个由简到繁的过程，从北京故宫博物院藏品中，带有明确纪年款的器物看，最早出现文字的青花器物，是一件制作于康熙十年的青花釉里红山水人物小盘，在图案一侧仅题五言诗一句，文字在这个画面上，只起点缀作用。另一件制作于康熙十八年的青花人物瓶，一面题写《赤壁赋》全文，一面绘画苏东坡游赤壁山水的美景，此时文字成为画面的重要组成部分，可谓图文并茂，相得益彰。康熙二十五年以后，在青花器物上以整幅文字作装饰之风非常盛行。据不完全统计，从康熙二十五年到康熙三十年，在许多青花器物上，均有诗文出现，文字在此时成为一种纹饰装饰主体。晚期青花纹饰，呈现一种用笔纤细，绘画细腻的风格，官窑瓷器上以龙凤纹为主，其次为翎毛、花卉、山水、楼阁、飞禽走兽等，画风趋向图案化。在器物边沿，多以锦地开光纹装饰麒麟、芭蕉、人物园景。

最后谈谈康熙青花瓷器上的款识。康熙早期青花瓷器上基本无本朝年款，器物上大量使用斋堂款、花押款、图记款等，这是当时社会背景所致。据《浮梁县志》记载："康熙十六年邑令张齐仲，阳城人，禁镇产瓷器书年号及圣贤字迹，以免破残。"康熙年款最早出现于康熙二十年后，主要为楷书款，并成为一种定制。中期款识以六字双行双圈款居多，以及各种干支纪年款。晚期款识出现六字三行双圈款、堂名款、图记款和伪托款等。伪托款以书写"大明嘉靖年制"、"大明万历年制"和"大明成化年制"的款识居多。青花瓷器上款识一般书写在器物底部，器身书写款识的器物基本上不见。关于康熙青花瓷器上的款识，由于书写不同，呈色也各不相同，大致有三种情况：一种是青花写在涩胎上，未施釉，青花呈黑色；一种是青花写在色釉上，色调也呈黑色；另一种是青花写在白釉下，色调呈蓝色。

康熙青花的仿品在市场上亦有流行，新仿者由于青花颜料的原因，很少能够表现出墨分五色的效果。胎体由于淘洗和瓷泥原因，亦不如康熙时期的胎体坚质和细腻。这些都是鉴别新旧康熙青花的重要因素。

（四）民窑青花

为了区别于官窑青花，人们把民营手工作坊内生产的、供民间使用的青花瓷，称为"民窑青花"。景德镇民窑青花自问世以来，尽管由于历史偏见不曾载入史册，而且被视为鄙俗之物难登大雅之堂，但是作为商品，它广泛渗透于社会经济生活和文化生活，对研究当时社会状况、经济发展、风俗变迁都具有官窑瓷器无可替代的学术价值。此外，民窑青花产量之大也是官窑瓷器望尘莫及的。以明代景德镇瓷业而论，在其瓷业兴盛时年产瓷器可达3600万件，而据史料记载，明代御窑厂在产量最大的时期(嘉靖二十六年)，生产瓷器仅12万件，只相当于民窑产量的千分之三，一般年景也不过数万件，尚不及民窑产量的千分之一，可见"行于九域"的景德镇瓷器基本上是民窑瓷器。在民窑瓷器中以青花瓷为大宗产品，又足以见民窑青花影响之大。不仅如此，若以我国青花瓷在历史上对世界文明的贡献而论，民窑青花也是首屈一指。例如，在亚、非、欧各国出土及传世的明、清青花瓷中，以民窑青花居多，朝廷对外赏赐和交换的官窑瓷器仅是凤毛麟角。

作为一种商品，必须适应广大群众的要求，反映他们的感情愿望、生活习俗和审美情趣。因此，民窑青花瓷的装饰题材，大量反映了民间祥瑞吉庆、美意延年的内容，如《松竹梅图》《寿山福海图》《婴戏图》《高士图》《田园山水图》等。尽管民窑青花匠师在生活中所见所闻，大都是日常生活中极平凡的琐事，但是表现在青花瓷绘上，即便是人们习以为常的花鸟、虫鱼、山水、松石等，也都成为优美的艺术形象。特别是晚明青花中的民窑作品，更以其简练生动的艺术风格深受人们的喜爱。例如，一件晚明青花碗，外腹部画了一幅"牧童放牧图"。画面上牧童只是一个极简略的轮廓，作者有意将人物的整个头部都遮盖在草帽下，而刻意突出其扬鞭催牛的神态。那健壮的水牛，昂首曳尾，朝着牧鞭所指的方向狂奔，天空上一群归鸟衬托出牧童在风雨之中急于回家的心情。疏疏朗朗的画笔，洋溢着浓郁的生活气息，十分耐人寻味。再如一件天启青花人物碗，画面上晚风吹走了牛背上牧童的斗笠，星星照亮了风雨归人的路途，夕阳下肩挑重担的樵夫悠然自得，漫步在乡间小路上。这一幅幅生动景象和谐地组合在一起，就像一支田园牧歌，使人观之能产生浮想联翩之感，这也许就是民窑青花的魅力所在。民窑青花多数绘制在市井平民日常生活所用的小碗、小盘、小罐上，画面都较小，多为一人一物，一角一景，但却犹如国画之册页，扇面之一帧，无论是"风雨归客"、"秋江待渡"、"蒲塘跃鲤"，还是"秋野山僧"、"荷塘春色"、"长老望江"，都极具特色。民间匠师选择这些特定的人物活动场面、千姿百态的自然景色，挥洒三两笔，即截得远山遥岭、疏林平地的一角，表现出广阔的大自然。正如宗白华先生在《美学散步》中所说，民间青花"在一丘一壑、一花一鸟中，发现无限，表现无限"。

中国传统写意画的纸绢作品传世不多，唯独在民窑青花上大量出现，尽管在坯胎上勾线、分水不如宣纸上作画那么自如，但因坯胎和生宣纸有相似的吸收水墨(料)和富有层次效果，加之民间匠师用料自然潇洒、毫不拘束，浓淡虚实、曲直刚柔，好似龙出云，蛇入草，出神入化。因此，就发挥传统绘画技法这一点来说，二者有许多相似之处，可以说民窑青花起到了把中国传统绘画普及的作用，它的这个历史功绩是万不可埋没的。关于中国古代有没有抽象画的问题，长期以来一直是人们争论的焦点，人们在纸绢绘画、庙堂壁画和室内绘画上未曾见过，因而都说没有。但是在民间青花瓷器上，若以明初常见的云气图为例，那流动自如的笔线，起伏波动的旋律，以及欢快轻松的节奏，不就是一幅完美的抽象画吗？它使人想起"微风吹皱一池春水、泛起层层涟漪"的自然美景。还有常见的团螭碗、婴戏碗、松竹梅碗、捧莲童子碗、渔家乐碗等画面，开始都画得很具象，经过半具象半抽象的演变过程，到最后简直变得不知所画为何物，完全抽象化了。这种源于具象的抽象画，在民间青花中不是孤立的一件，而是数以万计，并且早在五百年前就出现了。毕加索画过一组由繁到简，也可说是由具象到抽象的牛，几十年来作为一种艺术现象的典型，被世人津津乐道。岂不知中国民间青花瓷绘艺术家，早在他的前头至少几百年，就将这种方法付诸艺术实践了。

民窑青花的新仿品种更是比比皆是，由于其制作工艺简单，工艺又有一定的延续性，使民窑青花有些可以达到以假乱真的地步。但是出窑后的火气是难以泯灭的，以及现代人画工的死板呆滞，更使其难以表现出其以简笔概括生活场景的艺术境地。

十一、红釉瓷篇

　　我国人民的欣赏习惯，常以红色代表吉祥、富贵，被誉为"千窑一宝"的红釉瓷，即以其特有的民族风格，成为世界陶瓷史上一颗闪耀着夺目光辉的明珠。所以自元代开始，红釉瓷器就成为宫廷内祭祀、陈设和观赏的主要品种。

　　中国瓷器自早期开始，便是以颜色釉装饰为其特征，特别是以氧化铁为着色剂的青釉，曾独霸天下数百年。这是由于受当时技术条件所限，人们无法从制瓷原料中将铁质除尽。而当青釉瓷器出现四百年以后，到了隋代我国北方窑场终于成功地烧出了白釉瓷器，最终结束了青瓷一统天下的局面。其后当绚丽斑驳的唐三彩陶器问世后，又进一步丰富了陶瓷器的釉面装饰。宋代是我国瓷业全面蓬勃发展的时期，也是各种颜色釉争奇斗妍、光辉灿烂的时代，特别是当钧窑烧出灿若晚霞的高温铜红窑变釉后，更为我国陶瓷美学开创了一个新境界。它使高温颜色釉本身，取得了独立的美学价值，已不再仅仅是器物的一种保护层。

　　所谓颜色釉，指的是釉料的装饰颜色，在制作无色透明釉料时，加入某些金属氧化物作为着色剂，在高温下就会呈现色彩缤纷的釉色。如我国传统颜色釉中，以铜的氧化物作为着色剂，就能烧出"祭红"、"鲜红"、"宝石红"和"牛血红"等鲜艳夺目的红釉；以铁的氧化物作为着色剂，又能烧出如"豆青"、"粉青"、"天青"和"梅子青"等"千峰翠色"的青釉；而以钴作为氧化物的着色剂，则烧出"霁蓝"和"宝石蓝"等美丽动人的蓝釉。然而同一种金属氧化物，由于在釉内含量不同，温度与烧成气氛有别，以及釉中其他化学成分组成的差异，又能呈现出众多不同的色彩。这其中以"铜红"的烧制最为不易，这是因为铜元素在高温下极易挥发，窑室内的温度和氧化还原时气氛的变化，以及铜元素在釉中的含量多少，都会对它的呈色产生影响，即使是一些微小的变化，也能导致色调有所变异。例如，同样是以铜为着色剂，在氧化气氛中就呈现绿色，而在还原气氛中却呈现红色。唐代长沙窑青瓷上的那种绿色花纹，便是铜在氧化气氛中的结果。由此可见，高温铜红釉的烧成，在技术上难度很大，能够烧出浑然一色的红釉瓷器十分不易。

（一）釉里红

釉里红是指以铜红釉料在胎上绘画纹饰，罩上透明釉在1300℃以上的高温下烧成后，在釉下呈现红色花纹的瓷器，它是铜在高温还原气氛中作用的结果。釉里红虽然最早出现在元代，但元代釉里红器，其色调一般比较暗淡，没有浓淡相间的色阶区别，绘画纹饰也比较简单，常常是先在胎上刻画纹饰后，在其上涂抹一片红釉，这种做法与严格意义上的釉里红器，还存在一些差距。传世的元代釉里红器非常少，最早仅见于景德镇元代至元四年墓出土的四件器物。

明初洪武时期，釉里红器较为盛行，以大盘、大碗及玉壶春瓶等器型多见。

图 99、100

洪武时期最具时代特色的器物，是釉里红缠枝花卉大碗和大盘，这些器物不仅形体巨大，给人以端庄典雅的感觉，而且红色纯正艳丽，纹饰精美生动。此外，在南京明代故宫玉带河遗址中，曾出土一件釉里红云龙纹盘残片，其胎质洁白细腻，釉里红纹饰鲜亮明艳，所绘龙纹形态介于元代和明代永乐之间，非常有时代特色。

图 99　明洪武釉里红玉壶春瓶

图100　明洪武釉里红大盘

　　洪武时期釉里红瓷器的兴盛，是在明朝开国皇帝明太祖朱元璋的推崇下发展起来的。朱元璋是中国历史上唯一的一个农民出身的开国皇帝，他有着独特的身世和经历。当年朱元璋正是投身到头包红巾的红巾军中，才打出了朱明王朝。在朱元璋看来，红彤彤的红色，象征着光明和胜利。红色是他朱家王朝的吉祥色，因此洪武三年（1370年）朱元璋正式颁布"以红为贵"的旨意，并且要求宫中内外皆以红色作装饰。关于朱元璋为什么推崇红色？吴晗先生在《朱元璋传》一书中，曾对大明国号的"明"字做过透彻解释，其曰："'明'是光亮的意思，是火，分开是日和月。古礼有祀'大明'、朝'日'、夕'月'的说法。千百年来，'大明'和日、月都算是朝廷的正祀。"此外，"新朝是起于南方的，和以前各朝从北方起事平定南方恰好相反。拿阴阳五行之说来推论，南方为火，为阳，神是祝融，颜色赤，北方是水，属阴，神是玄冥，颜色黑。元朝建都北平，起自更北的内蒙古大漠，那么以火制水，以阳消阴，以明克暗。"由此可知，朱元璋将国号定为大明朝，是希望以"火制水"，希望红彤彤的朱明王朝天下永固，这其中已暗含着对红色的崇拜。

　　洪武时期虽然朱元璋颁布了"以红色为贵"的旨意，但由于连年不断的战争，朱元璋虽然在洪武元年（1368年）正月在南京称帝，但元顺帝仍坐在元大都宫殿的宝座上，直到洪武二十年（1387年）东北平定，朱元璋统一全国的伟业才告完成，此时明朝已建立了20年。又由于洪武时期朝廷并没有大规模兴建御窑厂，《大明会典》中"陶器条"记载："洪武二十六年（1393年）定，凡烧造供用器皿等物，须要定夺样制，计算人工料物。如果数多起，取人匠赴京置窑兴工，或数少行移饶、处等府烧造。"这段文献说明当时在没有兴建御窑厂的情况下，皇室如果需用大批瓷器，就调集全国各地工匠在南京置窑烧造，一般就在江西景德镇或浙江龙泉窑少量烧造，基本上是有命则烧，无命则止。在这样一种情况下，洪武时期的传世品中，不仅尚未发现一件真正洪武官窑纪年款的器物，而且红釉器也非常少，因此有人说"洪武无瓷器"。直至1980年，在江西玉山县发现一件刻有"洪武七年二月二十七日造此"的青白釉罐，才使人们认识了洪武瓷器。于是以前被视为元代瓷器的器物，重新被确认为洪武瓷，在国内外学者中曾掀起一股"洪武热"，尽管如此，洪武瓷与历代传世品相比确实少得可怜。但是在这些为数不多的品种中，虽然纯正一色的红釉器比较少见，但却发现了大量用铜红在釉下绘出花纹图案的器物，即陶瓷史上著名的釉里红器，在红釉瓷的大家族中，也算得是一枝独秀。

釉里红瓷器虽然在洪武时期有了一个很大发展，但此时釉里红的呈色极不稳定，直至宣德时期，釉里红的烧制才达到真正成熟阶段。清代康熙、雍正、乾隆时期是釉里红极大发展时期，此时不仅铜红发色鲜艳、纯正，而且纹饰细腻，层次鲜明，并且涌现出许多新品种，如青花釉里红、釉里三色等。晚清时期釉里红的烧制，无精品问世。

（二）宝石红

浑然一色的铜红釉瓷器，是在元代景德镇烧制成功的，此时在红釉瓷器上已经不再见到钧窑器物上那种红蓝相间或红中闪紫的色彩，取而代之的是一种纯净的朱红色。1974年江西景德镇市郊凌氏墓出土了两件红釉瓷俑，两俑身着宽袖袍服，头戴官帽，双手执笏拱立，除脸部、手和笏板饰青白釉外，衣履均为红色。虽然瓷俑身上的红色有些红褐不匀，红色也不够鲜艳美丽，但它毕竟是我国制瓷史上首先出现的纯正红釉。从墓志铭上可知，瓷俑的烧造年代至迟应在元代至元四年(1338)以前，它标志着元代景德镇制瓷工艺的进一步成熟。从此红釉瓷器能够自成体系，它与青釉、蓝釉等颜色釉一样成为我国颜色釉瓷中的奇葩。

如果说元代纯红釉瓷器还处在创烧阶段，那么明代红釉瓷器就已经完全成熟了。特别是永乐年间景德镇御窑厂烧造成功的鲜红釉，色调纯正，釉厚如脂，光莹鲜艳，如初凝的鸡血，堪称绝代佳作。《景德镇陶录》称"永乐鲜红最贵"，这句话绝非过誉之词。永乐红釉瓷器的品种，主要有盘、碗、僧帽壶、小型壶、高足碗等。宣德时期的红釉瓷器比永乐时期的更胜一筹，它虽没有永乐时期的红釉鲜明温润，但红中稍带黯黑，但红而不鲜，更显得静穆和凝重。又由于釉色中闪耀出如红宝石一样的光泽，耀眼夺目，所以又称为"宝石红"，《景德镇陶录》中因此有"宣窑"以"鲜红为宝"之说。宣德时期红釉瓷器的品种较之永乐时期大大增加，常见的器型有僧帽壶、莲瓣壶、大小高足碗、莲瓣洗、葵口洗、碗、盘等。此时，红釉器物上常刻云龙纹饰，或以金彩描绘云龙纹饰，还有以红釉为地，留有白色龙纹的红釉白花品种。例如，在日本《东洋陶瓷大观》上曾见到一件红釉高足碗，在通体红釉碗壁上留出白色龙纹，龙的双眼以蓝釉点缀，高足边际留出白色卷枝花纹，红白分明，耀眼夺目。

在景德镇流传着这样一个美丽的传说。明代宣德年间，有一天皇帝穿着一身红袍，偶然从一件白瓷旁边走过，突然发现白瓷被染成红色，格外鲜艳夺目，于是皇帝传下圣旨，命令御窑场马上烧出这种红色瓷器。然而由于铜红的呈色极不稳定，在烧制中对窑室的气氛又十分敏感，稍有变异便不能达到预期的效果，有时一窑甚至几窑才能烧出一件通体鲜红的产品，所以要得到比较纯正的红釉十分不易。正当窑工们屡烧不成、限期已到、大祸就要临头时，其中一位窑工的女儿得到神仙托梦，要她投身熊熊燃烧的窑炉之中，以血染瓷便可成功。于是她乘人不备，投身入窑，只见一团炽烈的白烟腾空而起，满窑瓷器皆成红色。这个传说虽极富传奇色彩，但如此逼真悲壮的故事，充分说明红釉瓷器烧之不易，后人遂以"祭红"命名宣德时期的另一种红釉器，以此纪念这位传说中的烈女。祭红别名"霁红"，是中国传统红釉器中的佼佼者，其釉面的特点是，红不刺目，鲜而不过，釉不流淌，裂纹不出，称得上是高温铜红釉中的又一个名贵品种。清朝乾隆皇帝在《咏宣窑霁红瓶》一诗中称誉霁红道："晕如雨后霁霞飞，出火还加微炙工。世上朱砂非所拟，西方宝石致难同。插花应使花羞色，比画翻嗤画是空。"

明代永乐、宣德时期的红釉器，之所以超越前代而独树一帜，一方面主要是窑工们在长期实践中找到了釉料配制的正确比例，掌握了烧制红釉瓷的恰当火候，另一方面也与永乐、宣德皇帝继续尊崇明太祖朱元璋所制定的"以红色为贵"的旨意有关。

图 101、102 虽然永乐初期朱棣皇帝曾一度崇尚白色，但后期他仍以红色为宫廷主要用色。例如，在景德镇明代御窑场遗址中，发掘出永乐前期地层内98%以上器为甜白瓷，红釉器甚为罕见，而永乐后期地层中的红釉却猛增，约占总数的四分之一以上，这些都充分说明了永乐前后宫廷色尚的变化。

图 101　明永乐红釉高足碗　　　　　　　　图 102　明宣德红釉描金云龙大碗

（三）郎窑红

　　由于铜在高温下烧造工艺难于掌握，高温铜红釉自明代宣德以后所以逐渐消失，终明一代再没有得到恢复。红釉瓷器是皇室祭祀祖先、天地的重要祭器，如《大明会典》"器用"一章中叙及祭祀用器时曾提到："洪武元年，多以金造……二年祭器皆用瓷……嘉靖九年，朝廷规定四郊各陵瓷，圆丘青色，方丘黄色，日坛赤色，月坛白色。"这是以青、黄、红、白四色象征天、地、日、月，因此缺少其中任何一色，祭祀将无法进行。而此时鲜红的高温铜红釉瓷器已烧造不出，所以，嘉靖时期只好改用"矾红"代替。文献上也曾记载说："鲜红土，未详出何地，烧炼做红器，正、嘉间断绝，故嘉靖二十六年，因上取鲜红器，制难成，御史侍绅疏请以矾红代。"矾红是以铁为着色剂的釉上低温红彩，釉面无论光泽明亮的程度，还是滋润柔和的感觉，都不如铜红的效果，此外，矾红彩由于是低温烧成，釉面极容易剥落，所以价值远不如铜红器那样高。它唯一可取的是在烧造上比较稳定，容易控制窑内温度变化，成品率高，其中"枣皮红"乃是嘉靖红釉中一个著名品种，它风格别具，自嘉靖以后明、清两代都曾大量烧制。

　　清代是我国陶瓷生产的又一个黄金时代，此时各种颜色釉已是品种繁多，琳琅满目，应有尽有。甚至同一种釉色也能烧出不同的色调，如蓝釉有天蓝、洒蓝、霁蓝之分，青釉有粉青、豆青、冬青之别。此外，还有集各种色釉于一器、变化莫测的"窑变"花釉，以及鳝鱼青、鳝鱼黄、蟹甲青、蛇皮绿、茶叶末等铁质结晶釉。

康熙年间不仅还恢复了失传二百多年的高温铜
红釉，而且名品迭出，如郎窑红、豇豆红、霁
红等不胜枚举，充分体现了此时景德镇窑工们
对各种金属氧化物呈色规律的熟练掌握和高超
的制瓷技艺。

　　"郎窑红"是指清代康熙时期，督陶官郎廷
极署理景德镇御窑场窑务时，烧造的一种高温铜红
釉。其釉色好似初凝牛血一般鲜红浓艳，并有一种
强烈的玻璃光泽，光亮夺目，极尽绚丽灿烂，在西
方通称"Sangdeboeuf"，其盛名可与饮誉中外的
明代宣德"宝石红"并驾齐驱。 **图 103** 郎窑红
器物与一般红釉器物不同之处在于，其釉的流动性
极大，器口边一圈因釉薄而呈白色，通体釉面除开
有大片裂纹外，还有许多不规则的细小牛毛纹显
现，垂流部分更是色浓釉厚，但它们恰好终止在
底足周围，整齐如削，决不流过器足，这些都形

图 103　康熙郎窑红釉观音尊

成了郎窑红的一种独特风格。基于这些特征，在文物界有所谓"脱口垂足，郎不
流"的说法，为鉴别真伪郎窑红器物，提供了一条重要依据。

　　由于郎窑红的釉料制作和烧成温度极难掌握，所以在景德镇地区流传有这样
一句话："若要穷，烧郎红。"这也是郎窑红之所以名贵的原因之一。清人许谨
斋曾有一首赞美郎窑红的诗，诗曰："宣成陶器夸前朝，……迩来杰出推郎
窑，……雨过天青红琢玉，贡之廊庙光鸿钧。"（《戏呈紫衡中丞》）诗中所言
"红琢玉"是指郎窑红而言，"贡之
廊庙"则说明当时郎窑红器物曾是内
廷祭祀、陈设观赏之瓷。 **图 104** 结
合郎窑红传世之物，如观音尊、棒槌
瓶、穿带瓶、胆式瓶、梅瓶、僧帽
壶、高足杯等，无论其造型、釉色，
皆鲜红浓艳，雍容华贵，气度非凡，
绝非一般民窑所制。

图 104　康熙郎窑水丞

（四）豇豆红

郎窑红的烧制成功，使红釉瓷器的烧制在清代又一次出现了繁荣兴旺的盛况，除郎窑红外，清代还有许多名贵红釉品种。陈刘（寂园叟）在其《陶雅》一书中，曾列举当时的红釉品种有十多种之多，它们或因其形色近似某种事物，而名之为"鸡血红"、"牛血红"、"豇豆红"、"橘红"、"宝石红"、"珊瑚红"、"胭脂红"；或因其制作方法不同而名之为"铜红"、"抹红"、"吹红"、"矾红"；或以其使用性能而命名为"祭红"；或以其烧造主管人命名如"郎窑红"等等，真是五花八门。在这些著名的红釉中，一种比郎窑红更为名贵的高温铜红釉，即"豇豆红"也在康熙朝熠熠生辉。

豇豆红在色调上与郎窑红那种有如牛血一般浓艳的红色正好相反，它是一种浓淡相间的浅红色，素雅清淡，柔和悦目，因红釉中多带有绿色苔点，颇似红豇豆的颜色，故得此名。此种釉色本是烧制过程中的变化所致，然而绿色斑点在浑然一体的红釉中，却也别具情趣。它们有的在匀净的粉红色中，泛出深红色斑点；有的则在浅红色中现出绿色斑点，颇有"绿如春水初生日，红似朝霞欲

图 105　康熙豇豆红釉菊瓣瓶

上时"(清人洪亮古诗)的奇观。豇豆红的釉色有上、下、高、低之分，釉色通体一色，洁净无瑕者名为"大红袍"或"正红"； 图 105、106 而含有深浅不一的绿色斑点，称为"豇豆红"或"美人醉"；色调再浅淡些的则被称为"娃娃脸"或"桃花泛"，它虽不如深者美艳，但也有幽雅娇嫩之态；再次者色调或者更浅，或者晦暗浑浊，就名为"乳鼠皮"或"榆树皮"。一种红釉器竟有如此变幻莫测的色调，称得上千古之奇了。

图106　康熙豇豆红釉暗夔龙太白尊

如果说"郎窑红"是我国铜红釉中色彩最鲜艳的一种，"豇豆红"则是铜红釉中最为名贵的一种。这些红釉器均在清代烧制成功，结束了明代以来近二百年红釉器衰落的局面，可谓功在千秋，从此我国陶瓷的彩釉装饰，出现了更加繁荣的局面。豇豆红之所以蜚声瓷界珍贵无比，一方面是由于其釉色如婴孩双颊微赤，美人初开笑颜；或红似海棠花初放、桃花绽开；或如早霞朦胧、旭日东升，富有无限诗意。另一方面也由于烧成条件极难掌握，是铜红釉中最难烧的一种。根据目前科学分析和显微观察的结果表明，豇豆红必须重叠挂釉两三层，在窑内它既需使用还原焰煅烧，还要适当放入一些富于氧气的空气烧制，方能出现那种复杂微妙的绿色或桃红色，可说是巧夺天工。豇豆红仅见康熙一朝烧有此品种，而且是专供宫廷御用之器，流散民间的极为稀少。目前传世品中绝无大器，主要以文房用具为主，如菊瓣瓶、柳叶瓶、太白尊、石榴尊、笔洗、印盒等，器物底部均书"大清康熙年制"青花六字楷款，所以更为珍奇。

文房用具在我国历史相当悠久，仅以文人书写时须臾不可缺少的笔、墨、纸、砚而论，除纸的发明稍晚外，其余大致在我国秦汉时就已粗具规模，被称之为"文房四宝"。随着时代的发展，文人书房案头陈设日见增多，且分工细致，各有用途。如搁笔有笔山与笔床；放墨有墨床；置笔有笔筒；盛水有水盛；洗笔有笔洗；支肘还有臂搁；注水入砚则有水注与砚滴；压镇书卷有镇尺，此外，还有印章、印泥盒等等，也都是文房中常备的器皿。这些文房器物一方面可辅佐文人书画之用，另一方面还可助文人闲暇时怡情养性。宋朝时有一位读书人林洪，曾著《文房图赞》一书，在书中他将文房用具赐以人物姓名和官衔。例如称"水中丞"是水盛的官衔，姓水名潜，字仲含，号玉蟾老翁；"石架阁"是笔山，名卓，字汝格，号小山真隐；"边都护"是镇尺，名镇，字叔重，号如石静君；"竺秘阁"是臂搁，名冯，字可冯，号无弦居士；"印书记"是印章，名篆，字少章，号明信公子等。林洪在这里以姓名、字号点出文房用具的外形与个性，以官衔来表彰他们的司职与功能，其目的是幻想当文人坐在书桌前，就仿佛是君临宝殿，朝臣拱拜一般。他们的书画江山全仰仗这些文具"公卿"的辅佐，文房用具在此时已不仅是"文房清玩"，它们俨然身负"将相治国"的神圣使命。元朝人罗先登、樊士宽又著《续文房图赞》一书，对林洪之说加以补充，由此也可见文人对文房用具的重视。

康熙时期成功烧出的豇豆红文房用具，将康熙文房用瓷的烧制推向一个后人无法超越的高度。下面分主要器物介绍如下：

水丞：在康熙文房用瓷中，水丞的制作非常有特色。水丞的实际功用是盛水必备砚墨之用，它的造型有许多种，"太白水丞"是康熙时期一件有代表性的器物，它口径较小，腹部宽大，底平实。此种水丞因其外形又像鸡罩或鱼篓，所以也有人称之为"鸡罩尊"或"鱼篓尊"，而称其为"太白水丞"，大概是文人仰慕大诗人李白的缘故吧。关于陶瓷器物的定名，陶瓷史上一直非常混乱。一般来讲，口小腹大的器物称瓶，口腹大小相近的称尊，口大而腹小的器物则称觚，但有些约定成俗的叫法只好顺其自然。太白水丞大部分品种为豇豆红釉，也有少数白釉制品，在其腹部常暗刻三组团龙纹样，底部常以青花书"大清康熙年制"三行六字楷款。太白水丞在民国时有许多仿品，但与真品相比，仿品的胎体或过于厚重，或过于轻薄。器物口、颈、肩与器身的比例也非常不协调，底足处露胎的地方破绽更多。此外，其胎釉的硬度和亮度都与真品无法相比。在康熙豇豆红水丞中，还有一种形似苹果造型的水丞，称苹果式水丞，有短颈与无颈两种。另一种形似石榴造型的水丞，称作石榴式水丞，它们的形体一般较小，釉色有豇豆红、釉里红、天蓝釉或五彩等。康熙时期水丞一般都不带盖，但也有加盖的，这些器物的口沿处都有一个"U"形缺口，这是为了放勺舀水之用，在传世的许多水丞中还留有铜勺在其内。

笔洗：笔洗也是康熙时期文房用瓷中的主要器物。顾名思义，笔洗是洗笔的用具。康熙时笔洗大多取材于自然界中的花果造型，如孔雀绿釉荷叶式洗，造型如一片翻卷的荷叶，通体施绿釉，釉上还逼真地刻画出条条叶脉，仿生效果非常强。绿釉楸叶式洗，其造型又犹如一片楸叶，形态惟妙惟肖。青釉瓜棱式洗，其造型好像一个半剖开的瓜实。绿釉葵花式洗，其造型更像一朵盛开的葵花。这些仿生造型的笔洗，既增强了器物的艺术欣赏性，同时又从另一个侧面反映了帝王万机之暇的情趣。豇豆红釉笔洗，虽然在造型上很少出现仿生形状，但其独具特色的釉面，仍然使其在众多康熙文房用瓷中脱颖而出。

由于豇豆红的烧成受条件所限，所以传世品一般为宫廷御用之物深藏，流散民间的极为稀少。19世纪中后期，欧洲人对豇豆红非常喜爱，常不惜重金购买，致使豇豆红器物大量流失海外。豇豆红在欧洲名为"PeachBloom"（桃花红），目前在世界各国博物馆内，都收藏有豇豆红器物，最多者可达数十件。在这样一种历史背景下，从清末光绪年间开始，直至民国时期乃至现在，仿制豇豆红的器物一直不断涌向市场。但是由于豇豆红的传世品种非常有限，仅为几种文房用具，其造型规格又是基本一致的，所以后仿者很难仿出，其造型上流畅自然的线条，秀丽玲珑、坚实细密的胎体，以及变幻莫测的釉色，特别是器物底足内深沉有力的三行六字无双栏圈线楷款，更是仿品最易露出破绽之处。

在中国陶瓷史上红釉瓷器的发展，虽然有历代帝王的推崇，明太祖朱元璋甚至提出"以红色为贵"的旨意，但是由于其烧成难度所限，所以红釉瓷器一直是皇宫中稀有珍贵之器，它所体现出的皇室尊严，远远大于它的美学价值。

红釉瓷器的制作工艺比较复杂，后世的仿制品种很难达到前世的效果。要么釉色黑暗，要么红绿相间，要么造型笨拙，这些器物虽然有一些与真品有相似之处，但也是今非昔比，与真正的红釉瓷器不可同日而语。

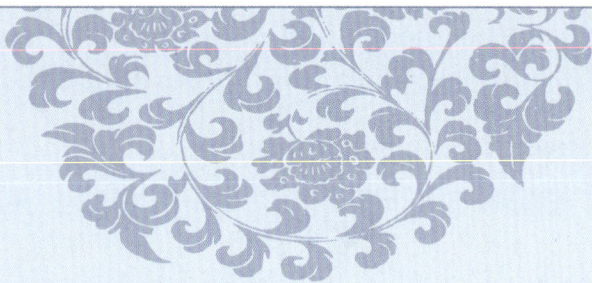

十二、紫砂陶器篇

　　宜兴紫砂器以其丰富的造型，题材广泛的装饰，集书法、绘画、篆刻于一体的独特风格，充分体现了其特有的地方特色和艺术风尚，在中国陶瓷史上写下极具特色的一笔。"人间珠玉安足取，岂如阳羡溪头一丸土"，是人们对宜兴紫砂器的赞誉。古朴典雅的紫砂陶器，从不以艳美夺目的华贵外表取胜，而是以质朴、实用的造型和功效，深深地吸引着人们。它的迷人之处在于泥土与火的结晶，是艺人们心灵对自然万象的感应，其不施彩釉、不加彩绘、古拙灵巧的形制，终使其流芳百世。

　　江苏宜兴古称阳羡，它生产的紫砂器为历代人们所喜爱和使用。宜兴紫砂器的制作始源于宋，大成于明，至今已有五百余年的历史。明人文震亨在《长物志》一书中这样评价紫砂壶："茶壶以砂壶为上，盖既不夺香，又无熟汤色。"清人李渔在《杂说》一书中也云："著注莫妙于砂，壶之精者又莫过于阳羡，是人皆知矣。"他们在书中一致推崇紫砂器是品茗的最佳器皿。究竟什么是紫砂器？在地球上紫砂泥并不是单独存在，它产于江苏宜兴附近的"甲泥"矿内，深埋于深山之中。由于紫砂泥贮存量极少，仅占总储量的3%～4%，开采十分困难，因此也有人称其为"泥中泥"。

　　制作紫砂器的原料是宜兴独特的产物，古时曾有"买富贵"之说。传说一位老僧来阳羡，大喊让人们"买富贵"，当时人们大惑不解，其实富贵就是山中制作紫砂器的陶土，当人们挖出这种色泽不同的陶土并且用它制壶时，才慢慢理解了"买富贵"的真实含义。从科学考察情况看，目前国内外除中国宜兴的鼎山、蜀山地区具备这种制作紫砂器的紫砂泥矿源外，世界上其他国家和地区尚未开采出与紫砂泥结构完全相同的陶土。由此看来，中国宜兴作为紫砂泥的唯一产地，以其稀有的蕴藏，自古以来独领风骚。

宜兴得天独厚的紫砂陶土，分为紫泥、朱砂泥、团山泥（本山绿泥），这些泥土经过配置和烧制温度的变化，不仅能能呈现出紫铜、海棠红、朱砂黄、黑绿、棕黑等多种色调，而且紫砂陶土经过淘洗、沉淀、捏塑、烧炼成型后，具有一般瓷器和黏土类陶器所不具备的优点。例如，紫砂器具有良好的透气性，用它泡茶，色、香、味俱佳；又由于紫砂泥的可塑性强，当烧造温度达到1200℃左右时，胎体即可达到致密烧结的程度，具有不怕煎烧、骤冷等温度变化的特点，用滚沸的开水泡茶，抚摸也不烫手；此外，由于紫砂泥是一种富铁甲泥，含有丰富的赤铁矿，烧成后呈色较深，如璞玉浑金，给人以深沉含蓄之感。

相传首先制造出这种紫砂器的人，是明代正德年间金沙寺僧和供春师徒二人。据《宜兴县志》记载："明代正德年间，提学副史吴颐山携带书童供春读书于湖汶金沙寺。"当时作为伴读的供春，因见寺中老僧制壶技术好，就暗中偷学，并私取老僧洗手后沉淀在缸底的陶土作坯，终于捏成了一把紫砂壶。此后不过几年光景，供春的紫砂壶就被世人珍爱并争相购买，供春也从此摆脱了仆役地位，专门从事制壶业。供春造壶有一个特点，即以树瘿作为制壶的原形。传说当时寺庙旁有一棵四五个人合抱的大银杏树，此树结满了形状各异的树瘿(树瘤)，传说这种树瘿每满一百年才能结一个。供春就以这种树瘿作为制壶的仿效物，以突出壶身表面花纹的效果。由于没有工具，他只能用一把茶匙挖空壶心，并用手指按平胎面，因此供春制壶常有一种所谓"指螺纹"，以此形成了古朴雅致、精巧天成的特点。

"供春之壶，胜于金玉"，这是民间广为流传的一句佳话，然而目前传世的供春壶已非常罕见。1928年，宜兴储南强先生在苏州的小摊上，无意中发现摆在一堆破烂之中一把带有"供春"二字款识、形似树瘿的"供春壶"，便悄然花上一块银元将其买下。储先生获珍宝之后，多方找人鉴赏和打听此壶的流传经过，并为这件稀有之物撰写了几万字的考证文章，后来为避英国人重金收购的要求，深避于山野中。解放后储先生将这件宝物献给国家(现为中国历史博物馆收藏)，供全国人民欣赏。为了不使供春制壶手艺失传，解放以后宜兴紫砂工艺厂的壶艺名手，还依据此壶原形仿制出若干把"供春壶"以示众人。

茶是我国人民最喜爱的饮料，然而将饮茶这种民俗提高到茶文化的意境，则是由于文人、士大夫的参与。在古人看来，清灵淡泊的雅趣是人生最高的意境，而饮茶的情趣正好与文人追求超凡脱俗的生活情趣相吻合。茶生于灵山妙峰，承甘露之芳泽，蕴天地之精气，在古人对自然界各种植物的推崇中，对茶的倾心，正是因为茶所固有的这种脱逸超然性。在古人诗词中吟茶者，也多能体悟茶中的三味，如韦应物在其所作《喜园中茶生》一诗中即云："洁性不可污，为饮涤尘顺，此物信灵味，本自出三源。"李白的"根柯洒芳津，采服润肌骨"；陆龟蒙的"天赋饮灵草，自然钟野姿"等诗句，都是千古传诵的佳话。

为与茶性的清淡相投合，古人饮茶很讲究环境，在室内需晾台静屋，明窗曲几之类。又以野趣为好，或处松柳之阴；或会泉石之间；或对暮日春阳；或沐清风朗月。同时，饮茶时还常辅以其他雅事，如品茶与赋诗；品茶与玩墨；品茶与绘画。当时许多文人墨客，写诗作画时都以茶做伴。不仅如此，人们对茶事的全过程也津津乐道。嘉靖十二年大画家文徵明曾作一幅《品茶图》，画面上描绘了两位隐者在松林之间的毛亭前，烹茶品茶，极其幽静安逸的生活。在画的题跋上文徵明还详尽描述了茶坞、茶庐、茶人、茶篦、茶舍、茶灶、茶焙、茶鼎、茶瓯等烹茶的全过程。这种饮茶、品茶的画，在历代传世品中屡见不鲜。正是由于茶文化的盛行，作为茶事活动的重要内容的紫砂器也随之声名鹊起。

饮茶品茗是人们生活中的一大雅趣，而质地古朴纯厚的紫砂陶器，由于不媚不俗，以及"温润如君子，豪迈如丈夫，风流如词客，丽娴如佳人，葆光如隐士，潇洒如少年，短小如侏儒，朴讷如仁人，飘逸如仙子，廉洁如高士，脱尘如衲子"（《名壶图录》）的种种特性，致使许多文人雅士"深爱笃好"，并且借物寄情，在紫砂壶艺上表现自己的崇尚和修养，这一点在紫砂壶的铭章款上反映得最为明显。紫砂壶的铭章开始只出现在壶的底部，只是起到记录制壶工匠姓名的作用，后来文人参与紫砂壶的制作后，就逐渐将款移到壶的肩部、腹部及盖面等部位，内容也从纪年款转为以言寄情，追求书法篆刻效果的内涵。如"一杯清茗，可沁诗脾"（大彬壶铭，见《砂壶图考》）、"器堕于地，可以掇也，言出于口，不可及也，慎之哉"（陈鸣远壶铭，见《砂壶全形拓本》）等句，在紫砂壶的铭文中都是醒世明言。

在传世品中，各种形制的紫砂壶集花卉、鸟虫、山水、树木于一身，并附有书法、绘画、篆刻、印章等，加之深沉的色泽酷似古铜器，更显得风格别具。尽管朴素无华的紫砂，并不显得华贵艳丽，但是以紫砂壶沏茶，冬天不易冷、夏天不炙手、泡茶不走味、贮茶不变色、盛夏不易馊等特殊功能，也使"真龙天子""一壶在手，爱不忍释"。早在康熙时期就出现了带"康熙御制"款，加绘珐琅彩的紫砂壶。雍正皇帝也曾屡下御旨交景德镇御窑厂，让其按紫砂壶的式样烧制瓷器。至于乾隆皇帝，他不仅在紫砂茶具上亲笔题诗，还令工匠将"雨中烹茶图"、"惠山听松庵煎茶图"等绘制在紫砂器上。此外，乾隆皇帝在巡幸江南时，还特意命人制作了几套茶籝，以便随身携带。所谓"茶籝"是一种放置茶具的木盒，也可以称为组合茶具。形状虽各异，但都有放置茶碗、茶壶、茶叶罐，甚至烹茶所用的茶灶等位置。北京故宫博物院藏有几套乾隆皇帝南巡时命人制作的茶籝，从其磨损程度看，是经常使用之物。如一件露空式茶籝呈长方形，上面有三个抽屉，各放置有茶碗、茶盘，下面有双联六方形镂空底座，用来放置六方形茶盒及茶叶罐，另一侧放置茶灶。如此一来，烹茶品茗时所需的全部用具，就可以放在一个盒子里，小巧轻便，易于携带。茶籝的制作非常考究，其框架均为紫檀木制作，器表面还装裱有山水画，以及于敏中抄录的《朱子试茶籝序》，其高雅的艺术格调，不同于普通茶具。这种组合茶具虽然早在明朝人高濂所著《遵生八笺》一书中，就有过详细描述，但传世品中以乾隆时期的这几套茶籝最为珍贵。

　　乾隆皇帝是一位循古之道、陶时人之情的君主，追求文人墨客饮茶品茗的情趣是他一生的雅好。为了回味在无锡惠山品茗时的情趣，乾隆皇帝在北京玉泉山下静明园内，命人仿建了"惠山听松庵"建筑（《清通志·都邑》）。乾隆十八年，乾隆皇帝又亲自画了一幅《竹庐山房图》，以极其淡雅简洁的笔墨，将其景致描绘在画卷上，并在画卷首题书："茗饮其始于汉，盛于李唐之季，然物有其本，茗饮之本必资于水之甲乙高下，茶焙烹之精种，惠山茅舍可谓之本也……"，一行文字表明乾隆皇帝精于品茗之道。惠山在今江苏无锡，它以泉水清澈透明、甘冽可口著称于天下。唐代茶道专家陆羽在他的《茶经》一书中，评定天下水品二十等，称惠山泉为天下第二泉。唐宋以后，一些著名诗人常来此游历，留下许多盛赞此泉的诗篇。乾隆所画《竹庐山房图》即惠山一景。不仅如此，乾隆还将自己所作的诗，命人刻写在紫砂器上，既炫耀了自己的才能，又为紫砂器素色的器身增添了装饰效果。 图 107　北京故宫博物院藏有乾隆御题诗紫砂茶壶、茶叶罐多达数种，其中一件红泥紫砂茶壶，壶身两侧各有一委角长方形开光，铭有隶书乾隆十六年作诗一首，另一侧用调好的泥浆以细笔慢慢地堆画出一幅清式亭院和品茗者的画面。其诗为：惠山听松庵，用竹炉煎茶，因和明人韵，即书王绂画卷中："才酌中冷第一泉，惠山聊复事烹煎，品题顿置休惭惜，歌咏膻芗亦赖前。开仕幽居如虎跑，舍人

图 107 清乾隆粉彩描金瓜棱紫砂壶

文笔拟龙眼，装池更喜商邱莘，法宝僧庵慎弃全。"乾隆七年，乾隆皇帝另作一首"雨中烹茶泛卧游书室有作"诗，先后用隶书体例，或书写，或铭刻在由红泥、本山绿泥制作的六方深腹形茶壶、圆桶式竹纹茶壶及茶叶罐上。

乾隆皇帝不仅嗜茶如命，还效法古代文士，把文人茶会搬到了宫廷。据说乾隆在晚年准备隐退时，有大臣说："国不可一日无君。"乾隆却笑着说："君不可一日无茶。"这里且不论这种传说可信与否，但从乾隆八年至乾隆六十年的五十二年间，除因皇太后丧事外，四十八年中，每年乾隆皇帝都在重华宫大摆茶宴，即可见乾隆皇帝对饮茶之事的重视。当时宫中专门设有茶库，收储各省的贡茶，茶质之精自不待言，其储量之多也为历代之首。宫中茶宴在每年正月初二至初十选吉日举行，主要内容一是作诗，二是饮茶。最初茶宴人无定数，大致为内廷当值词臣，后来在宫内参加赋茶宴者限制在十八人之内，取"学士登瀛"之意。除宫内大摆茶宴之外，宫外还有许多人和诗，但不得入宴。茶宴上作诗的题目是乾隆皇帝亲自指定，会前即预先知晓，但"御定无韵"，都要临时发挥。诗成后先后进览，不待汇呈。随后乾隆皇帝即赐茶，并领赏珍奇物品，受赐者捧出以为荣耀。宫中茶宴虽然规模大，其意浓浓，但由于茶宴设在深宫之中，侍卫森严，又有皇帝老子亲自坐镇，真正发挥茶宴的作用，像文人在山野之间，将茶与诗、人与自然、内心世界与客观意境交融一体，那是根本不可能的。但通过茶宴，茶与文化的关系进一步得到肯定。此外，上行下效，对推动茶与文化艺术的组合，也起到了重大作用。

饮茶之风至清乾隆时期可谓盛极一时，当时无论对茶质、茶具、水质以及品茗的方法都极为讲究。冲茶之前要将壶或水铫架于炭炉之上，水需三滚、底有小泡出现时称为鱼眼、蟹沫，为初滚；当小沸声渐大，水面起泡时为二滚；热气喷出，水沸透时为三滚，以三滚后的水冲泡装好茶叶的泥壶。好壶冲茶至碗以水流三尺不泛花为佳，品茶以第二道茶为最妙。有了好壶还须有好碗。乾隆时期的茶具除紫砂壶外，茶盏一般为瓷碗，里为白釉，外壁装饰红彩、粉彩或青花纹饰。张源在《茶录》中说："茶瓯以白碗为上。"屠隆的《考盘余事》中也讲："莹白如玉，可试茶色，最为重要。"可见品茗以白盏最好，因为洁白莹润的白色茶盏，最能衬托茶叶被水冲泡后的颜色，是品茶的首选之器。乾隆皇帝注意到这一点，他命景德镇御窑厂在烧制瓷质茶盏时，一律运用外壁装饰手法，留下白色的碗心，用来观察茶叶的颜色。北京故宫博物院旧藏一套乾隆时的白釉红彩茶盏，盏杯、盏盖以及盏托的外壁均以红彩书《雨中烹茶》诗，而独留洁白盏心，内壁素雅无纹饰。

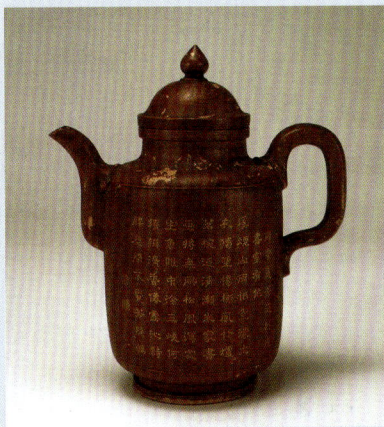

乾隆时期由于乾隆皇帝对紫砂器的推崇，紫砂器的制作无论是成型还是纹饰，都达到了随心所欲的高度成熟阶段。以造型而论，乾隆时期紫砂器的造型丰富多彩，有茶壶、茶叶罐、盖碗、笔筒、莲瓣碗等多种形制。茶壶又分深腹六方式、深腹圆柱式、深腹细颈式、扁圆式、瓜棱式、覆斗式等等。胎体可分为紫红、暗红、黄褐、红褐等多种色相。乾隆时期的紫砂器上，普遍带有纹饰，由于这些纹饰是用天然陶泥一点点堆画出来的，所以其装饰效果淡雅古朴，犹如古代纸绢画一般，古色古香，这一点是其他任何器物所无法比拟的。 **图 108** 由于紫砂器所独具的魅力，所以当时瓷器生产中，也出现了仿制紫砂器的热潮，甚至连宫中用瓷，也大量仿造紫砂器的风格。雍正十一年清宫造办处档

图108 清乾隆描金诗句紫砂壶

179

案记载："正月二十一日，司库常保首领太监木哈奉旨，着照宜兴钵样式，另寻宜兴钵一件，交与烧造瓷器处仿样，将钧窑、官窑、霁青、霁红钵各烧造些送来，其钧窑的要紧。"

据现存实物及文献查证，从明正德元年(1506年)开始至清宣统三年(1911年)止，四百年中以各种形式参与紫砂陶艺制作的著名诗人、学者、画家不下九百余人，其中以陈鸿寿对此贡献最大。陈鸿寿，号曼生，清代乾隆至嘉庆时人，他在书法、篆刻上都有很高的造诣，是著名"西泠八家"之一。嘉庆二十一年左右他曾任荆溪县令，并亲自设计了多种紫砂壶的造型，后人称为"曼生十八式"。他不仅自己喜爱紫砂器，还率领同僚共同在紫砂壶上题诗作画，正是由于文人墨客的参与，最终使紫砂壶古拙纯朴的外表，融进了高雅的艺术情调，从模仿型、像生型转向书画装饰型。

当时在宜兴有许多著名的紫砂大师，都曾承制宫廷御器，在这些工匠中以明末清初时大彬、陈明远的名气最大。时大彬，号少山，是壶业家时朋之子，他生于明万历，死于清康熙初年。时大彬对于紫砂的泥色、形制、技法和铭刻都有极高的造诣。他是继供春之后对紫砂艺术的发展产生过重要影响的人物，后人一直把他同供春相提并论，有"宜兴妙手数供春，后辈还推时大彬"、"陶家虽欲数供春，能事终推时大彬"等说法。他烧制的菱花八角、梅花、提梁、六角、僧帽、扁形和柿形等数十种款式的紫砂壶，相传也曾得到皇帝的青睐，有诗为证："千奇万状信手出，宫中艳说时大彬。"然而令人遗憾的是，在传世品中时大彬所制的壶极为罕见，人们目前所能见到的多是后世仿品。

另一位紫砂大师陈明远，号鹤峰，清康熙、雍正年间人，他能自制自镌，雕镂作品多出新样。他的铭刻书法讲究古雅流利，具有晋唐风格。除茗壶外，他还擅长文玩雅赏，如砚屏、梅根笔架、莲心水盂以及瓜果小品等都是绝代佳作。他制作的南瓜壶以瓜形为壶，瓜柄为盖，瓜藤为把，瓜叶为流，构思巧妙，雅致脱俗。难怪《阳羡名陶录》一书评说："明远一技之能，间世特出。"陈明远的作品不仅在国内享有盛誉，在海外也被视为珍品。

紫砂壶良好的实用功能及独特造型的东方艺术风格，不仅在国内为世人所珍爱，同时也得到了欧洲宫廷和贵族喜爱。据史料记载，紫砂壶最早流传到欧洲的时间大约是在明朝末年即17世纪，它与中国茶叶一起由葡萄牙人首先从海路传入，欧洲人称为"红色的瓷器"（RedPorcelain）。以后葡萄牙人、荷兰人、德国人、英国人都曾先后以这种红色瓷器作蓝本竞相仿制。1635年，一位荷兰著名的茶壶匠师朱尔迪由于成功仿制出一把中国紫砂壶，因此获得"茶壶赞助先生"的称号。

紫砂对日本及东南亚等国的影响也很大，日本人至今仍把紫砂壶视为壶中珍品，紫砂壶在日本有"名器名陶天下无类"的赞语。1878年（光绪四年），由于紫砂茶具在日本供不应求，所以特邀我国宜兴紫砂匠师金士恒、吴河根等东渡日本传授技艺，并培养了鲤江方寿、杉江寿门等一大批制作紫砂陶器的日本工匠。正是因为日本人对紫砂器的格外喜爱，所以我国一些名家制作的紫砂作品，早年都流落到日本。一位叫奥玄宝的日本人，在其所编著的《茗壶图录》中，就有我国明清时代的紫砂器三十多件，其中有绝对年代可考的如明代万历戊午年（1618年）李仲芳所制的壶，以及清代嘉庆二十二年（1817年）的一件犁皮泥壶等。在日本也有所谓名曰"长滑烧"的类似紫砂陶器之物，至今盛烧不衰，驰名于世。

20世纪初，宜兴紫砂陶器仍独领风骚，曾参加巴拿马赛会、巴黎博览会（1927年），并在百年一度的芝加哥博览会（1932年）及伦敦国际博览会（1935年）上获得奖状和金质奖章，使古老的艺术重新焕发出新的光辉。

现代市场上出现的紫砂器，由于不是名人所制，砂泥的使用也是一些低档次的品质，工艺比较粗糙，造假者要达到以假乱真的地步，他们往往采用粉彩装饰紫砂器物的表面，以表示这些器物是晚清、民国时期的产物，有些则用墨汁或草木灰水涂在器物的表面，用来鱼目混珠，这些经过加工的砂壶是比较容易识别的。

后记

　　在本书即将出版之即，本人借此机会向在北京故宫博物院对我工作和学习做出指导和帮助的各位师长与老先生们表示感谢！多年来，他们不仅将毕生的学识和经验毫无保留地传授给我，同时言传身教，不但教我工作经验和鉴定方面的知识，而且教会我如何做人。如今本人能在故宫博物院众多的陶瓷藏品中探索和学习，并且按照考古资料、古代文献提示的历史线索进行思考和解释中国古代陶瓷中出现的一些问题，这与我能够在这个岗位上工作，以及众多老师的无私教诲密不可分的。

　　此书系根据本人的浅薄经验编撰而成，主要通过历史经验，记述了中国陶瓷的某些发展特征和鉴别经验。这些只是在一定意义上的肤浅认识，并且是参考和借鉴了前辈的经验和研究成果。在此向给我以帮助的人深表衷心的谢意。

蔡　毅

于故宫南三所